NIGG   WAS BLEIBEN SOLL

WALTER NIGG

WAS BLEIBEN SOLL

Zehn biographische Meditationen

WALTER-VERLAG
OLTEN UND FREIBURG IM BREISGAU

2. Auflage 1974
Alle Rechte vorbehalten
© Walter-Verlag AG, Olten, 1973
Druck: Walter-Verlag AG, Olten
Einbandarbeiten: Walter-Verlag, Buchbinderei Heitersheim
Printed in Switzerland

ISBN 3-530-61204-9

INHALT

VOM BLEIBENDEN
IM WECHSEL DER ZEIT

9

I

DIE STIMME EINES RUFENDEN:
HERMANN KUTTER

17

Geboren 12. September 1863 in Bern.
Wirkte als Pfarrer in Vinelz und hernach bis
zu seinem Ruhestand am Neumünster
in Zürich. Er starb am 22. März 1931 in
St. Gallen.

EIN NARR AUF EIGENE FAUST:
ALBERT SCHWEITZER

45

Geboren 14. Januar 1871 in Kaysersberg.
Von 1902 bis 1912 Privatdozent an der
Universität Straßburg. 1913 Gründung des
Spitals in Lambarene [Zentralafrika], das
er nach dem Ersten Weltkrieg neu aufbauen
mußte und dem er bis zu seinem am
4. September 1965 erfolgten Tode vorstand.

CHRISTEN, WENN IHR WÜSSTET:
GEORGES BERNANOS

72

Geboren 20. Februar 1888 in Paris.
Studierte Jurisprudenz und Philosophie.
War einige Jahre als Versicherungsinspektor
tätig und lebte nachher als freier Schrift-
steller. 1938 bis 1945 freiwilliges Exil in
Brasilien. Er starb am 5. Juli 1948 in Neuilly.

VOM MORGENSTERN BESCHIENEN:
JOSÉ ORABUENA

98

Geboren 10. August 1892 in Berlin.
Nach kurzer kaufmännischer Tätigkeit lebte
er ganz seiner schriftstellerischen Aufgabe.
Er emigrierte nach Dänemark und England.
Lebt gegenwärtig zurückgezogen in Ascona.

DIE VIERFACHE ÜBERRASCHUNG:
JULIEN GREEN

124

Geboren 6. September 1900 in Paris
als Sohn amerikanischer Eltern. Er studierte
drei Jahre an der Universität von Virginia in
Charlottesville und kehrte hernach nach
Paris zurück, wo er noch heute als freier
Schriftsteller lebt.

III

EIN LEBEN AN DER GRENZE:
ROMANO GUARDINI
153

Geboren 17. Februar 1885 in Verona.
Wuchs in Mainz auf, studierte zuerst Chemie
und dann Theologie. 1910 zum Priester
geweiht. Professor für kath. Weltanschauung
in Berlin; 1939 zwangspensioniert.
Nach dem Zweiten Weltkrieg Professor in
Tübingen und dann in München, wo er
am 1. Oktober 1968 starb.

DAS LIED DES HEIMKEHRERS:
PETER WUST
179

Geboren 28. August 1884 in Rissenthal.
Zunächst als Gymnasiallehrer tätig und 1930
als Professor für Philosophie nach Münster
[Westfalen] berufen. Er starb nach schwerem
Krebsleiden am 3. April 1940.

DIE ZEIT, FÜR DIE ICH GEBOREN BIN:
REINHOLD SCHNEIDER
205

Geboren 13. Mai 1903 in Baden-Baden.
War als kaufmännischer Angesteller und seit
1929 als freier Schriftsteller tätig. Er wohnte
von 1933 bis 1937 in Potsdam und hernach
bis zu seinem am 6. April 1958 erfolgten Tode
in Freiburg i. Br.

SUCHEN WIR GEMEINSAM DEN WEG:
MARTIN BUBER
231

Geboren 8. Februar 1878 in Wien.
Nach seinen Studien suchte er die zionistische
Bewegung zu fördern. Dann Lehrtätigkeit
in Frankfurt a. M. und ab 1938 Professor an
der Hebräischen Universität in Jerusalem,
wo er am 13. Juni 1965 starb.

ERHELLTER SCHATTENRISS:
LEO SCHESTOW
261

Geboren 13. Februar 1866 in Kiew,
wo er seine Studien absolvierte. Drei Jahre
nach der Oktoberrevolution gelang es ihm,
aus Rußland zu fliehen. Er ließ sich in Paris
nieder, wo er ganz der Niederschrift seiner
philosophischen Werke lebte. Er starb in
Paris am 20. November 1938.

QUELLENNACHWEIS
289

VOM BLEIBENDEN IM WECHSEL DER ZEIT

Es gibt ein Wort, ich weiß nicht, wer es aufgebracht hat, aber es wird heute in den verschiedensten Variationen wiedergegeben: Wir leben in einer sich wandelnden Zeit. Gemeint ist damit, daß die bisherigen Formen absterben und neue Strukturen entstehen. Was gestern noch hoch im Kurse stand, ist heute schon überholt. So rasch vergeht der Ruhm der Welt. Eigentlich eine banale Feststellung! Aber das Wort von der sich wandelnden Welt wird heute als eine neue Losung ausgegeben. Diese Losung ist allerdings eine Täuschung. Sie beruht auf einem bloßen Schlagwort, das Léon Bloy unter die «Exegese der Gemeinplätze» eingereiht hätte. Die Erkenntnis der Vergänglichkeit besaßen auch frühere Generationen, nur gaben sie ihr eine andere Bedeutung: «Das Alte stürzt..., und neues Leben blüht aus den Ruinen.» Die Menschen haben immer gewußt, daß nichts bleibt, wie es ist, und daß alles sich verändert.

Die Parole von der sich wandelnden Welt umfaßt, kritisch betrachtet, nicht die ganze Wahrheit. Einseitige Erkenntnisse bergen jedoch Gefahren in sich. Der Mensch hört nur die Aufforderung, sich zahlreicher Dinge zu entledigen, für die es angeblich in der heutigen Zeit keinen Raum mehr gebe. So führt der aus der modernen Geschäftswelt stammende Gedanke der Wegwerfpackung zu einem Verhalten, das auf das Geistige übergreift. Der Mensch schleudert vieles, was an sich wertvoll ist, mit einer verächtlichen Gebärde von sich. Nur zu leicht könnte es ihm dabei ähnlich wie Lessing ergehen: «Ich besorge es nicht erst seit gestern, daß, indem ich gewisse Vorurteile weggeworfen, ich ein wenig zuviel mit weggeworfen habe, was ich werde wiederholen müssen.»[1] Drei Jahre später fügte er in einem Brief hinzu: «Ich will das unreine Wasser nur nicht weggegossen wissen, als bis man weiß, woher reineres zu nehmen.»[2] Man hat allen Grund, über die Erfahrung des ebenso ehrlichen wie kämpferischen Lessing nachzudenken. Die Zeit beginnt dermaßen zu rotieren, daß dem Menschen der Atem ausgeht. Es rollt ihm alles aus den Händen. Die Zeit frißt ihre eigenen Kinder, das ist der wahre Sachverhalt der Parole von der sich wandelnden Welt.

Der alles verschlingende Zeitgeist behauptet alsdann, jede Tradition sei überholt. Neulich war in einer Tageszeitung zu lesen, daß Luthers Bibelübersetzung veraltet sei und Staub darüber liege. Aber dennoch kann sich keine moderne Bibelübertragung an Sprachkraft nur von entfernt mit Luthers Übersetzung messen. Auch bedeutende Persönlichkeiten der letzten Jahre werden mutwillig in die Ecke gestellt. Gestern noch allseitig bewundert, gelten sie heute als überholt. Plötzlich spricht niemand mehr von ihnen; kein Mensch will mehr an sie erinnert werden. Anscheinend begreift man nicht mehr, daß sie einst so viel bedeutet haben. Seltsamerweise will jeder Anfänger weitergekommen sein als sein Vorgänger. Verdiente Namen werden gewaltsam beiseite geschoben, damit die eigene Person Platz gewinnt. Sie stehen den ehrgeizigen Strebern im Weg, die sich durch ihren Schatten bedroht fühlen und bewußt oder unbewußt dabei denken: wir wollen jetzt zum Zuge kommen. Das ist politisch und nicht geistig gedacht. Es ist kein Kunststück, tote Lehrer schnellstens zu bestatten. Man sollte sich jedoch des Wortes von Petrus an Saphira erinnern: «Siehe, die Füße derer, die deinen Mann begraben haben, sind vor der Tür und werden auch dich hinaus tragen.»[3] Eine unheimlich wahre Äußerung. Der Mensch wähnt, jetzt sei seine Zeit angebrochen, aber sie ist in der Regel vorbei, ehe er sie angetreten hat. Die Herrschaft des Nationalsozialismus hat nicht tausend Jahre gedauert, schon nach zwölf Jahren ist sie in Nacht und Grauen untergegangen.

Zu dem Marktgeschrei von der sich wandelnden Welt gesellt sich noch ein zweites, mit dem ersten eng verbundenes Schlagwort: progressiv oder konservativ. Das ist eine unerlaubt vereinfachende Alternative, und wer sie erhebt, steht, ohne es zu merken, auf den Schlachtfeldern von gestern. Der Fortschrittsglaube ist ohnehin durch die zwei Weltkriege stark angeschlagen; er kann nicht wie bisher aufrechterhalten werden. Die Alternative – konservative Gesinnung oder progressive Haltung – hat mit dem Christentum nichts zu tun. Der Christ schreitet oft kühner in die Zukunft hinein als alle Progressiven. Anderseits vermag der christliche Mensch, oft mitten in allen Modeströmungen, den Befehl zu erteilen, es seien unverzüglich die Bremsen anzuziehen. Anstatt das modische Vokabular gedankenlos zu gebrauchen, wäre es geboten, sich der Wirklichkeit zuzuwenden. Die Front verläuft heute quer durch alle Parteien und Konfessionen: Die sich in innerem Aufbruch befindenden Christen stehen einer gleichgültigen Masse gegenüber, welche die Kirche nur noch als Bestattungsinstitut bewertet. Der aufgeschlossene Mensch sieht sich inmitten einer Gegenwart, die auf eine verhängte Zukunft ausgerichtet ist. Es gibt jedoch keine Zukunft ohne Vergangenheit. Beide sind unlösbar miteinander verbunden. Wir sind der Tradition verpflichtet und geben sie nicht preis, weil in ihr unvergängliche Werte enthalten sind. Aber wir verstehen die Vergangenheit nicht antiquiert, wir wollen eine lebendige Überlieferung, die wir in uns beständig neu gestalten. So verbinden wir ganz unzeitgemäß das Gestrige mit dem Zukünftigen, um im Heutigen bestehen zu können.

In der schnellebigen Zeit muß der Mensch immer wieder eine Pause einschalten, in der er geistig verschnaufen und zu sich kommen kann. Im bewußten Gegensatz zu den alles fortwirbelnden Ereignissen fragen wir, was im Wechsel Bestand hat. Was nicht der Abnützung unterworfen ist, wo die dauernden Werte liegen, die gestern, heute und morgen Gültigkeit bewahren. Welche Männer haben ein Wort gesprochen, das in den Ohren der Menschen nachklingt? Die Fragen sind des Nachdenkens wert. Der Verfasser maßt sich nicht von entfernt an, sie endgültig zu entscheiden – das wäre reine Überheblichkeit. Niemand ist berechtigt, ein absolutes Wort zu sprechen, denn es gibt nur Versuche, sich auf das Bleibende in der Zeiten Flucht zu besinnen.

Jede Generation hat ihre besondern Gefahren. Die unsrige hat unter anderem gegen die Neigung anzukämpfen, das Beste zu vergessen. Gewiß gibt es Geschehnisse, die zu vergessen sind, und zwar je rascher, desto besser. Wer nicht fähig ist, hinter gewisse Vorkommnisse einen Punkt zu setzen, erstickt an ihnen. Doch gibt es auch Menschen und Ereignisse, die man nicht vergessen darf. Der heutige Mensch aber vergißt Dinge, die er unbedingt verarbeiten muß. Tut er es nicht, so wiederholen sie sich. Es gibt auch ein sträfliches Vergessen, und dieses Vergessens macht sich der Mensch der Gegenwart schuldig, ohne daß er sich der Tragweite bewußt wird. Kurzerhand erklärt er: Diese und jene Autoren sind nicht mehr gefragt. Oder liebenswürdiger formuliert: Es ist merkwürdig still um sie geworden. Viele leiden an einem geistigen Gedächtnisschwund, der sich nicht erst bei älteren Leuten einzustellen pflegt, sondern Männer und Frauen der Gegenwart in der Vollkraft ihrer Jahre getroffen hat. Das Erinnerungsvermögen schwindet rapid. Schon der Psalmist sprach zu sich selbst die mahnenden Worte: «Vergesse ich deiner, Jerusalem, so müsse meine Rechte verdorren! Die Zunge müsse mir am Gaumen kleben, wenn ich dein nicht gedenke.»[4] Weil der Ungeist des Vergessens in besonderer Weise den heutigen Menschen übermannt hat, sollen zehn Namen genannt werden, damit die Akten über ihr Leben und Handeln nicht allzu früh geschlossen werden.

Das Nichtvergessen verbindet sich mit dem Gefühl der Dankbarkeit. Auch diese erscheint zwar als höchst altmodische Bezeugung, für die viele unserer Zeitgenossen nur ein mitleidiges Lächeln übrig haben. Das soll uns aber nicht stören. Dankbarkeit ist und bleibt das Kennzeichen für das edle Herz eines Menschen. Sie ist ein unfehlbarer Gradmesser für die wahre Noblesse. Ein undankbarer Mensch ist immer ein unerfreulicher Geselle. Es gibt eine unabdingbare Dankbarkeit, die man gerade gegenüber jenen Lehrern empfindet, die einem beim Zurechtfinden im Leben entscheidend geholfen haben. Das Dankbarkeitsgefühl gegenüber den Lebenden und den Toten soll bestehen, sonst müßte wirklich «meine Rechte verdorren».

Die Männer, von denen ich sprechen werde, haben bedeutungsschwere Worte gesagt. Wir stehen unter dem Eindruck, daß wir heute nur wenige gleichwertige Menschen unter uns finden. Das ist nicht in polemischer Absicht gesagt, sondern im Tone des Bedauerns.

Es geht mir nicht um eine bloße Begegnung. Heutzutage wird viel von Begegnung geredet, aber gewöhnlich ist es nur ein flüchtiges Vorübergehen. Echte Begegnung ist ein Stillestehen, ist ein ernstes Ins-Angesicht-Schauen. Dazu kommt es selten. Hier geht es uns um eine symbolische Beschwörung, allerdings nicht im Sinne des Weibes von Endor, das auf Verlangen Sauls den Geist Samuels heraufbeschwor. Wir denken eher an das Wort von Bernanos: «Die Zukunft gehört nicht den Toten, vielmehr denen, die die Toten zum Reden bringen, die erklären, warum sie gestorben sind.»[5] Ein geheimnisvoll anziehendes Wort. Die Lebenden und die Toten zum Reden zu bringen, ist unsere Bemühung. Wir hören ihnen staunend zu, damit etwas in uns verändert werde, und nicht damit wir ihre Gestalt nach unserem Gutdünken zurechtmodeln. Wir lieben die Richtbilder, sonst erkennen wir sie nicht. Und wir erkennen sie nur, um sie noch mehr zu lieben. Liebe und Erkenntnis stehen in Wechselwirkung zueinander.

Natürlich betrachten wir die Persönlichkeiten aus zeitlicher Distanz; anders als ihre Zeitgenossen. Aber wir sind durch ein starkes Band mit ihnen verbunden; deshalb wäre eine unbeteiligte Schreibweise nicht nur trocken, sondern auch unangebracht. Die innere Verpflichtung ihnen gegenüber macht uns nicht unkritisch. Wir folgen ihnen nicht blindlings, sondern wollen mit ihnen ein stets neu einsetzendes Gespräch führen. Dabei fassen wir ihre Worte nicht als endgültige Antworten auf, sondern als Impulse und Anregungen, die wir ihnen durch eine innere Verarbeitung vergelten. Was aber ist das Wesentliche, wo geben sie uns eine Wegweisung, und worauf dürfen wir nicht verzichten? Was war bei ihnen Feuer und was hat sich als Asche erwiesen? Nur ein solcher Rechenschaftsversuch bringt sie zum Reden.

Die zehn Persönlichkeiten haben bei all ihrer Verschiedenheit etwas Gemeinsames: sie haben in einer aufgewühlten

Zeit ein Zeugnis abgelegt. Sie sind, wenn auch sehr unterschiedlich, Zeugen unserer Zeit. Mit innerer Wahrhaftigkeit haben sie die Zeit ernst genommen, aber sie ließen sich nicht einfach vom Zeitgeschehen fortschwemmen. Sie setzten sich mit dem Zeitgeist auseinander und stellten sich ihm entgegen. Natürlich kann man auch auf die Zeitbedingtheit hinweisen, jeder Mensch lebt in seiner Zeit und ist von ihr geprägt. Aber die Frage ist doch, ob und wie weit er über sie hinaus ragt.

Als Zeugen unserer Zeit befanden sie sich unterwegs mit uns. Sie haben gesehen, daß dem Menschen nicht durch materielle Verbesserungen geholfen werden kann. Nie darf die soziale Not gering geachtet werden, aber es geht auch nicht an, sich jener Ideenverdrehung schuldig zu machen, daß nur mit Geld zu helfen sei, und wer Geld habe, der könne alles. Es gibt keinen verderblicheren Gedanken als den Kult des Materiellen. Er wirkt sich heute noch schlimmer aus als früher, weil sich die politischen Parteien seiner bemächtigt haben. Zu der öden Verpolitisierung des Lebens haben diese Persönlichkeiten stets betont, daß die Schlacht unserer Zeit auf geistigem Gebiet geschlagen wird. Hier stellen sie ihren Mann. Unermüdlich haben sie auf die überzeitlichen Wahrheiten hingewiesen, die heute vom Trubel des gesellschaftlichen Lebens übertönt werden. Gerade wegen dieses beharrlichen Hinweises auf das Geistige sind sie uns so überaus wichtig. Sie sind wie tragfähige Säulen, die nicht von den Fluten der Zeit unterspült werden, wirkliche Pfeiler, auf denen sich ein Haus errichten läßt.

Die Auswahl ist subjektiv. Das ist das gute Recht des Verfassers. Die Subjektivität läßt sich bei einem solchen Unternehmen gar nicht vermeiden. Das Auswahlprinzip war darauf angelegt, den evangelischen, den katholischen und den jüdischen Raum zu berücksichtigen und sowohl Denker als Dichter einzuschließen. Es sind vorwiegend Persönlichkeiten, denen der Autor auf seinem Lebensweg begegnet ist. Geschichte wird in Bildern geschrieben, darum geht es bei den zehn Namen um skizzenhafte Silberstift-zeichnungen, um Porträtstudien im alten Sinne.

Es gibt eine chassidische Anekdote, nach der Rabbi Pinchas gesagt hat: «Am Neuen Jahr ist Gott in jener Verborgen-heit, die „das Sitzen auf dem Thron› genannt wird, und jeder kann ihn sehen, jeder nach seiner eigenen Beschaffen-heit, einer im Weinen, einer im Beten und einer im Lobge-sang.»[6] Das Wort darf auch auf jeden der zehn auftreten-den Zeitgenossen übertragen werden. Jeder ist in seiner eigenen Beschaffenheit zu betrachten; die Aufgabe besteht sinnbildlich gesprochen darin, sie alle gleichzeitig im Wei-nen und Lachen, in Bejahung und Vorbehalt in sich aufzu-nehmen, weil sie sich erst dann in ihrer Vielfalt einer eingehenden Meditation erschließen.

DIE STIMME EINES RUFENDEN:
HERMANN KUTTER

Aus dem Leben Davids wird eine kleine, aufschlußreiche Begebenheit überliefert. Der Jüngling kam an den Hof Sauls gerade in dem Moment, als Goliath Israel verhöhnte. Niemand brachte den Mut auf, dem baumlangen Philister entgegenzutreten, bis sich der junge David meldete. Man steckte den Hirtenjüngling in eine Rüstung, stülpte ihm einen ehernen Helm auf das Haupt, legte ihm einen Brustpanzer um und gürtete ihn mit einem Schwert. David bemühte sich, in der schweren Kriegsrüstung vorwärts zu kommen, doch schon nach wenigen Schritten sprach er: «Ich kann darin nicht gehen; denn ich habe es noch nie versucht.»[1] Er legte alles wieder ab, nahm seinen Stecken in die Hand, steckte fünf glatte Steine in die Hirtentasche, griff nach der Schleuder und trat Goliath entgegen.

Mit den nötigen Einschränkungen verstanden, darf die Begebenheit als ein Gleichnis für Hermann Kutter gedeutet werden. Auch er fühlte sich zum Kampf berufen. Der Riese Goliath, gegen den er antrat, war die schlafende Christenheit, die um die Jahrhundertwende, im Unterschied zu der gegenwärtigen Auflösung, von einer erschreckenden Erstarrung heimgesucht war. Vom modernen Zeitgeist überflutet, hatte die Christenheit ihre Bestimmung vergessen und huldigte in ihrer Schläfrigkeit einer oberflächlichen Lebensauffassung.

Hermann Kutter konnte die zunehmende Gleichgültigkeit nicht mitansehen und legte sich zunächst eine wissenschaftliche Rüstung an. Seine ersten Arbeiten über «Clemens Alexandrinus und das Neue Testament» und «Wilhelm von St. Thierry, ein Repräsentant der mittelalterlichen Frömmigkeit» sind gelehrte Abhandlungen. Es waren die ersten Gehversuche des jungen Kutter, aber so gutgläubig er sich diesen wissenschaftlichen Panzer angeschnallt hatte, er vermochte in dieser schwerfälligen Rüstung doch nicht zu kämpfen. Wie David sagte er: «Ich kann darin nicht gehen», und legte bald die ganze Waffenrüstung nieder. Auch er griff zu seiner Schleuder, die ihm eine freiere Bewegung gestattete. Kutter war vom gelehrten Akademiker zum unkonventionellen Kämpfer geworden, der seine Auseinandersetzungen auf freiem Feld ausfocht und fortan in kein Schema mehr hineinpaßte. Alles Streitsüchtige lag ihm fern. Nie versuchte er, einen Gegner mundtot zu machen, sondern kämpfte stets für eine Sache und nicht gegen Personen. Symbolisch verstanden, schleuderte er fünf Steine gegen den Goliath seiner Zeit.

Nach den Samuelsbüchern verhöhnte Goliath den rotblonden Jüngling mit den verächtlichen Worten: «Bin ich denn ein Hund, daß du mit einem Stecken zu mir kommst?» David ließ sich durch die Verspottung nicht irre machen, sondern erwiderte dem sechs Ellen und eine Spanne großen Manne unerschrocken: «Du kommst zu mir mit Schwert, Speer und Wurfspieß; ich aber komme zu dir mit dem Namen des Herrn der Heerscharen, des Gottes der Schlachtenreihe Israels, die du verhöhnt hast.»[2] Diese Antwort hätte Kutter dem Zeitgeist wörtlich geben können, womit das geistige Terrain seines Waffenganges abgesteckt ist. Der Vergleich mit dem alten Zweikampf war nicht willkürlich, denn Kutter selbst war bemüht, «alles Geschehen unter einem großen Sehwinkel zu betrachten»[3].

Hermann Kutter stürzte mit dem Schlachtruf «Der lebendige Gott» in den Kampf. Das Wort vom lebendigen Gott kehrte in seinen Reden immer wieder und ist zu seinem ihn kenntlichmachenden Schibboleth geworden. Gott war für ihn die einzige Realität; er kannte keinen Zweifel und keine Unsicherheit. Die Parole vom lebendigen Gott findet sich schon in seinen frühen Schriften, in denen er dem Leser einschärfte, daß es «um Gott, um Gott allein geht»[4]. Auch in den Schriften der mittleren Jahre sprach Kutter von der starken Gottesgewißheit und sah hinter allem arroganten Gebaren der Menschen immer wieder das eine: «Die Sehnsucht nach dem lebendigen Gott.»[5] Noch in seiner letzten Publikation fragte er: «Haben wir Gott oder haben wir nur Bilder von ihm?»[6] Kutters zentrales Anliegen war die Anwesenheit Gottes. Er war nicht anthropozentrisch «zu Gott hin», sondern theozentrisch «von Gott her» orientiert: «Er darf uns nicht vor Augen stehen nur als Ziel unseres Weges, er muß uns sozusagen aus den Augen schauen, unsere Augen müssen in ihm schauen, er muß Hintergrund, nicht Vordergrund unserer Gedanken sein, er muß uns so nahe sein, daß wir nicht mehr nur ihn sehen, sondern in ihm und durch ihn sehen.»[7] Mit einer verzehrenden Ausschließlichkeit sagte Kutter: Es gibt über allem Menschenleben noch ein Gottesleben, aber nach ihm ist es aussichtslos, von Gott zu reden, wenn er nicht selber redet. Paradox ausgedrückt: «Gott fehlt uns und fehlt uns nicht; eben darum, weil er uns nicht fehlt, spüren wir, daß er uns fehlt.»[8] Nur in Gott ist das Göttliche zu erkennen, und vom lebendigen Gott kann man nur zu jenen Menschen reden, die ihn suchen. Kutter sprach nicht dogmatisch, korrekt, abstrakt von Gott, was stets ohne Eindruck bleibt, sondern er redete lebendig und unmittelbar von ihm, so daß man den «Herrn der Heerscharen» spürte, den David gegenüber Goliath geltend gemacht hatte.

Kutter vermochte in einer sich überstürzenden Sprache von Gott zu reden, weil er von einem starken Gotterleben überwältigt und verzehrt worden war. «Im Erlebnis Gottes stehen und in den Kräften dieses Erlebnisses schaffen», war sein Ausgangspunkt[9]. Zwar sprach er nie ausführlich von seinen Gotteserfahrungen, dazu war er, trotz seines Temperamentes, zu zurückhaltend veranlagt. Es lag ihm ferne, Erlebnisse als bloße Gefühlsreaktionen gering zu schätzen, zumal religiöse Erfahrungen die unumgänglichen Voraussetzungen für ein nicht bloß intellektuelles Reden von Gott bilden. Ohne eigene Erlebnisse bleibt alles Argumentieren eine bloß gehirnliche Angelegenheit. Aus dieser Einsicht heraus stellt Kutter einmal die blamable Frage: «Seit wann haben die Theologen auf dem Katheder etwas erlebt?»[10] In dieser Frage steckt der ganze Jammer der modernen Theologie. Ihre Vertreter reden, je nach Zeitströmung, oft von Dogmatik, Bibelkritik oder Soziologie, weil sie in göttlicher Hinsicht selbst nichts erlebt haben. Es spielt sich bei ihnen alles in einer gedanklichen Sphäre ab, weshalb ihre Ausführungen beinahe wirkungslos bleiben. Im Fehlen der eigenen Erfahrungen steckt eines der Krebsübel der modernen Christenheit, denn vom Göttlichen kann nur der überzeugend reden, der selbst Göttliches erlebt hat. Alles andere sind nur angelernte und nachgeplapperte Worte, die sich rasch wieder verflüchtigen. «Alles ungefähre Reden von Gott, alles bloße Nachsprechen von geschriebenen Gottesworten, ohne daß zu dem, der nachspricht, Gott selbst spricht, damit der Funke eines und desselben ewigen Wortes immer da sei und aufsprühe und in seinem Feuer alles Einst und Jetzt in eine und dieselbe Wahrheit zusammenschmelze, alles Zweifelhafte, Gemachte und Unsichere – und wäre es noch so gut gemeint – ist Götzendienst.»[11] Gott hatte zu Hermann

Kutter gesprochen, das spürte jeder Mensch, der ihn näher kannte.

Der Neumünsterpfarrer hatte Gott erlebt. Aus dieser Erfahrung heraus wagte Kutter überhaupt den Waffengang mit dem modernen Goliath. Unmöglich konnte man mit ihm sprechen, ohne den Eindruck zu empfangen, daß Gott in diesem Menschen lebt und webt. Der Ewige war in sein Leben eingebrochen und hatte es für alle Zeiten in Beschlag genommen. Deswegen sprach und schrieb Kutter auch immer nur von dem einen, was nach ihm not tut: Das Erleben des lebendigen Gottes. Er war von der Existenz Gottes durchdrungen und sprach vom Ewigen, als sähe er ihn vor sich. Wenn es Gott gibt, kann man dann von etwas anderem reden? Alle Gedanken Kutters kreisen um den einen Mittelpunkt: Gott ist der allein Wichtige, nichts kommt dagegen auf, man kann und muß nur immer an ihn denken, von ihm reden und seinem Willen entsprechend handeln. Eine brennende Gottesleidenschaft spürte man durch alle seine Worte wehen. Gott war für ihn nicht etwas unter anderem, sondern der Erste und der Letzte. Kutter sprudelte über von Gott. Mit einer Ausschließlichkeit ohnegleichen legte er Zeugnis vom lebendigen Gott ab, hämmerte förmlich auf die Menschen ein, und nie wurde er müde, vom lebendigen Gott zu sprechen. Das war sein einziges Thema. Für Kutter gab es eine Gottesgeschichte auf Erden mit Gott, nur Gott, Gott selbst, Gott als Leben, Gott als Wirklichkeit, Gott allein. Es war Kutter gegeben, mit einer wahren Sturmesgewalt von Gott zu reden, so daß jeder Widerspruch verstummte.

Das ausgeprägte Gottesverhältnis bedingte Kutters Verständnis der Gestalt Christi. Er hatte zur Person Jesu eine starke, innere Beziehung. Nach ihm sind die Jesusworte einfach unüberhörbar. «Ein Glanz von Jesus sollte bleiben, daß die Menschen ihre Augen damit füllen könnten, es sollten immer Jesusmenschen da sein, denen man Jesus ansehen könnte.»[12] Kutter redete von Jesus mit einer seltenen Intensität und ohne die schwer verständliche Sprache der Christologie nur zu erwähnen. «Warum ist Jesus trotz aller der tausend Systeme und frommen Bücher über ihn immer noch lebendig?» fragte Kutter und antwortete darauf: «Weil er eben nicht das ist, was man über ihn sagte.»[13] Er hielt Jesus für unerforschlich, und es kam ihm darauf an, das Geheimnis Christi zu wahren. «Die Menschen haben nie gewußt, was für einen Namen sie ihm geben sollten. Sie hatten gar kein Wörtlein für ihn: Sohn Gottes, Heiland, Erlöser, Wunderbarer, Ewig-Vater, Friedefürst – gewiß, das kann man alles sagen, aber dann ist's eben doch nicht gesagt.»[14] In Christus ist der unsichtbare Gott sichtbar geworden, und darum redete Kutter nicht vom lebendigen Gott, ohne Jesus zu erwähnen. Er stellte die Gestalt Christi nicht in einem Lebensbild dar, weil man das nicht kann, doch war er beständig von der Person Jesu in Atem gehalten. Er versuchte stets, von ihm neu und ungewohnt zu reden: «Er ist uns immer noch etwas, das man nicht in Worte fassen kann, etwas Unsagbares, etwas, das nicht aufgeht in den Sätzen unserer Weisheit, eine tief verborgene Seligkeit, eine versteckte Heimat, eine Herzlichkeit, eine letzte Zuflucht, eine wunderliebliche Möglichkeit, ein sprudelnder Humor ... Es lebt etwas in unserer Mitte, das uns quält und beseligt zugleich, etwas, an dem unser Hochmut und unser Wissensdünkel aufzuschäumen Gelegenheit hat, ein verachtetes, verspottetes, gelästertes Etwas, das wir in aller Lästerung doch gar nicht missen möchten. Sieh, das ist Jesus!»[15]

Die Bibel hatte sich Kutter neu erschlossen, weshalb er geradezu hinreißend von dem in Christus sich bezeugenden

Gott zu sprechen vermochte. Humorvoll schrieb er: «Die Bibel ist gebrechlichen Menschen gegeben und nimmt deshalb auch teil an ihrer Gebrechlichkeit, hat auch ihre zerbrochenen Fensterscheiben und eingefallenen Gartenzäune, ihre krummen Stuhlbeine und zerspaltenen Fußböden; es wachsen in ihrem Garten auch allerhand Unkräutlein, die dann der Kritiker ausjätet, und Schlingpflanzen, von denen er seinen Studenten erklärt: Nein, so etwas!»[16] Die Bibelkritik entsprach einer historischen Notwendigkeit, wenn sie auch die Gefahr einer Untergrabung der Autorität der Schrift in sich schloß. Überlegen wie Kutter war, ließ er die Bibelkritik gelten, versprach sich aber von ihrer Arbeit nicht viel. Für ihn war die Bibel ein lebendiger Anruf und nicht eine Gelegenheit, gelehrte Kenntnisse auszubreiten. Die Bibel ist bedeutsamer als die Bibelwissenschaft. «Die Bibel steht in Gott, nicht Gott in der Bibel.»[17] Er betrachtete die Heilige Schrift als ein unheimliches, von gewaltigen Kräften erfülltes Buch: «Denn die Bibel ist immer die Bibel, da funkelt's und glüht's von verborgenem Wahrheitsfeuer... Die harmlosen, rotunterstrichenen Verslein alle – sie können auf einmal einen Weltbrand entzünden, sie können plötzlich aufstehen und so unwidersprechlich in deine geizige Seele hinabzünden, daß du umgeschmolzen wirst zu einem neuen Menschen... Denn der Geist des lebendigen Gottes spricht aus ihren ungelenken Buchstaben, wenn ihn schon die Kritiker noch nicht gefunden haben vor lauter Buchstaben... Siehst du nicht, daß unsere gesamte christliche Kultur daran zugrunde geht, daß sie nichts von biblischen Taten zu berichten hat?»[18] Kutter hat wahrhaftig die steife Waffenrüstung abgelegt und sein Hirtenhemd angezogen.

Am bedeutsamsten ist Kutters Versuch einer Gegenwartsschau Gottes. «Glauben heißt Gott in der Gegenwart schauen»[19], sagte er und versuchte, die Welt im Großen und im Kleinen mit den Augen Gottes anzusehen. Nie ging es ihm um eine bloße Erhellung der Vergangenheit, im Gegenteil, er wollte das Wirken Gottes in der heutigen Zeit wahrnehmen, weil für ihn der lebendige Gott ein gegenwärtiger Gott war. Er sah die furchtbare Gefährdung des modernen Menschen; um dessen unglückselige Lage zu ertragen, dachte er besonders intensiv an Gott. Auch die Neuzeit ist vom Ewigen her zu verstehen. «Was geht auch in unserer Zeit vor! Wie erschreckend gemein ist sie, und daneben wieder, wie seltsam groß! ... Alles wandelt sich.»[20] Kutter stellte dies im ersten Drittel unseres Jahrhunderts fest – wieviel hat sich seither geändert, und wie vieles ist doch im Grunde gleich geblieben. Kutter stand im Verhältnis eines Höhen- und nicht eines bloßen Flächengegensatzes zur Gegenwart. Aufgeschlossen wie er war, wich alles Verstaubte und Verkrustete von ihm, und man spürte, daß Gott für ihn jenes Wesen war, das den Menschen in jedem Augenblick angeht. Kutters Bemühung war ebenso hinreißend wie gefährlich; er selbst hat beides empfunden und hat dabei nicht nur Siege, sondern auch schwere Niederlagen erlebt.

Die erste Gegenwartsschau Gottes liegt in Kutters Erfassung des Sozialismus. Während die kirchlichen Kreise um die Jahrhundertwende vor der sozialistischen Bewegung zurückschreckten und sich hilflos abwendeten, gelang es Kutter, ein ganz anderes Verhältnis zu ihr zu gewinnen. Der Sozialismus war in der Mitte des neunzehnten Jahrhunderts entstanden und kämpfte um die Jahrhundertwende noch schwer um seine Existenzberechtigung. Deswegen war Kutters Haltung damals eine Tat, die sich mit der heutigen Zustimmung gar nicht vergleichen läßt. Zu jener Zeit bedurfte es eines mutigen Herzens, sich zum

Sozialismus zu bekennen, während es heute eine Unabhängigkeit erfordert, sich von jeder tendenziösen Haltung zu distanzieren. Kutter sah die soziale Not in der immer größer werdenden Industriegesellschaft wachsen und war zutiefst beeindruckt vom Bemühen der Arbeiterschaft um ein menschenwürdigeres Dasein. Man sah damals die Notwendigkeit dieses Kampfes nicht ein, und selbst die Kirche stand diesem Ringen der Arbeiter verständnislos gegenüber, eine Gleichgültigkeit, die den Abfall des Proletariats vom Christentum zur Folge hatte. Nach Kutter gilt es, in der Arbeiterbewegung ein Wirken des göttlichen Geistes zu erkennen, eine Wahrnehmung, die ihn zu seinem Buch «Sie müssen» veranlaßte. Dieses Buch hat seinen Namen mit einem Schlag weit über die Landesgrenzen hinaus bekanntgemacht; es wurde auch in viele Sprachen übersetzt. Von den einen bejubelt, von den andern als lästerliche Geschichtsdeutung abgelehnt, stand das Buch eine Zeitlang im Mittelpunkt der Diskussion. Kutter war nicht der erste Christ, der den kühnen Versuch einer religiösen Deutung des Sozialismus unternommen hat. Ihm vorangegangen war der jüngere Blumhardt, mit dem Kutter in Verbindung stand und dessen Schriften er zeitlebens vorbehaltlos bejahte. Christoph Blumhardt war jedoch die schriftstellerische Begabung versagt, während es Kutter gegeben war, mit einer zündenden Sprache das soziale Anliegen in seinen Büchern mutig zu formulieren: «Die soziale Frage ist die Frage nach der Gerechtigkeit Gottes. Es handelt sich bei ihr nicht um ‹Proletariat und Bourgeoisie›, nicht um ‹Kapitalismus und Sozialdemokratie› – das sind alles bloße Symptome der großen aufbrechenden Kräfte –, sondern um den lebendigen Gott.»[21]
Die sozialen Fragen waren für ihn göttliche Fragen, und die Not der Menschen veranlaßte ihn, der sozialistischen

Bewegung beizustehen. Da er mitten im Schlachtengetümmel stand, hat er einige Probleme in zu kurzer Perspektive gesehen. Die Verwirklichung der Gerechtigkeit ist ein schweres, auf Erden nie ganz zu lösendes Problem. Auch schenkte er dem proklamierten Atheismus der sozialistischen Bewegung zu wenig Aufmerksamkeit; Gotthelf und Dostojewskij haben in dieser Frage tiefer gesehen – dies muß man bei aller Liebe zu Kutter sagen.

Aus Kutters Gegenwartsschau ist die religiös-soziale Bewegung in der Schweiz hervorgegangen. Er war ihr Inspirator, dies läßt sich historisch einwandfrei nachweisen. Ragaz kam erst später hinzu, riß dann die Führung an sich und steuerte die Bewegung mit Eifer und Doktrinarismus in die Sackgasse des Einmannsystems, worin sie traurigerweise versandete. Kutters Eintreten für den Sozialismus wurde vom religiös-sozialen Kreis zu wenig verstanden. Es war nie seine Absicht, die Leser seiner Schrift «Sie müssen» zum Eintritt in die sozialdemokratische Partei zu bewegen. Er hat sich stets gegen diese Deutung gewehrt, wenn auch seine stürmische Schreibweise dieses allzu kurzschlüssige Mißverständnis mit verursacht hat. Kutter selbst war nie ein Parteimann, und es wäre nicht nach seinem Sinn gewesen, wenn man die Politik in die Kirche hineingetragen hätte. Vielmehr wollte er zeigen, wie die Arbeiterschaft mit einer unwiderstehlichen Kraft in ihren Kampf getrieben wurde, und darlegen, daß auch die Christen aus ihrem Schlaf erwachen und von einer neuen Lebendigkeit ergriffen werden sollten. Diese Intention leitete ihn bei der Niederschrift von «Sie müssen», einem Buch, das nur aus der damaligen, zeitgeschichtlich bedingten Lage heraus verstanden wird. Wenn Kutter heute für eine linksgerichtete Tendenz in Anspruch genommen wird, steht diese Fehldeutung mit den Worten des späten Kutter im Widerspruch[22].

Der reife Mann dachte immer kritischer über die sozialistische Bewegung. Da «der religiöse Sozialismus in sich selbst zerfiel», löste sich Kutter von ihm ab, «weil er ihn als politischen Dilettantismus» durchschaute[23]. Auch den Marxismus beurteilte er immer negativer. Der Marxismus vermochte in seiner Frühzeit dem unklaren Massenimpuls eine Formel zu geben, doch später wirkte er sich hemmend aus. Kutter sprach vom «ganz unpraktischen Abgott Marx», dessen «unfruchtbare, abstrakte und falsche Formeln» die Sozialisten unkritisch nachsprechen[24]. Heute müßte man seine Kritik am Marxismus noch ausweiten: der marxistische Atheismus und Materialismus trugen wesentlich zum geistigen Niedergang des Abendlandes bei. In der letzten Phase seines Lebens schrieb Kutter «Sozialismus tut es nicht»[25]. Nach ihm «gehen die Fragen nicht mehr um Kapitalismus und Sozialismus; sie sind viel ernster geworden»[26]. Unmißverständlich erklärte er: «Sozialismus und Kommunismus sind falsch, wenn sie die Gerechtigkeit ihrer Forderungen mit den Schandtaten der eigenen Machtgier beflecken.»[27] Jede Einstellung ist unhaltbar, die diese Erkenntnis ignoriert. Die sozialistische Bewegung entsprach einer historischen Notwendigkeit für die arbeitende Klasse, aber der Wohlfahrtsstaat wirkte sich namentlich geistig unfruchtbar aus. Kutter brandmarkte das Sterile einer bloß ideologischen Haltung in einem ganz kleinen, wenig beachteten, aber überaus wertvollen Schriftchen: «Die Ideen, losgelöst vom quellenden Leben, auf sich selbst gestellt, sozusagen aus imaginären Wurzeln wachsen wollend, haben immer etwas Richterisches, Doktrinäres und Schulmeisterliches, kurz, etwas Pharisäisches an sich. Sie verurteilen, sie tun nicht wohl.»[28]
Eine zweite Gegenwartsschau versuchte Kutter im Ersten Weltkrieg. Er sah scharf, wohin die moderne Entwicklung

steuerte, und er scheute sich nicht, von den «Trümmern einer verlogenen Kultur» zu reden[29]. Kutter nahm «die Aasgeier wahr, die über unserer Kultur kreisen»[30]. Als der Erste Weltkrieg ausbrach, setzte er ihn einem Reinigungsgewitter gleich. Mitten im Völkerringen schrieb er die «Reden an die Deutsche Nation», sprach darin keineswegs den Deutschen einfach nach dem Mund, weshalb das Buch zunächst von der deutschen Militärzensur verboten wurde. Kutter warf in seinen Ausführungen die Frage auf: «Was heißt das: Deutsches Wesen, deutscher Geist?» und antwortete darauf: «Niemand weiß es noch. Der Deutsche selbst nicht.»[31] Er wußte um die deutsche Härte und die deutsche Liebe, wußte, daß sich beide in der deutschen Seele so wunderlich mischen. Bewegt fragte er sich: «Warum sollte es nicht möglich sein, daß die deutsche Seele erwacht? Und wenn sie jetzt nicht erwacht, wann soll es dann geschehen? Hat Gott diese Seele so reich gestaltet, damit sie für immer verborgen bleibe und nur sich selbst lebe, damit sie in seltsamen idealistischen Träumen und Weltbildern sich ausgebe, aber nie zum Werkzeug greife, um Hand anzulegen an die zähen Schollen der äußeren Welt?»[32] Nach ihm hat der Deutsche noch kein charakteristisches Gepräge, und es schlummern noch alle Möglichkeiten in ihm. Kutters leidenschaftlicher Aufruf ging dahin: «Nicht das Deutsche, sondern das allgemein Menschliche will jetzt durch das Deutsche zur Herrschaft gelangen.»[33] Er hat dem deutschen Volk auch scharf ins Gewissen geredet und es aufgefordert: «Wisset ihr, was auf dem Spiel steht? Werdet ihr das finden, was größer ist als deutsch, das echt Menschliche, das Gott in eure Seele eingebaut hat, die tiefe, unerschöpfliche, aus der Ewigkeit geborene Innerlichkeit, Wurzel und Quelle aller Lebensfülle.»[34] Die «Reden an die deutsche Nation» sind, was die politischen

Ausführungen betrifft, endgültig überholt und waren es schon bei ihrem Erscheinen. Niemand wird sie verteidigen, selbst Kutter tat es nicht. In religiöser Beziehung aber enthalten sie Unvergängliches. Eine seltene Tiefe und ein ungewöhnlicher Reichtum sind in ihnen enthalten. Der katholische Dichter Heinrich Federer schrieb in seiner Arbeit über «Nikolaus von Flüe»: «Vielleicht durch eine mehr als nur konfessionelle Kluft von Hermann Kutter getrennt, aber sicher auch durch mehr als eine intellektuelle Brücke mit ihm verbunden, mußte der Schreiber oft bei der Lektüre jener «Reden» ergriffen gestehen, daß so ein Buch merkwürdig gut ins Bruderklausenjahr paßt und mancher schwere und starke Satz darin vom Weisen aus dem Ranfte selber so erdacht sein könnte.»[35]

Der Versuch einer Deutung der politischen Situation war mißlungen, und er konnte ihm auch nur mißraten, weil Kutter als Schweizer zu einer anderen Nation sprach. Nicht das Gelingen oder Mißlingen auf religiösem Gebiet ist entscheidend, bedeutsam bleibt die Bemühung, in der modernen Zeit zu einem ganzen Volk zu sprechen. Immer wieder muß man versuchen, ins Konkrete vorzustoßen, denn mit einer unverbindlichen Abstraktion ist dem Menschen nicht geholfen. Darüber war sich auch Kutter klar, der bald mit dem Buch höchst unzufrieden war und es eines Tages vor dem Angesicht seiner Angehörigen in zwei Stücke zerriß[36]. Auf den berechtigten Zuspruch seiner Gattin, es enthalte auch überaus wertvolle Ausführungen, wollte er nicht hören und meinte, was mißraten ist, das ist mißraten. Daß er sein eigenes Buch zerriß, war kein lautstarker Ausbruch einer Verärgerung. Bedeutsam daran ist vielmehr, Kutter gerade auch in einer solchen Situation zu sehen und zu erfahren, daß er sich selbst nicht als unfehlbar betrachtete. Ohne Selbstkritik kommt der Mensch innerlich nicht weiter. Der Christ muß seine verhärteten Standpunkte immer wieder zerbrechen, denn zu oft sind sie ein Hindernis auf seinem Weg zu Gott. Das Geschehen deutet darauf hin, daß Kutter auch da seine Waffenrüstung niederlegte.

Eine Interpretation des dramatischen Vorganges fordert den Leser auf, sich gegenüber allen prophetischen Ansprüchen vorsichtig zu verhalten. Fraglos gibt es das prophetische Wort – das ist für jeden Leser des Alten Testamentes evident. Im Neuen Testament fordert Petrus die Christen auf, am prophetischen Wort festzuhalten, weil es ein Licht ist, das da scheinet an einem dunklen Ort[37]. Aus der Geschichte der Christenheit läßt sich nachweisen, daß das prophetische Wort immer wieder elementar und gewaltig aufbricht; trotzdem aber ist Zurückhaltung geboten. Kutter ließ es hierin an Behutsamkeit fehlen. Die Menschen sagen vorschnell, sie sprächen prophetische Worte, selbst dort, wo sie nur geistvoll sind. Kutter glaubte einmal, «jeder Pfarrer kann ein Prophet sein und wird es von der Stunde an, da ihm sein Pfarrertum und Kirchentum in der Liebe zu Gott verschwindet»[38]. Diese Aussage besteht nicht zu Recht. Ein Pfarrer bleibt ein Pfarrer und wird nie Prophet, zumal zwischen Priestertum und Prophetentum ein uralter Antagonismus besteht. Wer dies nicht bedenkt, überschreitet die gebotene Grenze. Man muß vom Propheten größer und vom Pfarrer kleiner denken, sonst trägt man zur Verwirrung der Gegenwart bei. Kutters wildes Zerreißen des eigenen Buches kann nur dahin gedeutet werden: Prophet ist, was wir nicht sind!

Dagegen bleibt Kutters Forderung, «vom Standpunkt der großen, biblischen Schau die Zeit beurteilen», ein aktuelles Anliegen[39]. Doch können bei dieser nie zu Ende kommenden Bemühung Fehlurteile unterlaufen. Kutter hatte für

die konkreten Dinge einen scharfen Blick. Wie ungewöhnlich, wie anregend hat er mit seinen scharfen Augen die
Dinge beobachtet, man denke nur an seinen Besuch im
zoologischen Garten: «Ja, es ist so, stundenlang könnte
ich mit meinen Tieren zubringen und doch nie genug bekommen. Was mich besonders frappiert, ist die Vornehm-
heit der Tiere; ich schäme mich allemal vor dem Löwen,
wenn er so dasitzt in einem engen Käfig – viel zu eng
ist alles, da ist der Basler Zoologische noch weit zurück;
es grenzt einfach an Tierquälerei! –, rings um ihn ein gaf-
fendes Publikum, gierig zu ihm aufblickend oder alberne
Bemerkungen über ihn machend, während er sein könig-
liches Auge in die weite Ferne über die Menschlein hinüber,
sie keines Blickes würdigend, schweifen läßt, als sähe er
dort etwas, wert genug, seine Aufmerksamkeit zu fesseln,
dort – weit weg von allem, was Publikum heißt! Er schaut
dich nie an, er nimmt gar keine Notiz von dir – und
wenn alle die großen Herren, von denen die Welt heute
spricht, sich um seinen Käfig versammeln würden, sie
reichten nicht an ihn heran! Da sitzt er und verzieht keine
Miene und schweigt. Dann erhebt er sich wieder und brüllt
so wundervoll, so eindrucksvoll, wie keiner dieser Herren
je eine Rede gehalten hat! Und dann sein schwimmender
Namensvetter: der Seelöwe! Dort ganz Würde, ganz Größe und Majestät, hier zierlichste, geschmeidigste Anmut,
eine souveräne Vollkommenheit in der spielenden Bewegung – aber dieselbe Unbekümmertheit um die Menschen.
Wir sind einfach Luft für die Tiere. Geben dürfen wir ihnen,
das nehmen sie gnädig an, als wollten sie sagen: Das einzig
Vernünftige, was ihr tun könnt, ihr L... von Menschen!
Ja, im ‹Zoologischen› wird einem etwas klar von dem tiefen Fall, den der Mensch getan. Er ist auch ein König, aber
seine Würde ist verloren, seine Krone zerbrochen.»[40]

Bis zuletzt hat Kutter im Namen des lebendigen Gottes seinen Kampf gefochten. Er schleuderte seine Steine gegen den Zeitgeist und umschrieb seine Position mit den Worten: «Ein altes Wort an die moderne Christenheit.» Zwischen diesen beiden Polen bewegte sich sein Denken. Nicht durch Anpassung, sondern durch ein agonales Verhältnis setzte er sie zueinander in Beziehung. In der Sicht einer Kampfesfront nahm er die Situation wahr, die sich in der Gegenwart nur wenig verschoben und nicht grundsätzlich verändert hat. Kutter kam von der alten, christlichen Tradition her – der Pietismus bildete seine Vorschule, dessen Enge er von innen her, ohne ein Ressentiment gegen seine Frömmigkeit, überwand. Er wußte aber, daß dieses alte Wort in einer neuen Sprache der Gegenwart gesagt werden müsse. «Wer etwas Neues zu bringen hat, der muß zuerst das Alte lieb haben»[41], sagte er, und nach ihm geht der echte Erneuerungsprozeß durch das Alte hindurch, oder es fehlt ihm das Fundament. Kutter kannte das Alte; er vertiefte sich intensiv in die Patristik, und die christliche Überlieferung blieb in ihm stets lebendig. Er fühlte sich mit ihr verbunden und gab sie nie preis. Trotzdem ruhte er nicht auf der Tradition aus, war er doch kein Hüter des Bestehenden, sondern erfüllt von einer starken Gottessehnsucht, die immer wieder gleich Flammen hervorbrach. Noch viel weniger ließ er sich von der neuen Zeit blenden. Er verfiel dem trügerischen Zauber des neuzeitlichen Christentums nicht und sprach geringschätzig von den «in allen Farben schillernden Seifenblasen, modernes Christentum genannt»[42]. Bewußt stellte er sich ihm entgegen. Seine Bücher, die fast durchweg im Predigtton großen Stiles geschrieben sind, gleichen den fünf glatten Steinen aus dem Bach, die David in seine Hirtentasche gelegt hatte. Ein Ergriffener schleuderte sie mit aller Kraft, so daß sich die Worte beinahe überschlugen. Man mag sich fragen, ob Kutters Bücher deswegen nur eindringliche Monologe geblieben sind, weil ihm auf der ganzen Linie der ebenbürtige Gesprächspartner fehlte.

Sein altes Wort an die moderne Christenheit richtete sich vor allem gegen die dem Zeitgeist untätig gegenüberstehende Kirche. Dabei dachte er nur an die empirische, institutionelle und nicht an die mystische, unsichtbare Kirche. Außer Kierkegaard hat niemand so scharfe Worte gegen die protestantische Kirche gesprochen wie Kutter. Die Kritik der heutigen Kirchengegner wirkt ihm gegenüber geradezu schwächlich. Kutter stellte sich nicht außerhalb der Kirche; die Kirche erhob sich in ihm gegen die Kirche, und er zählte sich in seinem Kampf gerade zu ihren wahren Söhnen. Eine enttäuschte Liebe hatte sich in einen heiligen Zorn verwandelt, und schmerzerfüllt hat er der Kirche den inneren Tod vorgeworfen. Die Not der Kirche besteht darin, daß niemand mehr versteht, was sie will; und sie weiß es nicht einmal selber. «Sie reden immer noch von Sakrament, von Satzung, von alleinseligmachender Kirche und merken nicht, daß sie die Eindrucksfähigkeit ihrer Worte verloren haben.»[43] Diese Kirchenkritik stammte von einem Manne, der zeitlebens in ihrem Dienste stand und nie auch nur von entfernt an einen Austritt dachte. Kutter schrieb «Wir Pfarrer», ein Buch, das man trotz der veränderten Verhältnisse noch heute in den Händen der jungen Pfarrer zu sehen wünscht. Es zeigt mehr als alles andere, wie sehr er sich für die Kirche verantwortlich wußte. Seine Worte richteten sich gegen eine schlafende Kirche, die im gemächlichen Gang dahinlebt und dabei nicht merkt, welche Stunde es auf der Weltenuhr geschlagen hat. Zu jener Zeit befand sich die zu einer bürokratischen Institution herabgesunkene Kirche in einem lethargischen Zustand. Sie hatte ihren Frieden mit dem Bestehenden geschlossen, und alle charismatischen Kräfte waren von ihr gewichen. Die damaligen Vertreter versuchten, sich über diesen Erstarrungszustand durch ein selbstgefälliges Kirchenbewußtsein hinwegzutäuschen. Ihnen rief Kutter zu: «Die bloßen Kirchenzeiten sind unwiderbringlich dahin.»[44] Nachdrücklich betonte er das Überkirchliche, das «Mehr-als-Kirche», worunter er die neuen Gotteskräfte verstand. Die Macht der Kirche hielt er für falsch. Nach ihm «bedarf es keiner Worte mehr, Gott hat schon mit ihr abgerechnet»[45]. Die scharfen Worte, die er als kleiner David der Kirche ins Angesicht schleuderte, schmerzten ihn im Grunde: «Das Herz blutet mir, während ich dies niederschreibe. Was gäbe ich darum, nicht aussprechen zu müssen: meine Kirche hat Gottes vergessen! Ich liebe meine Kirche. Ich weiß, welche Kräfte in ihr schlummern.»[46] Kutter klagte die Kirche an, aber er verurteilte sie nicht, sondern hoffte auf ihre Erneuerung und Wiedergeburt. Darum ist es ganz unmöglich, Kutters Angriff mit dem heutigen Gerede über die Kirche zu verwechseln. Wahrscheinlich täuschte er sich mit dem Satz, «die Zeit der bloßen Kirchen ist abgelaufen»[47].

Aus der Haltung Kutters zur Kirche versteht man seine Einstellung zu den Dogmen. Natürlich begriff er die historische Notwendigkeit der Dogmenbildung, aber er lehnte die damit verbundene Zwietracht ab. «Jeder Streit über Jesus ist verderblich. Wie wir seine Gottessohnschaft aufzufassen haben, können wir nicht bestimmen, solange wir nicht in der Atmosphäre leben, innerhalb welcher diese Frage einzig verstanden werden kann: in der göttlichen.»[48] Nie tastete er die tiefsinnige trinitarische Formel an, «weil sich eine Wahrheit in ihren unmöglichen Satzgefügen verbirgt»[49]. Die Natur, die Geschichte, die Gesetze können Objekte einer Wissenschaft sein, nicht aber das Göttliche. Deswegen stand Kutter der Dogmatik mit starken Vorbehalten gegenüber. Er argumentierte: «Die ganze Dogmenbildung der Kirche ist eigentlich nichts anderes gewesen als der Versuch, die göttliche Erscheinung Jesu noch hintendrein, nachdem der menschliche Intellekt wieder an die Stelle des Gottesgeistes getreten war, zu fassen, was natürlich nun nicht anders möglich war als in der Form unverständlicher Sätze, in deren logischer Absurdität sich aber doch die Erinnerung daran erhielt, daß es bei Jesus um Gott geht.»[50] Es ist unfruchtbar, Dogmen zu bestreiten oder zu vergötzen; sie müssen als Zeichen begriffen werden. Eine bloße Negation war Kutter absolut fremd, denn seine Gedanken über die Dogmen gingen aus seiner Gott-Ergriffenheit hervor.

Aus dieser Auffassung ergab sich seine Einstellung zur Theologie. Seitdem sich Kutter von der wissenschaftlichen Rüstung befreit hatte, hegte er schwere Bedenken gegen die Theologie. Er wollte die Sache selbst und nicht eine intellektuelle Abhandlung über sie zur Geltung bringen, wollte das Wort Gottes und keine Lehre vom Wort Gottes verkündigen. Schon in seinem Buch «Das Unmittelbare», das ihn zwar später nicht mehr befriedigte, in dem er aber seine philosophische Grundlage entfaltete, sprach er die Warnung aus: «Der Intellektualismus ist der große Feind unseres Lebens.»[51] In der neueren Theologie aber triumphiert ein kalter Intellektualismus, der alles in eine gedankliche Angelegenheit verwandelt. Die Theologie nahm nicht einmal die Gefahr wahr, die ihr von dem übersteigerten Intellektualismus drohte, und verhöhnte jede emotionale Beteiligung bei einer Frage. «Theologisch sich das Verhältnis des Sohnes zum Vater zurechtlegen wollen, ist ein völlig vergebliches Unternehmen», führte Kutter aus[52]. Nach ihm ist «jede Theologie ein Unding, sobald sie den Anspruch erhebt, Menschen im christlichen Glauben zu unterrichten»[53]. Statt des lebendigen Gottes besitzen die Christen nur eine Theologie über ihn. Der Theologie geht es um Begriffe und nicht um Wirklichkeit; wo Gott fehlt, da gedeiht die Theologie. Sie krankt an einer «gotteslästerlichen Vielwisserei über Gott», und wegen ihrer gefährlichen Selbstsicherheit nannte Kutter sie eine Theolüge. Es bleibt unverständlich, daß man Kutters Mahnung, nur mit höchster Vorsicht Theologie zu treiben, kurzerhand in den Wind schlug und mit einer an Verwegenheit grenzenden Behendigkeit an die Restauration einer kirchlichen Dogmatik ging.

Was Kutter über die Theologie im allgemeinen aussprach, erfuhr er ganz konkret. Die Begründer der dialektischen Theologie waren einst seine Schüler, sind nach Johannes' Wort «von ihm ausgegangen, aber sie waren nicht von ihm». Sie errichteten rasch ein neues theologisches Gebäude und schoben ihn auf die Seite. Kutter hat dieses Verhalten bitter empfunden. Als es ihm zu bunt geworden war, trennte er sich mit aller Deutlichkeit von der dialektischen Theologie: «Ich kann nicht anders, als in der Barthschen Theologie einen, wie sehr auch interessanten und für die übrige Theologie heilsamen – Abweg von dem zu erkennen, was mir – unvollkommen genug! – auf dem Herzen und in der Seele brennt ... Aber sie ist Theologie – und alle Theologie ist Reden über Gott mit schlechtem Gewissen, weil man ja über Gott überhaupt nicht lehrhaft reden kann, es sei denn in seinem eigenen Wort und Geist.»[54] Kutter hielt die unehrliche Waffenbrüderschaft nicht länger aus und machte fortan aus seinem Herzen keine Mördergrube. Sein Verdikt, «Theologie ist Reden über Gott mit schlechtem Gewissen», ist bedeutsamer als alles, was sonst gegen die dialektische Theologie gesagt wurde. Seine Ablehnung ist keine Anklage, dafür schien ihm die Situation viel zu tragisch zu sein, aber die falsche Weichenstellung wollte er beim Namen nennen. Die Lehre verdrängte das Unmittelbare, der Theologismus überdeckte den lebendigen Gott, ein Verhängnis, das sich mehr als einmal in der Geschichte der Christenheit ereignet hat. Die Nichtbeachtung von Kutters Warnung hat sich unheilvoll gerächt, ist doch der gegenwärtige Scherbenhaufen der Theologie ein eindeutiger Beweis dafür. Es kommt nur zu einem neuen Anfang, wenn man die entscheidenden Fragen an die Stelle zurückbringt, wo man von Kutter abgebogen ist.

Nachdem David den Stein geschleudert hatte, durch den Goliath zu Boden getaumelt war, hieb er dem Besiegten mit dem Schwerte den Kopf ab. Diese siegreiche Gebärde Davids blieb Kutter versagt. Sie konnte auch von einem Christen nicht vollzogen werden. Aber er erlebte die Worte Davids, «daß der Herr nicht durch Schwert und Speer Sieg schafft; denn des Herrn ist der Krieg»[55]. Diese Worte hielten Kutter aufrecht – das geht aus der Erfassung seiner Persönlichkeit hervor.

Kutters Leben verlief ohne dramatische Zwischenfälle. Äußerlich gesehen geschahen keine großen Ereignisse, weil sich alles in seinem Innern abspielte. Alle spürten die intensive Ausstrahlung seiner starken Persönlichkeit. Es war schwer, sich dem Bann seiner Person zu entziehen, ihr nicht einfach zu verfallen und die innere Selbständigkeit zu behalten. Er verfügte über ein ungemein reiches Wissen; bis an sein Lebensende liebte er Plato mit einer beinahe jugendlichen Begeisterung; dabei hat er nie ein platonisch gefärbtes Christentum vertreten. Er hat eine eigenständige und künstlerisch geformte Monographie «Plato und wir»

geschrieben, die nicht im Gehege einer langweiligen Schul-
philosophie stecken geblieben ist. Auch wer sich in sein
Kant-Buch vertieft, wird vom philosophischen Eros ergriffen. Kutter schrieb es für die modernen Menschen und
nicht für die Gläubigen. «Wir müssen fragen und wissen
doch genau, daß wir keine Antwort bekommen! Viel rät-
selhafter noch als unser Dasein sind unsere Fragen.»[56] Er
war ein geistiger Mensch, dem die Predigten von Bernhard
von Clairvaux und Johannes Scotus Erigena vertraut waren. Auch liebte er Thomas à Kempis und Jakob Böhme.
Das Letzte und Höchste war ihm wichtig, und nie verlor
er sich in bloß organisatorischen Fragen, die so leicht die
geistigen Probleme überdecken. Kutter fragte: «Wie haben
wir uns dieses furchtbare Schauspiel, Welt genannt, in Beziehung auf Gott zu denken? Schau, wir haben es uns gar
nicht zu denken. Wir können im Denken und Erklären
nichts, denn wir können es nur falsch, nur ästhetisch.»[57]
Aus allen Dingen entnahm er die Aufforderung, die
geistige Basis zu erweitern und sich nicht von einer Fach-
wissenschaft fangen zu lassen. Er spannte den Bogen so
weit als möglich; nie war er ihm umfassend genug.
Der Verfasser des «Unmittelbaren» war ein dem Leben
zugewandter Mensch, zwar nicht im vitalen Sinne, sondern
im Geiste des von ihm wieder hervorgehobenen Predigers
Salomo: «So gehe hin und iß dein Brot mit Freuden, trink
deinen Wein mit gutem Mut; denn dein Werk gefällt
Gott.»[58] Er hat keinen Anteil an dem Pessimismus, dem
so viele Menschen unter Schopenhauers Einfluß verfallen
waren. Kutters Lebensbejahung war anderer Art: «Es gibt
keinen Ernst, keine Rätsel, keine Hemmnisse, keine Uner-
forschlichkeiten, keine Schicksalsschläge im Reiche des Lebens. Das sind Schatten, die der von der Sonnenhöhe seines
Wesens herabgestiegene Mensch vor sich her wirft. Das

ganze Leben erstrahlt aus dem Lachen eines Kindermundes. Alles andere ist nicht Leben, ist Präparation des Lebens, ist Baustein, Material des Lebens, nicht das Leben selbst. Leben heißt lieben.»[59] Die Welt ist eine Schöpfung Gottes, und wenn sie auch nach Adams Ungehorsam eine gefallene Welt ist, so liegt doch über ihr noch der Glanz Gottes. Kutter liebte die Welt und sprach enthusiastisch vom Leben, in Worten, wie man sie in der Kirche kaum je vernommen hat. «Die ungeheuren Schmerzen des menschlichen Lebens sind der Beweis, daß Gott im Menschen lebt. Das Göttliche im Menschen leidet . . . Sein Schmerz ist verkehrte Wonne, sein Haß verkehrte Liebe, seine Unvernunft verkehrte Vernunft. Gott ist immer da. Aber Gott im gottabgewandten Menschen ist die Hölle. Leben wollen ohne Leben, das die Qual des Menschen.»[60]

Kutter machte wieder auf den Unterschied zwischen Evangelium und Moral aufmerksam. Selbstverständlich wußte er um das Recht der Moral, und wehe einer Gesellschaft, die sie mit Füßen tritt. Aber er erfaßte auch deutlich das Unrecht der Moral, die im bloß Richtenden hängen bleibt und damit eine Welt der Ungerechtigkeit schafft. Darum sprach er «von der Gottlosigkeit des Menschen im Guten»[61]. Die Moral läuft stets auf einen Kompromiß hinaus, dies um so mehr, als die Welt sich nicht mit Moral, sondern mit dem moralischen Schein begnügt. Das Evangelium hat die moralische Beurteilung überboten, indem es einen übermoralischen Aspekt geltend macht und die Vergebung verkündet. Da Kutter sich in dem Einen gebunden fühlte, war er dafür in dem Vielen frei. Er wollte die Menschen begreifen, anerkennen und sie nicht verurteilen, wollte sich mit ihnen freuen, mit ihnen weinen und sie vor allem bejahen. «Sag ja zu einem Menschen, bekenne dich zu ihm, laß ihn gelten, kritisiere nicht an ihm herum, schweig

zu seinem Bösen und sprich, ja sprich von seinem Guten.»[62]

Kutter bekannte sich zum Spielgedanken, lange bevor Hui-
zinga und Hugo Rahner vom spielenden Menschen geschrieben haben. Er las den Spielgedanken aus dem achten
Kapitel der »Sprüche Salomons« heraus, wonach die Weisheit Gottes auf dem Erdboden spielt. Bei Kutter finden
sich darüber köstliche Ausführungen, die religiös und nicht
ästhetisch zu bewerten sind. Er hat mit dem Spielgedanken
den verbissenen und tierischen Ernst überwunden, der in
der Christenheit so viele unerquickliche Situationen geschaffen hat. Der Mensch als ein Kind Gottes spielt auf
der Erde, sagte Kutter und führte diesen Gedanken in
seinem «Bilderbuch Gottes für Groß und Klein» aus, einem
Werk, wie es seit Matthias Claudius' «Wandsbecker Bote»
nicht mehr geschrieben worden ist.

Eng mit dem Spielgedanken war Kutters Humor verbunden, der nicht etwa eine glückliche Veranlagung, sondern
eine geistige Haltung war: das unter Tränen lächelnde
Angesicht. Sein göttlicher Humor ist ein anderes Wort für
die Freude, die das Evangelium dem Menschen vermittelt.
Kutter lockerte bedeutungsschwere Gespräche immer wieder durch humorvolle Bemerkungen auf. Der himmlische
Schalk spielte um seine Lippen. Der Humor mit seinem
sonnigen, fröhlichen Lachen war für ihn ein Sonnenstrahl
des guten Willens, der viel ernster ist als der bitterste
Ernst, wie auch das Lachen ernster sein kann als das Weinen. «Der Humor besteht darin, daß er den Umweg um
das Große herum ins Kleine, um die geräuschvolle Außen-
welt ins Herz immer wieder aufzeigt, das Mächtige in
seiner Bedeutungslosigkeit, das Geringfügige in seinem Le-
bensreiz ins Licht stellt und die Komik des Ernstes, der
sich um das Material zum Leben abmüht, statt zu leben,

in heiterer Weise genießt. Humor ist die stärkste Lebens-
macht.»[63]

Kutter hat den Konfessionalismus zu einer Zeit überwunden, da noch weit und breit niemand von einer Ökumene
wußte. Gewiß war er ein Sohn des Protestantismus, doch
lag ihm die bloße Verherrlichung der Reformatoren fern.
Es lebte in ihm der protestantische Protest, der nicht der
Protest einer Kirche gegen die andere Kirche, sondern der
des verletzten Gewissens gegen alles bloß äußerliche Kir-
chenwesen war. Darüber legte Kutter den Reformatoren
tapfere Worte in den Mund: «Ich glaube, wenn Luther
und Zwingli wieder aus dem Grabe auferständen, sie würden uns vom Bauplatz jagen und zu uns sagen: Wir kennen
euch nicht, trotz aller eurer schönen Festschriften zur Re-
formationsfeier... Ihr seid ja gar keine Protestanten, ihr
protestiert ja gar nicht, ihr feiert nur unser Protestieren
– was grad das Gegenteil ist von dem, was wir getan.
Unser Werk wird nur geehrt, wenn ihr es fertig bauet;
aber ein Kirchlein dran bauen und aus eurer Väter Arbeit
ein faules Polster euch machen – o pfui!»[64] Kutter zog
mit seiner Schleuder und den Steinen gegen die Schlacht-
reihen der modernen Feinde ins Feld. Was einst einer faulen Kirche gesagt werden mußte, das müßte man heute
einer faulen Mammonsgesellschaft entgegenhalten.

Kutter hegte gerade wegen seiner unkonfessionellen Auffassung des Protestantismus ein Verständnis für den inneren Katholizismus. Er schrieb vom «idealen Katholizismus
deiner lieben Heiligen, die ich auch von Herzen verehre»
und fragte sich, ob nicht der verborgene Katholizismus
«oft eine Sprache geführt, die wenigstens dem Wortlaut
nach fast mit der unsrigen übereinstimmt»[65].

Kutter liebte offensichtlich die göttlichen Gedanken der
Gottsucher im Mittelalter, die Mystiker, überhaupt «dieses

liebe, mütterliche Flüstern, das man hört, wenn man in einer katholischen Kirche oder in einem Kloster ist: Kein Lärm, kein Geschrei, keine Angst ringsum, kein Jagen und Hasten, Sorgen und Kümmern, alles ganz still, nur im Klostergarten plätschert ein einsamer Springbrunnen, umgeben vom lauschigen Gebüsch – dieses Heimelige, Tröstliche, Lauschige, Friedliche, das wird natürlich bleiben.»[66] Wer die Dinge in dieser Sicht sieht, der hat eine Brücke zur andern Konfession betreten und hat den unfruchtbaren anti-katholischen Komplex überwunden. Kutter unterschied sich von den Ansichten eines sturen Konfessionalismus, der damals noch das große Wort führte, und wies seine Leser auf andere Wege.

Kutters ungewohnte Haltung machte ihn zu dem großen Einsamen innerhalb der kirchlichen Kreise. Sein «Alleingängerseinwollen» wurde gar nicht verstanden und als bloßes Freischärlertum verdächtigt. Der Außenseiter beteiligte sich nicht am kirchlich-theologischen Betrieb, weil man nach ihm nie Christ ist, wenn man unbedenklich mit der allgemeinen Zeitströmung mitschwimmt. Stets gilt es den Mut aufzubringen, als Einzelner seinen Lebensweg zu gehen. «Ich kümmere mich nicht um das, was um mich vorgeht, still und einsam gehe ich meinen Weg, immer mehr mich zurückziehend in die göttliche Stille, um hier Kraft zu sammeln für das Wort, das noch gesprochen werden muß.»[67] Kutters Entschluß war das Gegenteil von einer mißmutigen Vereinsamung; es war die Ablehnung des Vielerlei und die bewußte Konzentration auf das eine, was not tut.

Kutter spürte den Zeitenumbruch in einem Moment, als die meisten Christen noch in einer Ahnungslosigkeit verharrten: «Es muß etwas geschehen, es muß etwas durchbrechen. Es muß eine Einfachheit, eine Lebendigkeit, eine

Kindlichkeit, eine Unmittelbarkeit durchbrechen. So, wie wir gelebt, können wir nicht weiter leben! Und die Schwierigkeit liegt nicht im Äußern, nein, sie liegt im Innern. Da in der eigenen Brust gärt und treibt das große Problem. Die Seele liegt in Geburtsschmerzen. Die Gottesfrage – ja, sie ist's! Sie entscheidet über uns. Alle andern Fragen versinken in nichts vor ihr.»[68] Nach ihm vollzieht sich in unserer Alltäglichkeit ein unsichtbares Geschehen; wir sehen es noch nicht, unsere Hände fassen es nicht, aber es sammeln sich die verborgenen Wasser zum Ausbruch. Kutters Anliegen war, daß der heutige Christ in die Stille gehe, nicht um einem bequemen Quietismus zu frönen –– was ihm verständnisloserweise oft vorgeworfen wurde –, sondern um sich in lebendigem Ringen auf das entscheidende Wort vorzubereiten, das die gegenwärtige Christenheit nicht besitzt und auf das es doch allein ankommt. Dieses Wort aber kann nicht künstlich erzwungen, sondern nur erbetet werden. «Tun können wir überhaupt nichts, empfangen müssen wir. Von Gott selbst empfangen, was uns fehlt.»[69] «Wir suchen erst wieder die ursprüngliche Einfalt des Evangeliums zurückzugewinnen, aber wir haben sie noch nicht.»[70] Kutter hielt es für ein völlig verfehltes Unterfangen, so zu tun, als hätte man die Lösung schon gefunden. Vielleicht müssen wir noch für eine lange Zeit stille sein und den Weg suchen. Unmittelbar vor seinem Rücktritt sagte er zu seinen Amtskollegen, «daß die größte und anstrengendste, aber auch wichtigste und entscheidendste Arbeit des Pfarrers im Studierzimmer zu geschehen hat»[71], wobei diese Arbeit nicht nur in wissenschaftlichen Studien, sondern vor allem im inneren Ringen und Beten bestehen muß. Die Christen leiden unter der Düsternis der gegenwärtigen Zeit und nehmen diese Schmerzen auf sich. Nur aus diesem Leiden ersteht eine Erneuerung und nicht durch Teamarbeit oder durch ein Buhlen um den Zeitgeist. «Für die andern Buße tun, an Stelle der andern die Sünde durchkosten und durchkämpfen. Auf sich selbst nehmen, was sie der Welt aufgelegt. Schweigen, tragen, fürbitten.»[72] Kutter stand nicht ratlos da. Sein altes Wort an die moderne Christenheit ist aus einem Gottesschmerz hervorgegangen, und darum darf man sich durch die abfällige Bemerkung nicht irre machen lassen, er habe nur immer das gleiche gesagt und habe sich stets wiederholt. Wer etwas zu sagen hat, kann nicht vieles sagen, sondern nur immer wieder auf das Eine hinweisen. Kutter hat, wenn auch oft stotternd und unter mühseligen Anstrengungen, der Christenheit wirklich das entscheidende Wort wieder gesagt: «Das Göttliche suchen – das allein ist's, was heute weiterhilft . . . ganz in die letzten Gründe hinabzusteigen und die neue Gotteswelt in Jesus Christus, nicht nur einzelne Ideen aus ihr, immer und immer wieder zur Frage zu stellen.»[73]

Nach Davids Sieg über Goliath fragte König Saul verwundert: «Wes Sohn ist der Jüngling?» Analog könnte man heute erstaunt fragen: «Wer war eigentlich Kutter?» Abner erwiderte Saul: «So wahr du lebst, König, ich weiß es nicht!»[74] Die Antwort des Feldherrn ist auch die Antwort der Gegenwart. Die Zeitgenossen wußten es nicht, und die heutigen Menschen wissen erst recht nicht, wer Kutter war, obwohl die Tasche mit den fünf Steinen aus dem Bach sie zum Nachdenken hätte veranlassen sollen. Ist es nicht beschämend, daß die Christen der Gegenwart auf die Frage: «Wessen Geistes Sohn ist Kutter?» antworten müssen: «So wahr du lebst, wir wissen es nicht», oder steckt am Ende in diesem Nichtwissen gerade das Geheimnis, das sich mit dem Namen Hermann Kutter für die Christenheit verbindet?

EIN NARR AUF EIGENE FAUST:
ALBERT SCHWEITZER

Albert Schweitzer bemerkte einmal beiläufig: «Mein Leben ist mir ein Rätsel.»[1] Obwohl er, um über sich selbst klarzuwerden, schon etliche autobiographische Schriften verfaßt hatte, entschlüpfte ihm dieses Geständnis. Offenbar war es ihm nicht beschieden, dieses Rätsel zu lösen. Um wieviel weniger dürfte es uns gelingen, ihn richtig zu interpretieren. Es bleibt ein fragwürdiges Tun, ein Menschenleben deuten zu wollen, versteht man doch kaum sein eigenes Dasein.

Glücklicherweise sind die vielen rühmenden Reden zu Schweitzers neunzigstem Geburtstag und bei seinem Tode verklungen. Das gespendete Lob drang selten in die Tiefe und verhinderte eher den Zugang zu ihm. Albert Schweitzer selbst war unangenehm berührt von den bewundernden und hochtrabenden Worten: «Lassen wir das, junger Mann, ich vertrage keine Superlative der Eigenschaftswörter.»[2] Noch weniger gelangt eine nörgelnde Kritik in seine Nähe, lagen ihm doch selbst jede Ironie, Polemik und Besserwisserei ferne. «Mit Kritik macht man die nicht besser, die man kritisiert», meinte er[3].

Schweitzer liebte auch die Leute nicht, die mit der Faust nach seinem Herzen griffen: «Ein Mensch soll nicht in das Wesen des andern eindringen wollen. Andere zu analysieren ist ein unvornehmes Beginnen. Es gibt nicht nur eine leibliche, sondern auch eine geistige Schamhaftigkeit, die wir zu achten haben.»[4] Bekanntlich reagierte Schweitzer negativ auf den Rorschach-Test, indem er nicht einmal das tiefe Rot, die Farbe des Blutes, wahrnahm. Seine Abwehr gegen Tests und Analysen ist im Zeitalter der Psychoanalyse nicht unangebracht. Auch die Reporter liebte er nicht. Als er das «Wort Interview hörte, nahm er sein Messer und tat, als wolle er seinen Gast aufspießen. ‹Wagen Sie es nicht, dieses Wort hier auszusprechen›, drohte er scherzhaft.»[5]

Es bedarf eines anderen Weges zum Verständnis Albert Schweitzers. Man hat mit Fragen an ihn heranzutreten und auf seine Antworten zu hören. Eine Rechenschaft über ihn muß schlicht geschehen, wie er selbst seine Gedanken stets auch in einfacher Form darlegte.

Sein herrlich unmodernes Antlitz war in jungen Jahren voll männlicher Tatkraft, und in seinem Alter strahlte es noch eine sichtliche Güte aus. Alle Eitelkeit war ihm fremd. Auffallend war der altväterliche Schnurrbart; die Männer des vergangenen Jahrhunderts haben solche getragen. Er erinnert daran, daß Schweitzer aus dem neunzehnten Jahrhundert kommt, aber unentwegt in das zwanzigste Jahrhundert hinein schreitet und sich den neuen Problemen mutig stellt.

Es gehört zu den wesentlichen Geheimnissen von Schweitzers rätselvollem Leben, daß er früh den Entschluß faßte, sich dem tragischen Vernünftigwerden nicht zu unterwerfen. Er beschwor die Jugend, «die Gedanken, die sie begeistern, durch das ganze Leben hindurch festzuhalten. Im Jugendidealismus erschaut der Mensch die Wahrheit.»[6] Er selbst ist mit den Enttäuschungen des Lebens fertig geworden, ist als ein unverbrauchter Mensch durch das Leben gegangen und hat stets versucht, in seinem Denken und Empfinden jugendlich zu bleiben. «Wenn die Menschen das würden, was sie mit vierzehn Jahren sind, wie ganz anders wäre die Welt!»[7] rief er aus und hat sich damit selbst am besten gezeichnet.

Man liebte es, Schweitzer aus seiner elsässischen Heimat heraus zu verstehen, nannte ihn wegen seines urwüchsigen Wesens einen elsässischen Bauern; vielleicht nicht zu Unrecht, denkt man daran, wie schlicht und beinahe unbekümmert er sich kleidete. Trotzdem stimmte der Hinweis nicht. Albert Schweitzer war in seinem Wesen alles andere als ein Bauer. Gewiß sprach er den unverkennbaren elsässischen Dialekt, der dem Gespräch einen vertraulichen Ton gab. Er selbst sagte einmal, er habe das elsässische Problem bei seiner ersten Ausfahrt nach Afrika im Golf von Biscaya versenkt. Doch verschwand es nicht ganz in der Meerestiefe, es konnte dies auch nicht, weil die Existenz zwischen zwei Nationen mit ihrer schmerzvollen Geschichte nicht auf eine so einfache Weise aus der Welt zu schaffen ist. Die Elsässer sind darauf angewiesen, Gegensätze zu versöhnen, und auch Albert Schweitzer ist für eine Zusammenarbeit von rechts und links des Rheins eingetreten. Elsässisch an ihm waren sein Humor, sein Sinn für Situationskomik und seine Schlagfertigkeit. Schon im Klassenbuch des Gymnasiums stand der Vermerk «Schweitzer lacht». Als man ihm einmal von einem Professor erzählte, er sei der Zeitmode entsprechend vom Liberalismus zur dialektischen Theologie abgeschwenkt, erwiderte Schweitzer, «das ist auch eine Krankheit» und fügte schalkhaft hinzu: «aber nicht zum Tode».

Die reiche, vielfältige Natur Schweitzers vereinigte starke Gegensätze in sich. Er hatte das Bedürfnis, in Tübingen das Grab des kritischen Theologen F. Ch. Baur zu besuchen, weil er selber ein in der Fremde nachgeborener Tübinger sei, gleichzeitig gab er seiner Liebe zur alten schwäbischen Liturgie Ausdruck[8]. Man darf diese Spannungen nicht neutralisieren, weil sie zu Schweitzer gehören und er eine Persönlichkeit mit Antinomien war. Wer Widersprüche freudvoll begrüßt, wird ihn lieben.

Albert Schweitzer war zunächst ein Künstler. Dies beachten seine theologischen Schüler zu wenig, und darum sind sie ihm so unadäquat. Er liebte vor allem das Orgelspiel und faßte Bach vorwiegend als Tonmaler auf, der die prägnantesten Momente aus dem Geschehen hervorhob. In Bachs Musik gewinnt die evangelische Christenheit eine ihrer dichtesten Gottesbeziehungen; frei von jeder bloß protestierenden Form lebt und webt sie im gläubig hingenommenen Neuen Bund. Nach Schweitzer ist Bach eine «Erscheinung in der Geschichte der deutschen Mystik»[9]. Sein Orgelspiel erfreute unzählige Menschen, und ihm selbst vermittelte es die ruhige Gelassenheit. Als Künstler lebte er aus Intuitionen, die er nachträglich wissenschaftlich zu unterbauen versuchte.

Der Mann aus Günsbach war aber auch ein Rationalist, der schon als Kind Proben seiner rationalistischen Veranlagung ab. Achtjährig fragte er sich: «Was haben die Eltern Jesu mit dem Gold und den Kostbarkeiten gemacht, die sie von den Weisen aus dem Morgenland bekamen?»[10] Er besaß eine kritische Begabung, die er namentlich in seinen theologischen Untersuchungen hervorkehrte. Schweitzer begann als rationalistischer Theologe, hielt die Aufklärung zeitlebens hoch und übersah die Entleerung, die sie mit sich gebracht hatte. Er identifizierte die rationale Erkenntnis mit der Wahrheit und wurde nie an der historisch-kritischen Forschung irre. «Der Rationalismus ist mehr als eine zu Ausgang des achtzehnten und zu Beginn des neunzehnten Jahrhunderts erledigte Denkbewegung. Er ist eine notwendige Erscheinung jeglichen normalen Geisteslebens. Aller wirkliche Fortschritt in der Welt ist im letzten Grunde durch Rationalismus gewirkt.»[11] Zwar gab er zu, daß die Ergebnisse des historischen Rationalismus unbefriedigend und die Menschen der rationalistischen Zeit kleiner als ihre Leistung waren. Aber er glaubte, sie hätten mit den ihnen zur Verfügung stehenden Mitteln nur zu wenig tief zu graben vermocht. Hätte man an der gleichen Stelle eingesetzt und tiefer gebohrt, wäre man zum gesuchten Gold gelangt. Doch geht bei Schweitzer zuletzt der Rationalismus in einen Irrationalismus über, ein Wechsel, der ihm gerade die bedeutsame Note verleiht.

Schweitzers Künstlertum und Rationalismus zeigen die Vielseitigkeit seiner Persönlichkeit. Er konnte sich als Pietisten bezeichnen und wiederum in Goethe den Mann sehen – er hielt vier unkonventionelle Reden über ihn –, der den entscheidenden Einfluß auf ihn ausgeübt habe[12]. Diese Gegensätze sind nicht leicht zu überbrücken. Man kennt diesen Zwiespalt auch im Leben Tolstojs, der den Leser ebenfalls vor ein Rätsel stellt, das bis heute noch nicht gelöst worden ist. Es zeugt für die kraftvolle Natur Schweitzers, daß er die Spannung zwischen Künstlertum und Rationalismus sein Leben lang auszuhalten vermochte und nicht an Zerrissenheit zugrunde ging. Er war nicht nur imstande, sie zu ertragen, sondern wußte sie auch fruchtbar zu machen. Dies verdankte er seiner ausgeprägten ethischen Einstellung, die für sein Leben bestimmend war und ihn doch nicht zum bloßen Humanisten werden ließ. Schweitzer war ein ausgesprochener Ethiker. Seinem Verhalten lagen stets sittliche Überlegungen zugrunde. Das Ethische kam nicht als eine dritte Komponente hinzu. Mit der Ethik versöhnte er die Spannung zwischen Kunst und Ratio, wodurch seine Persönlichkeit die imponierende Geschlossenheit bekam.

Schweitzer begann seine Laufbahn als Theologe. Er war es am Anfang und ist es in einem gewissen Sinn zeitlebens geblieben. Es ergäbe ein falsches Bild, wollte man davon absehen. Schweitzer brachte auf diesem Gebiet eine zweifache Leistung hervor, die sich sogar schulbildend auswirkte. Die Schule der konsequenten Eschatologen blieb an Genialität weit hinter ihm zurück.

Es wird immer für Schweitzer sprechen, daß er schon in jungen Jahren zum zentralsten Problem aller Theologie vorgestoßen ist: zur Gestalt Jesu. Er gab sich nicht mit einem bloß gelehrten Wissen zufrieden, da nach ihm Jesus den letzten Wahrheitseinsatz vom Menschen verlangt. Schweitzer sagte unmißverständlich, «die Jesusfrage bildet für die Theologie die Schule der Wahrhaftigkeit» und fügte hinzu: «Ein so schmerzliches und entsagungsvolles Ringen um die Wahrheit hatte die Welt noch nie gesehen und wird es nie mehr geben.»[13] Das Leiden darf nicht übersehen werden.

Die Beschäftigung mit der Gestalt Jesu half Schweitzer, die liberale Jesus-Auffassung zu überwinden. Die freisinnige Anschauung hat seit dem neunzehnten Jahrhundert das gebildete Bürgertum beherrscht, und auch Schweitzer huldigte ihr zunächst, durch seine Herkunft beeinflußt. Jesus wurde im «Sinne des still wirkenden, geduldigen Lehrers» aufgefaßt, ein Schema, zu dem die liberalen Werke über Jesus nur verschiedene Variationen bilden. Mit Hilfe eines neuzeitlichen Psychologismus setzten sie sich über die Schwierigkeiten hinweg und versuchten, die Persönlichkeit Jesu entwicklungsgeschichtlich ihrem eigenen, kleinkarierten Verständnis anzupassen. Rührend von Anfang bis zum Ende sei das Leben des Nazareners gewesen und habe in keinem Punkt über das Menschenmaß hinausgeragt. Es fehlte jede Empfindung für das Große, Unvermittelte und

Widerspruchsvolle in Jesu Gedanken. Mit ihrer Umdeutung machten sie sich ungewollt einer Verkleinerung der Gestalt Jesu schuldig. Schweitzer zertrümmerte schonungslos dieses onkelhafte Jesusbild: «Die Schiffe, auf denen die freisinnige Theologie zwischen den Anfängen des Christentums und unserer Religion hin und her zu fahren gedachte, sind verbrannt; die hölzernen Waffen, mit denen sie kämpfen wollte, sind ihr aus der Hand geschlagen.»[14] Schweitzer litt nach eigenem Geständnis unter seiner Zerstörung des liberalen Jesusbildes; in ihm kehrte sich die liberale Theologie gegen sich selbst – eine höchst erregende Anlegenheit. Ein ursprünglich liberaler Theologe hatte das liberale Werk zertrümmert. Unvoreingenommen betrachtet, bedeutet Schweitzer das Ende der freisinnigen Theologie, ohne daß er deren gute Errungenschaften preisgegeben hat: Die persönliche Wahrhaftigkeit und die Freiheit eines Christenmenschen. Seltsamerweise schlossen die liberalen Theologen die Augen vor Schweitzers Tat. Nur einer von ihnen erging sich einmal in anklagenden Worten über Schweitzer, fügte aber im gleichen Augenblick hinzu: «Er ist gegenwärtig doch unser Paradepferdchen, und darum müssen wir seine Zertrümmerungsarbeit stillschweigend über uns ergehen lassen!» Die liberale Theologie duckte sich zunächst und erlebte dafür die Genugtuung, daß nach dem Zweiten Weltkrieg der Neoliberalismus eine Entmythologisierung vornahm, die alle kirchlichen Gestade überflutete.

Schweitzer überwand erlebnismäßig und nicht auf intellektuellem Weg die liberale Jesus-Auffassung. Er machte sich bereit, zum Militärdienst einzurücken und packte ein Neues Testament in seinen Tornister. Während einer Manöverpause las er, an einem Wiesenabhang beim Dorf Guggenheim liegend, das zehnte Kapitel des Matthäus-Evangeliums. Bei der Lektüre von Jesu Aussendungsrede kam es wie ein plötzliches Licht über ihn. Schweitzer glaubte, in diesem Moment den Schlüssel zum ganzen Rätsel der Persönlichkeit Jesu gefunden zu haben, weshalb ihn ein überaus freudiges Gefühl durchströmte. Neue Horizonte schienen sich ihm aufgetan zu haben. Er ist so auf intuitivem Weg zur Entdeckung des eschatologisch eingestellten Jesus gekommen. Wie bei vielen seiner Wahrnehmungen, war die künstlerische Phantasie und nicht das rationale Denken daran beteiligt.

Nachträglich hat Schweitzer sein intuitives Erleben wissenschaftlich in seinem Buche «Geschichte der Leben-Jesu-Forschung» unterbaut. Die im Aufbau eher französisch als deutsch anmutende Arbeit ist eines der aufwühlendsten theologischen Bücher unseres Jahrhunderts. Die «Geschichte der Leben-Jesu-Forschung» hat den unschätzbaren Vorteil, daß der Leser nicht nur eine einzige Stimme zu hören bekommt, sondern verschiedene Fragestellungen über Jesus ausgebreitet erhält. Schweitzer entwickelt die Probleme in einem Entweder-Oder-Stil: entweder synoptisch oder johanneisch, entweder historisch oder dogmatisch und so weiter. Er besaß einen ausgeprägten Sinn für die Einzigartigkeit des Stoffes: «Das Problem des Lebens Jesu ist ohne Analogon in der Geschichtswissenschaft. Jede Methode der historischen Forschung versagt an der Kompliziertheit dieser Verhältnisse. Die Maßstäbe der gewöhnlichen Geschichtswissenschaft reichen hier nicht zu.»[15] Besonders großartig wirkt sich in der erregenden Problemgeschichte die innere Freiheit Schweitzers aus, auch den verkannten Forschern gerecht zu werden, jenen Menschen, die mit Protest ein Leben-Jesu geschrieben haben. Die Kapitel über Reimarus, David Friedrich Strauß, Bruno Bauer gehören zu den glänzendsten Partien seines Werkes. Unabhängig und ei-

genwillig, wie er war, fühlte er sich von den kühnen Bahn-
brechern angezogen. Ihr tragisches Zerbrechen am gewaltigen Stoff erregte seine starke Teilnahme. In der theologischen Literatur begegnet man sonst kaum einer solchen
vornehmen Haltung.

Durch die Entdeckung des endgeschichtlich eingestellten Jesus wurde Schweitzer dazu geführt, alle modernen Ideen
aus der Vorstellungswelt Jesu zu eliminieren. Seiner Einsicht nach gründete Jesus nicht das Reich Gottes. Auch
von keiner innerweltlichen Entwicklung kann die Rede
sein. Jesus verkündete das zukünftige Reich, das Gott auf
übernatürliche Weise herauführt. Die irdischen Institu-
tionen existieren im kommenden Reich nicht mehr. Mit
der eschatologischen Erwartung ist auch der Gedanke der
Prädestination gegeben. Die Bergpredigt mit ihrem überall
gewaltig durchbrechenden «Ich aber sage euch» ist eine Ma-
nifestation der Würde, die Jesus sich zulegte. Sie ist ein
Ausfluß seines messianischen Selbstbewußtseins, das dauernd aus all seinen Worten und Taten hervorblitzt. Die
Ausführungen der Bergpredigt dürfen nicht als «die neue
Sittlichkeit des Gottesreiches» verstanden werden. Es gibt
für Jesus keine Sittlichkeit des Gottesreiches. Er kennt
nur eine Interimsethik, die von seiner Verkündigung bis
zum Anbruch des Reiches dauert. Alle Versuche, Jesu Ethik
anders aufzufassen, endigen in haltlosen Kompromissen. Die
Erwartung des Reiches ist ohne die Idee der Verwandlung
überhaupt nicht denkbar. «Auferstehung, Verwandlung
und Parusie des Menschensohnes gehören zusammen und folgen in einem von sich aus ablaufenden Akt aufeinander.»[16]
Obschon die eschatologische Erwartung aus dem Spätjuden-
tum stammt, läßt sie Jesus in ihrer ganzen Äußerlichkeit
bestehen und macht keinen Versuch, sie zu vergeistigen.
In erster Linie ist die Größe dieser Jesus-Schau anzuerken-

nen. Allein schon die Fähigkeit, Jesus wieder groß zu sehen, ist eine Tat, die unterstrichen zu werden verdient. Zu lange hat ein langweiliges Jesusbild die Öffentlichkeit beherrscht, während Schweitzer mit einem Schlag die süßliche Heilandsgestalt, die an die Türe klopft oder ein Lämmlein auf der Schulter trägt, hinwegfegt. Nach ihm läßt sich «Jesus von Nazareth nicht modernisieren»[17], er «geht an unserer Zeit vorüber und kehrt in die seinige zurück»[18]. Schweitzer entwickelte ein kraftvolles Jesusbild aus einem einzigen Ansatz heraus, so daß eine konsequente Geschlossenheit entstand. Der endgeschichtlich eingestellte Jesus trug heroische Züge, er war eine wirkliche, das Irdische überragende Persönlichkeit voll Fremdartigkeit. Nach Schweitzer war Jesus ein Apokalyptiker, was einen großartigen Durchbruch bedeutet. In Schweitzers Schau bekommen die Imperatorenworte Jesu wieder ihren metallenen Klang, so daß man etwas von der Sprengkraft seiner Ausführungen spürt. «Der Jesus der modernen Theologie ist so merkwürdig unlebendig. In seiner eschatologischen Welt belassen, ist er größer und wirkt, bei aller Fremdheit, elementarer und gewaltiger als der andere.»[19] Nur ein Künstler konnte aus dieser Sicht sprechen. Es bleibt bedeutsam, eine historische Erscheinung in ihren ursprünglichen Dimensionen zu erkennen. Wenigen Menschen war es beschieden, in würdigen Kategorien von Jesus zu reden. Schweitzer gehörte zu den seltenen Theologen, die die ungeheuren Widersprüche im Charakter Jesu bestehen ließen und für das souveräne Selbstbewußtsein des Herrn Verständnis aufbrachten.

Man hat Schweitzers eschatologische Jesus-Auffassung auch schon der Einseitigkeit bezichtigt. Aber der Nachteil der Einseitigkeit ist fast mit jeder Entdeckung verbunden. Bedauerlicher als diese Einschränkung ist, daß Schweitzer selbst die endgeschichtliche Einstellung Jesu nicht teilte. Nach seinem Dafürhalten kann sie nicht aufrechterhalten werden, und darum beruht «die ganze Geschichte des Christentums bis auf den heutigen Tag, die innere, wirkliche Geschichte desselben, auf der Parusieverzögerung: das heißt auf dem Nichteintreffen der Parusie, dem Aufgeben der Eschatologie, in der damit verbundenen fortschreitenden und sich auswirkenden Enteschatologisierung der Religion»[20]. Bei Schweitzers persönlicher Distanzierung von Jesu Enderwartung macht sich jedoch seine Herkunft aus dem neunzehnten Jahrhundert geltend, ähnlich wie in der verfehlten Fragestellung seiner Dissertation: «Die psychiatrische Beurteilung Jesu.» Das aufgeklärte Zeitbewußtsein stellte ihm ein Bein. Wie viel elementarer hätte sich seine endgeschichtliche Jesus-Auffassung ausgewirkt, wenn er die Kraft gehabt hätte, bekennend zu sagen: Das ist die Haltung, die wir zurückerobern müssen! Die theologische Angst vor der Apokalyptik ist reines Unvermögen, es besitzt nicht die geringste Ausstrahlungskraft. Der Maler Albrecht Dürer wagte noch, seine Blätter über die Apokalypse in die Welt hinausgehen zu lassen und bewies damit die Stärke seines Glaubens. Es ist nicht einzusehen, warum die Apokalyptik für uns nicht mehr nachvollziehbar ist. Die Geschichte gewinnt doch nur, wenn sie unter einem apokalyptischen Gesichtspunkt betrachtet wird. Es gibt in ihrem Ablauf immer wieder kleine Apokalypsen – wie die beiden Weltkriege – und am Ende wird die große, abschließende Apokalypse stehen. Wir müssen, in kühner Unbekümmertheit gegenüber der modernen Wissenschaft, den Mut aufbringen, uns zu der endgeschichtlichen Erwartung Jesu zu bekennen, denn nur dann bekommt unser Christentum wieder den großen Atem, der auch die Nichtchristen zu erneutem Nachdenken zwingt.

Es gereicht Schweitzer zur Ehre, daß er, so wenig wie irgendein anderer Mensch, mit der Gestalt Jesu zu Ende gekommen ist. Er mußte bei diesem Ringen zuletzt eingestehen: Es ist mir nicht gelungen. Es konnte ihm auch nicht gelingen. Es war noch niemandem beschieden, die Jesus-Frage zu bewältigen, weil das Thema den Menschen überfordert. Jesus ist immer größer als der Forscher, er ist auf historischem Weg ohnehin nicht zu erreichen, weil es letztlich immer um den Christus des Glaubens geht. Genau besehen, steht auch Albert Schweitzer Jesus nicht rein historisch gegenüber; das kann kein Christ, für den der Nachfolgebefehl verpflichtend ist. «Das wahre Verstehen Jesu ist das von Wille zu Wille. Das wahre Verhältnis zu ihm ist das des Ergriffenseins von ihm.»[21] Schweitzer will «im Namen Jesu Gutes tun» und einmal ist ihm auch eine Äußerung entschlüpft, wonach unsere Religion «Jesu-Mystik» sein müsse[22]. Damit umschrieb er den richtigen Ansatzpunkt. Die Christenheit lebt von der Christus-Mystik, weil nur die Christus-Ikone das Antlitz des Vaters enthüllt. Die Jesus-Mystik wird von der Verzögerung der Parusie nicht berührt, weil sie den Herrn als den «König des Herzens» erfaßt, wie sich Schweitzer einmal ausgedrückt hat[23], eine Glaubensgewißheit, die die notwendige Ergänzung zum endgeschichtlich eingestellten Jesu bildet. Schweitzer läßt die «Geschichte der Leben-Jesu-Forschung» in das Bekenntnis ausklingen: «Als ein Unbekannter und Namenloser kommt er zu uns, wie er am Gestade des Sees an jene Männer, die nicht wußten, wer er war, herantrat. Er sagt dasselbe Wort: Du aber folge mir nach! und stellt uns vor die Aufgaben, die er in unserer Zeit lösen muß. Er gebietet. Und denjenigen, welche ihm gehorchen, Weisen und Unweisen, wird er sich offenbaren in dem, was sie in seiner Gemeinschaft an Frieden, Wirken,

Kämpfen und Leiden erleben dürfen, und als ein unaussprechliches Geheimnis werden sie erfahren, wer er ist...»[24]

Im Neuen Testament ist neben den Evangelien die Stimme des Paulus zu hören, es war naheliegend, daß sich Schweitzer auch mit ihm beschäftigte. Paulus nur als den Verderber des Evangeliums zu beurteilen, verrät die Unkenntnis seiner Briefe. Er verkörpert vielmehr eine hinreißende christliche Existenz; vor seiner Geistesmächtigkeit weicht man unwillkürlich einen Schritt zurück. Schweitzer schrieb zunächst «Die Geschichte der paulinischen Forschung», der nicht das erregende Element der «Geschichte der Leben-Jesu-Forschung» eigen ist, die aber doch höchst beachtenswerte Gedanken enthält: «Die Forscher fühlten sich nicht gedrungen zu gestehen, daß die Behauptungen Pauli an sich unbegreiflich sind, aus lauter Paradoxien bestehen... Nirgends wird darauf aufmerksam gemacht, wie der Apostel immer gerade in dem Momente unverständlich wird, wo er etwas begründet; nirgends wird angedeutet, daß wir den Schall seiner Worte vernehmen, die Melodie seiner Logik aber nicht heraushören.»[25] Schweitzer sah die ungelösten Fragen bei Paulus, die die Forscher nicht wahrnahmen oder nicht wahrnehmen wollten. Auf sie ging er in seinem Werk «Die Mystik des Apostels Paulus» ein. Das Buch erschien zu einem Zeitpunkt, da die protestantische Theologie von einer neuen Welle des Paulinismus überflutet wurde. Trotzdem oder vielleicht gerade deswegen fand Schweitzers Werk nicht die ihm zukommende Beachtung. Die Menschen hören in der Regel nur das gerne, was sie hören wollen und was sie in ihren vorgefaßten Meinungen bestärkt. Wenn Paulus auch die rabbinische Terminologie verwendete, war er doch kein Dialektiker, wie man ihn in jenen Jahren zu nennen pflegte. Schweitzer stellte sich gegen die damalige «Epigonentheologie», die sich allzu zeitgemäß gebärdete und unfruchtbare Scholastik trieb[26].

Beachtenswerterweise sprach Schweitzer von der Mystik und nicht von der Theologie des Paulus. Damit war eine grundsätzliche Weichenstellung vollzogen. Die Urchristen wußten noch von keiner Theologie, obwohl sie sich ihre Gedanken über das christliche Leben gemacht haben. Paulus war eine ekstatische Persönlichkeit, die Entrückungen bis in den dritten Himmel erlebte, in denen er unaussprechliche Worte hörte, die kein Mensch auszudrücken vermag. Solche Erlebnisse dürfen nicht verschwiegen werden.

Nach Albert Schweitzer ist Paulus' Grundgedanke: «Ich bin in Christo; in ihm erlebe ich mich als ein Wesen, das dieser sinnlichen, sündigen und vergänglichen Welt enthoben ist und bereits der verklärten Welt angehört; in ihm bin ich der Auferstehung gewiß; in ihm bin ich Kind Gottes.»[27] Durch den Glauben und die Sakramente vereinigt sich der Christ mit dem auferstandenen Christus und nimmt am Leben des Herrn teil. Was in diesen Worten ausgedrückt wird, ist Mystik; nach Schweitzer haben wir es bei Paulus mit einer ausschließlichen Christus-Mystik zu tun, wobei dieses «Sein in Christo» das große Rätsel der Lehre Pauli und eine sprachliche Verkürzung für das Teilhaben am mystischen Leibe Christi ist. Die paulinische Mystik besteht nicht für sich, sie ist in ein Weltdrama eingespannt und ist geschichtlich-kosmisch nach der Endzeit orientiert. «In brennender Weltenderwartung lodernd, ist die paulinische Mystik etwas absolut Eigenartiges», schreibt Schweitzer. «Keine vorher oder gleichzeitig oder später aufgetretene Mystik ist ihr vergleichbar.»[28] Auch rechnet es Schweitzer dem Apostel hoch an, daß er «für

alle Zeiten das Recht des Denkens im Christentum sicher-
gestellt hat[29]. Er nennt ihn deswegen den «Schutzheiligen
des Denkens im Christentum» und freut sich an Paulus'
großartiger Unbefangenheit. Wie sehr fällt gegen diese
großdimensionierte Schau die törichte Nörgelei der Paulus-
Gegner ab, die nicht sehen, daß bei ihm Christus der ewig
Anwesende ist.

Die Rechtfertigungslehre des Paulus, an der sich Luthers
Denken über den Apostel entzündete, stellt Schweitzer
als bloßes Fragment hin. Er schiebt es mit der kurzen
Bemerkung zur Seite: «Die Lehre von der Gerechtigkeit
aus dem Glauben ist also ein Nebenkrater, der sich im
Hauptkrater der Erlösungslehre der Mystik, des Seins in
Christo bildet.»[30] Ganz so einfach geht es wohl nicht,
das Mißverständnis hängt mit Schweitzers Beziehungslo-
sigkeit zur Reformation zusammen. Er hat aber in seinem
wesentlichen Anliegen durchaus recht, wonach bei Paulus
eine Christus-Mystik vorliegt und er nicht der Mann gewesen ist, der die Hellenisierung des Christentums einge-
leitet hat. Paulus war ein Mystiker und ein Visionär. Das
letzte Wort Schweitzers über ihn lautet: «Er liefert uns
Christo aus...»[31] Mehr kann kein Mensch für einen andern tun.

Nach Schweitzer kann der heutige Mensch die Botschaft
des Neuen Testamentes nicht mehr direkt übernehmen.
Jesu Enderwartung ist für uns nicht nachvollziehbar, «wir
müssen sie übertragen», sagt Schweitzer. Ist dieses «wir»
nicht eine unstatthafte Verallgemeinerung? Er müßte zum
allerwenigsten sagen «ich». Jede Übertragung ist auch eine
Veränderung, die gerade bei Christi Botschaft nicht gestattet ist. Die Aneignung wuchs sich bei Schweitzer zu einem
quälenden Problem aus. Er fühlte sich zu einer Umgestaltung gedrängt, ein Impuls, der ihn zur Religionsphiloso-

phie führte, die bei ihm die Form einer Ethik annahm. Er legte sie nicht in abstrakten, schwer verständlichen Lehrbüchern vor, sondern fand eine Darstellung, die auch dem einfachen, sich Gedanken machenden Menschen zugänglich ist. Schweitzers Religionsphilosophie ist eine schonungslose Auseinandersetzung mit der Tragödie der abendländischen Weltanschauung; sie schloß auch das chinesische und indische Denken ein, was wiederum für seine ungewöhnliche Aufgeschlossenheit spricht.

In jungen Jahren vernahm Schweitzer einmal in einem Professorenhaus in Berlin die resignierte Äußerung: «Ach was! Wir sind ja doch alle nur Epigonen.»[32] Von Jugend an hatte Schweitzer Bedenken gegen die Meinung, die Menschheit befinde sich in einer sicheren Entwicklung zum Fortschritt. Immer mehr hatte er den Eindruck, das Feuer der Ideale sei heruntergebrannt, eine Tatsache, die die Tragik der heutigen Jugend bildet. Eine fatale Müdigkeit hatte sich der Gesellschaft bemächtigt und gab Schweitzer das Gefühl, daß wir vor einem wahren Zusammenbruch der modernen Kultur stehen, eine Ahnung, die sich schon im Ersten Weltkrieg bestätigt hat. Auch diese Einsicht Schweitzers verbietet es, ihn zu den liberalen Theologen zu zählen, die doch stets einen unkritischen Kulturprotestantismus vertreten haben. Schweitzer war vielmehr ein Nachzügler jener Kulturkritiker, für die die Namen Ibsen, Nietzsche, Tolstoj bezeichnend sind. Seine mutige Schrift «Verfall und Wiederaufbau der Kultur» ist hierfür Beweis genug. Er fühlte sich in eine Zeit des geistigen Niederganges hineingeboren und betonte mehrfach, «mit dem Geist der Zeit befinde ich mich in vollständigem Widerspruch»[33].

Schweitzer wußte um die verderbliche Macht des Zeitgeistes, kannte den flachen Optimismus und die rührselige

Moral, die ihm verhaßt waren. Nach ihm ist Marxens «Kapital» ein doktrinäres Buch, das «nirgends in tieferer Weise auf Lebensfragen und Lebensbedingungen eingeht»[34]. Überorganisation und Überbeschäftigung des heutigen Menschen deutete er als Verfallserscheinungen und die Großstädte mit den Großstadtmenschen als kulturfeindliche Phänomene. «Von Jugend auf wird der moderne Mensch so mit dem Gedanken der Disziplin erfüllt, daß er sein Eigendasein verliert und nur noch im Geiste einer Kollektivität zu denken vermag.»[35] Der Herdentrieb ist bei der bürgerlichen und der kommunistischen Jugend genau gleich ausgebildet; beide verfallen einem Nachahmungstrieb, der sie beinahe automatisch dem Ameisenstaat entgegentreibt. Sie verwechselt das eigene Denken mit dem Nachreden von Schlagworten. Von einer selbsterrungenen Weltanschauung hat sie keine Ahnung mehr. Schweitzer war außerstande, sich selbst damit zu trösten, es sei nicht so schlimm und es gehöre eben zu einer sich wandelnden Welt. Er sah vieles vom geistigen Erbe, das die früheren Geschlechter erarbeitet haben, bedenkenlos preisgegeben und unbemerkt dahinwelken. Die Möglichkeit einer Kulturerneuerung beurteilte er als sehr gering, weil die destruktiven Kräfte unablässig an der Arbeit sind. Bis zum Ende seines Lebens verharrte er in dieser Auffassung: «Ich sehe keine Wandlung zum Besseren in der jetzigen Situation. Es werden keine ernstzunehmenden Versuche gemacht, die Entwicklung zu ändern.»[36]

Durch sein Denken kam Albert Schweitzer zu einer Weltanschauung der Resignation im Hinblick auf Welterklärung und Gotteserkenntnis. Er verzichtete bewußt auf eine Deutung der Welt: «Sinnvolles in Sinnlosem, Sinnloses in Sinnvollem, dies ist das Wesen des Universiums.»[37] Nach seinem Denken ist es unmöglich, auf wissenschaftlichem

Weg zu einem Sinn des Weltgeschehens zu gelangen. Diese Feststellung spricht für Schweitzers scharfes, unsentimentales Denken, doch kommt er nahe an eine Kapitulation heran. Er selbst hat es anders empfunden: «Wahre Resignation ist nicht ein Müdewerden von der Welt, sondern der stille Triumph, den der Wille zum Leben in schwerster Not über die Lebensumstände feiert. Sie gedeiht nur auf dem Boden tiefer Welt- und Lebensbejahung.»[38]

Doch war Schweitzer zu sehr eine schöpferische Persönlichkeit, als daß er sich mit der bloßen Kritik der Kultur zu begnügen vermochte. Es drängte ihn zu einer aufbauenden Arbeit. Leidenschaftlich beschäftigte er sich damit, und plötzlich fiel ihm bei einer Flußfahrt im Urwald, im Augenblick, da er eine Herde Nilpferde betrachtete, das entscheidende Wort ein: »Ehrfurcht vor dem Leben.»[39] Wiederum hat eine Intuition ihm das gesuchte Stichwort vermittelt, dem freilich eine längere Gedankenkette vorangegangen war. Mit dieser Erkenntnis nahm Schweitzer an der modernen Lebensphilosophie teil, aber er ließ sie nicht im triebhaften Vitalismus verströmen, sondern unterbaute sie bewußt ethisch. Darnach «ist gut, Leben zu erhalten und Leben zu fördern; böse ist, Leben zu vernichten und Leben zu hemmen»[40]. Er berief sich auf das Jesuswort: «Soll man am Sabbat Gutes tun oder Böses tun, das Leben erhalten oder töten?»[41] Schweitzer wußte eindringlich über diese ins Grenzenlose erweiterte Verantwortung gegenüber allem, was lebt, zu reden. Ein wirkliches Erlebnis stand hinter der Ehrfurchtsphilosophie, der alles Leben heilig war: «Er reißt kein Blatt vom Baume ab, bricht keine Blume und hat acht, daß er kein Insekt zertritt.»[42]

Es ist geradezu eine Wohltat, Schweitzers Parole von der «Ehrfurcht vor dem Leben» in einer Zeit zu vernehmen, in der das Menschenleben gering geachtet und manchmal bedenkenlos vernichtet wird. Man denke nur an die wahllose Opferung von Menschenleben durch Kriege, Vergasungen, Attentate und so weiter. Vor allem verdient Albert Schweitzer größte Anerkennung, daß er trotz seiner Abneigung gegen Manifeste – ähnlich wie Jaspers – mit einem deutlichen Wort gegen die Atombombe an die Öffentlichkeit getreten ist und unerschrocken seine Stimme gegen diese furchtbare Erfindung erhoben hat: »In einem Atomkrieg gibt es keine Sieger, sondern nur Besiegte . . . Es entsteht dabei eine in Gang bleibende Vernichtung, der kein Waffenstillstand und kein Friedensschluß ein Ende setzen kann.«[43] Es ist frevelhaft, die Ehrfurcht und die Humanität ironisch zu behandeln, wie es gewisse Theologen getan haben. Jedenfalls ist Ehrfurcht die Haltung des religiösen Menschen, nennt doch die Heilige Schrift die Furcht Gottes den Anfang der Weisheit. Ehrfurcht vor den Eltern, Ehrfurcht vor der Natur, Ehrfurcht vor den zeitlosen Werten der abendländischen Tradition und vor allem eine ganz neue Ehrfurcht vor Gott ist mehr als je die gültige Verpflichtung.

Trotz der bereitwilligen Anerkennung von Schweitzers Ehrfurchtsphilosophie dürfen die Bedenken nicht verschwiegen werden. Seine Philosophie bedeutete ihm einen Ersatz für die preisgegebene Enderwartung Christi. Surrogate sind aber auf die Dauer nicht tragfähig. So war auch Schweitzer das gewünschte Gelingen nicht beschieden. Die Formel «Ehrfurcht vor dem Leben» genügt nicht und kann auch in Schweitzers Formulierung nicht durchgehalten werden. Er selbst war gezwungen, Bakterien und kleine Schlangen zu töten. Die Pflanzenwelt ist ausgenommen, weil der Mensch davon lebt, und doch atmet auch sie. Die «Ehrfurcht vor dem Leben» läßt demnach keine strikte Anwendung zu; dabei war Schweitzer eine konsequente

Haltung besonders wichtig. Vor allem aber schließt seine Parole nicht die Kraft in sich, das Leben zu gestalten und das Dasein vor drohenden und dunklen Mächten zu bewahren. Auch schützt sie das Leben nicht vor der Selbstverherrlichung. Schweitzer hätte eine tiefere Begründung geben müssen, ich möchte sagen, im franziskanischen Sinn, wie es der Poverello im Sonnengesang getan hat. Die Dinge sind nicht an sich heilig, sondern weil Gott, der Urheber alles Seienden, sie geschaffen hat, muß der Mensch ihnen ehrfürchtig begegnen. Einzig die religiös begründete Ehrfurcht wird zum tragenden Fundament und strahlt ein starkes Licht aus.

Albert Schweitzer nannte seine Haltung «Ehrfurcht vor dem Leben» auch «ethische Mystik». Er hatte einen Sinn für das Geheimnis. Schon früh «erschien es ihm lächerlich, daß der Wind, der Regen, der Schnee, der Hagel, die Entstehung der Wolken, die Selbstentzündung des Heues, die Passat-Winde, der Golfstrom, Donner und Blitz ihre Erklärung gefunden haben sollten. Ein besonderes Rätsel war mir immer die Bildung des Regentropfens, der Schneeflokke und des Hagelkornes. Es verletzte mich, daß man das absolut Geheimnisvolle der Natur nicht anerkannte und zuversichtlich von Erklärung sprach, wo man es in Wirklichkeit nur zu tiefer eindringenden Beschreibungen gebracht hatte, die das Geheimnisvolle nur noch geheimnisvoller machten.»[44] Schweitzers Bekenntnis zur Mystik ist bedeutsam und im Protestantismus doppelt zu begrüßen, weil dieser die Mystik oft als Stiefkind behandelt hat. Eine Religiosität ohne Mystik kann kaum auf die Dauer bestehen. Sie lebt aus dem Geist der Mystik, jedenfalls waren ihre großen Vertreter davon erfüllt. Schweitzers Verständnis der Mystik ist vorwiegend ethisch ausgerichtet, so daß man manchmal den Eindruck gewinnt, es werde von der Ethik verschlungen. Diese Gefahr drohte ihm, weil er die Mystik und das Denken zusammenbinden wollte: «Denkt das rationale Denken sich zu Ende, so gelangt es zu einem denknotwendigen Irrationalen. Dies ist die Paradoxie, die unser geistiges Leben beherrscht. Versucht man ohne dieses Irrationale auszukommen, so entsteht leblose und wertlose Weltanschauung und Lebensanschauung.»[45] Die Mystik ist nicht antiethisch, sondern überethisch, weil das tiefere Gottesverhältnis nicht mit nur ethischen Kategorien umschrieben werden kann. Es gibt eine religiöse Überethik – Jesus vertrat sie gegenüber den Sündern –, die nicht in den Ästhetizismus abgleitet.

Schweitzers Bedeutung ist durch seine Beiträge zur Theologie und Religionsphilosophie noch nicht erschöpft. Nach einer spaßigen Anekdote bat er einmal einen herumstehenden Schwarzen, ihm einen Balken für den Bau eines neuen Spitaltrakts tragen zu helfen. Der Neger lehnte mit den Worten ab: »Ich fasse kein Holz mehr an, ich bin ein Intellektueller geworden.» Albert Schweitzer erwiderte ihm freundlich: «Mensch, hast du ein Glück! Ich habe mir jahrelang Mühe gegeben, ein Intellektueller zu werden. Mir ist es nicht gelungen!»[46] Diese Begebenheit enthüllt die Wahrheit. Schweitzer ist ungeachtet seines Interesses für Wissenschaft und Philosophie ein geistiger Mensch und kein Intellektueller geworden. Aus diesem Grunde kam der Tag, da er das gewöhnliche Theologenvolk und die Kathederphilosophen verließ und ins Zeitlose vordrang. Er tat den Schritt ins Außerordentliche und hat damit seinem Leben eine ganz neue Wendung gegeben. Durch seine Hilfe an die Menschen im Urwald ist sein Name in breite Kreise gedrungen. Viele, die von seinen theologischen Arbeiten nie etwas gehört haben oder sie gar ablehnen, beugen sich vor seiner Tat als Urwaldarzt.

Erwähnung verdient die Begründung seines Entschlusses. Sie ist nicht einheitlich. Er selbst gab verschiedene Versionen. Dies spricht nicht gegen ihn. Der Mensch ist ein rätselvolles Wesen, seine tiefsten Beweggründe sind ihm selbst oft nicht recht klar. Eines aber stand für Schweitzer außer Zweifel, wenn er den Niedergang unserer Kultur betrachtete: «Eine ungeheure Revolution muß sich ohne revolutionäres Handeln vollziehen.»[47]

Schweitzer war in seinem elterlichen Pfarrhaus eine glückliche Jugendzeit beschieden. «An einem strahlenden Sommermorgen, als ich – es war im Jahre 1896 – in Pfingstferien zu Günsbach erwachte, überfiel mich der Gedanke, daß ich dieses Glück nicht als etwas Selbstverständliches hinnehmen dürfe, sondern etwas dafür geben müsse.»[48] Das bloße Dankbarkeitsgefühl genügt nicht. Es schließt eine Verpflichtung für die andern Menschen in sich. Schweitzer hat dies gespürt und war entschlossen, ihr nachzukommen.

Ein anderes Mal begründete er seinen Gang in den Urwald mit der Parabel Jesu, die plötzlich in einem ganz neuen Licht vor ihm aufleuchtete. «Das Gleichnis vom reichen Mann und vom armen Lazarus schien mir auf uns geredet zu sein.»[49] Der schwarze Mann in Afrika ist der arme Lazarus vor der Türe des reichen Mannes in Europa. Nach dieser Interpretation mußte Schweitzer etwas tun, wenn er nicht die gleiche Schuld auf sich laden wollte wie der reiche Mann. Jedenfalls hat Schweitzer das Lazarusproblem gesehen, hat die Schwären am Körper des geplagten Mannes wahrgenommen und die Augen davor nicht geschlossen. Auch Willy Fries hat dieses Problem stark empfunden und hat es in seinem Malerband «Lazarus» in der ganzen Vielfalt gezeigt. Es bestand für Schweitzer kein Zweifel, daß Lazarus vor unserer Türe liegt, und daß sich diese Tatsache mit keinem exegetischen Kunststück aus der Welt schaffen läßt. Wenn wir ihm nicht helfen, dann geht der schwarze Lazarus vor die Hunde – davon war Schweitzer tief überzeugt. Wie der Mensch zum Lazarusproblem steht, entscheidet über das Schicksal des christlichen Abendlandes.

Schweitzer entschloß sich mit dreißig Jahren, neben seiner theologischen Tätigkeit noch das medizinische Studium zu beginnen. Nach Beendigung dieses Studiums ging er als Arzt nach Lambarene. In mehreren Schriften hat er sich über seine Wahrnehmungen im Urwald verbreitet. Er hat die sozialen Probleme gesehen und nicht einfach vom christlichen Standpunkt aus die Polygamie der Neger verurteilt, sondern auf die Struktur ihrer Gesellschaftsordnung aufmerksam gemacht. Sein Buch «Zwischen Wasser und Urwald» ist eine vielgelesene Schrift, wenn sich auch inzwischen durch das Erwachen Afrikas vieles geändert hat.

Schweitzers Tätigkeit im Urwald darf nicht einer gewöhnlichen missionarischen Wirksamkeit gleichgesetzt werden. Kein Missionskomitee stand hinter ihm, und als ein amerikanischer Multimillionär ihm die finanzielle Last abnehmen wollte, lehnte Schweitzer ab, weil er wünschte, daß das Werk auch von den kleinen Leuten getragen werde[50]. Ihm lag daran, den Negern vorerst rein medizinisch zu helfen, da sie von vielen Krankheiten geplagt wurden. Nur Unwissende konnten vom unschuldigen Leben im Urwald reden. Leibliche Hilfe, nicht Wortverkündigung, zu bringen, war Schweitzers primäres Anliegen. Nach seiner Auffassung müssen die Menschen zuerst wieder ein Vertrauen zum weißen Manne fassen, bevor man ihnen mit dem Christentum auf den Leib rückt. Schweitzer hielt den Negern an den Sonntagen zuweilen eine schlichte Predigt und erzählte ihnen in ganz einfachen Worten von Christus. Auf ihre Frage, warum er zu ihnen gekommen sei, antwortete er: «Der Herr Jesus hat es mir befohlen»[51], eine Erwiderung, die auf eine überrationale Verbundenheit mit Christus hinweist.

Der Urwalddoktor hat Europa nicht den Rücken gekehrt, um – wie schon geargwöhnt wurde – eine Tat zu vollbringen, die alle andern Theologen aus dem Felde schlagen würde. Wenn dies zutreffen würde, dann wäre sein Tun aus einem starken Geltungsdrang hervorgegangen. Seine Bedürfnislosigkeit in Kleidung und Essen entsprach seinem inneren Wesen. Aus Eitelkeit nimmt man nicht diese Arbeit, diese Entbehrung, diese Mühe und all den Verdruß auf sich. Ebenso falsch ist es, Schweitzers Gang in den Urwald eine Flucht aus der europäischen Theologie, die ihm über den Kopf gewachsen sei, zu nennen. Von Flucht kann keine Rede sein, zumal Schweitzer innerlich immer mit dem abendländischen Geistesleben stark verbunden geblieben ist.

Das Kennzeichen für seine Arbeit in Lambarene besteht darin, die Schuld der Weißen gegenüber den Schwarzen auf sich zu nehmen. Sie zu bestreiten wäre unwahrhaftig. Die Schuld ist die tiefere Ursache für das mühsame Vorwärtskommen der Missionen in Afrika, weil in der Vergangenheit hinter den Missionaren der Kolonialbeamte stand, der lediglich an der Ausbeutung Afrikas interessiert war. Schweitzer erkannte, daß vor allem diese Schuld gesühnt werden müsse. Allezeit ruft Schuld nach Sühne. Mitleid und Erbarmen allein genügen noch nicht. Gerechtigkeit und Wiedergutmachung sind gefordert. Schweitzer schrieb unmißverständlich: «Eine große Schuld lastet auf uns und unserer Kultur. Wir sind gar nicht frei, ob wir an den Menschen draußen Gutes tun wollen oder nicht, sondern wir müssen es. Was wir ihnen Gutes erweisen, ist nicht Wohltat, sondern Sühne. Für jeden, der Leid verbreitete, muß einer hinausgehen, der Hilfe bringt.»[52] Diese Einsicht wollte er der schlafenden Christenheit zum Bewußtsein bringen. Die Sühne kann jedoch nicht durch eine Umstrukturierung der afrikanischen Gesellschaft geschehen, das ist ein Nachreden von revolutionären Slogans, was nur zu einem Neokolonialismus führt. Die jungen Leute durchschauen in ihrer unkritischen Kritiksucht diese Zusammenhänge nicht. Ihnen gegenüber rief Schweitzer zur «Brüderschaft der vom Schmerze Gekennzeichneten» auf, die allein selbstlos hilft[53].

Anders, aber ebenfalls von einer unkonventionellen Geistigkeit war die Missionstätigkeit eines Richard Wilhelm in China geprägt. Er rühmte sich, keine Taufe im Reich der Mitte vollzogen, dafür aber die chinesischen Religionsphilosophen ins Deutsche übersetzt zu haben. So hat er ein neues Gespräch zwischen dem Christentum und den andern Hochreligionen herbeigeführt. Auch Pater Lebbe wäre zu erwähnen, der schon früh eine Gleichstellung zwischen Weißen und Farbigen forderte und deswegen für seine Glaubensgenossen suspekt blieb.

Lambarene ist ein unübersehbares Zeichen. Reinhold Schneider sah in Albert Schweitzer den Christen «einer eigenen und hoffentlich zukünftigen Prägung» und gestand, es habe ihn immer ergriffen, daß «Albert Schweitzer den großen Protest seines Aufbruches – ein Protest ist es ohne Zweifel gewesen – wenige Jahre vollzog, nachdem Tolstoj gestorben war»[54]. Die rationale Theologie beider Männer war dem neunzehnten Jahrhundert verhaftet, aber das christliche Gewissen war in ihnen erwacht und hat die Mitwelt aufzurütteln versucht. Im zwanzigsten Jahrhundert meldet sich das Christentum vorzüglich durch große Einzelne zu Wort, zu denen auch Albert Schweitzer zählt. Männer und Frauen haben einen höheren Auftrag erhalten, einfach Mensch sein zu wollen und im Geiste Jesu eine Tat zu vollbringen. Und nochmals ist Reinhold Schneider zu zitieren: «Welchen Sinn sollte es haben, vor dieser Lebenstatsache, die Glaubenstatsache ist, theologische Bedenken anzumelden?»[55]

Eine letzte Frage meldet sich: In welchem Verhältnis stand Schweitzers Arbeit in Afrika zu seiner Theologie und Religionsphilosophie? Besteht ein Zusammenhang, oder ist das ein Nebeneinander oder ein Nacheinander? Eine solche Erklärung wäre ungenügend, Schweitzer hätte sie nicht akzeptiert. Er selbst sagte, «mein Spital ist nur ein Symbol meines Denkens»[56]. Lambarene ist tasächlich eine Bestätigung seiner gedanklichen Bemühungen und beweist, daß seine philosophische Auffassung eine tragfähige Grundlage ist, aus der ein sich aufopferndes Leben hervorgeht.

Auf welche Formel soll man Albert Schweitzers Leben und Werk bringen? Ein Held der Tat zu sein, lehnte er bewußt ab, weil es nach seiner Überzeugung nur «Helden des Verzichtes und des Leidens» gibt. Diese Worte führen auf die richtige Fährte. Albert Schweitzer hat auf sich verzichtet. Wegen seines lebenslangen Kampfes gegen Schmerz und Qual nannte man ihn «ein samaritanisches Urbild»[57]. Andere sprachen vom «Heiligen im Urwald» und wiesen auf seine sich beinahe franziskanisch verschenkende Natur hin, die nicht aus einem bloß humanitären Idealismus abzuleiten ist. Trotzdem hätte Schweitzer zu dem Begriff eines protestantischen Heiligen lächelnd bemerkt: «Was wird heutzutage nicht alles zu einem Heiligen erklärt!»

Hätte man ihn jedoch einen Narren auf eigene Faust genannt, würde er sich nicht dagegen gewehrt, sondern hu-

morvoll bemerkt haben: «Sie haben es getroffen!» Diese
Bezeichnung paßt zu der realistischen Art seiner Betrachtung von Welt und Mensch. Das Wort «Narr» ist nicht
im despektierlichen Sinne aufzufassen. Paulus hat den Begriff für die Christen reklamiert und die Losung ausgegeben: «Welcher sich unter euch dünkt weise zu sein, der
werde ein Narr in dieser Welt, daß er möge weise sein.»[58]
Folglich ist die Bezeichnung «christlicher Narr» ein Ehren-
name und niemals eine Beschimpfung.

Schon als Schweitzer seine «Geschichte der Leben-Jesu-
Forschung» schrieb, war er ein Narr auf eigene Faust, indem er nur seinem Wahrheitssinn folgte und sich in keine
Schule einordnete, die ihm zu einer Karriere hätte verhel-
fen können. Ebenso war er in den Augen vieler Menschen
ein offensichtlicher Narr, weil er mit dreißig Jahren seine
aussichtsreiche theologische und künstlerische Laufbahn
aufgab und Medizin studierte, um damit benachteiligten
Menschen zu helfen. Der Narr auf eigene Faust dokumen-
tierte sich erneut, als er sich bei seinem Gang in den Urwald
nicht einem Missionskomitee unterwarf, sondern allein für
sein Spital aufkam. Schweitzer stützte sich nie auf andere
Menschen ab. Er war eine starke Persönlichkeit und ging
als solche stets seinen eigenen Weg, unbekümmert darum,
ob er anerkannt oder abgelehnt werde. Die Übereinstimmung mit sich selbst war ihm wichtig. Die scheinbar re-
spektlose Bezeichnung, ein Narr auf eigene Faust, hätte
er akzeptiert, weil er es liebte, «für einen um seinen Verstand gekommenen ältlichen Jüngling»[59] gehalten zu werden. Ach, wenn es nur mehr derartige um den Verstand
gekommene Jünglinge und weniger von sich selbst einge-
nommene Klüglinge gäbe, wahrhaftig, es stünde anders
um die Christenheit!

CHRISTEN, WENN IHR WÜSSTET:
GEORGES BERNANOS

«Ich habe geschworen, eure Herzen zu bewegen, in Freundschaft oder Zorn, gleichviel.»[1] Wer ist dieses Ich, das einen so ungewöhnlichen Schwur leistet? Es nannte sich Georges Bernanos, der wußte, «daß Zorn und Entrüstung nichtig sind, und was man nicht lieben kann, ist einfach nichts»[2]. Es gibt aber auch einen heiligen Zorn gegen alles Verlogene und Faule, der in Bernanos gleich einer Flamme loderte.

Es ist kaum möglich, eine anschauliche Lebensskizze des französischen Dichters zu entwerfen, weil dazu noch zu viele Einzelheiten unerhellt sind. «Mein Leben sagt nichts, mein Leben schweigt»[3], schrieb er in seinem brasilianischen Tagebuch «Das Haus der Lebenden und der Toten», das in der französischen Ausgabe den Titel trägt: «Die gedemütigten Kinder.»[4] Bernanos stammte aus dem «alten Frankreich», wo man auch vor einem Bettler die Mütze abnahm. Er war sowohl in der französischen Landschaft als auch in der Kirche verwurzelt und besuchte eine von den Jesuiten geleitete Schule, die ihm unangenehme Eindrücke vermittelte. Bevor er zu schreiben begann, verdiente er sein Brot als Versicherungsmann und fand in seiner Ruhelosigkeit nirgends einen festen Wohnsitz. Ein Motorradunfall machte ihn zum Invaliden; trotzdem sah er in diesem Unglück ein «Ereignis der Vorsehung»[5]. Nach dem Münchner Abkommen hielt er sein Land für entehrt und ging nach Südamerika ins Exil, wo er in möblierten Zimmern wohnte und deswegen in den Ruf ausbrach: «Ich habe ein Hundeleben geführt!»[6] Die bequeme Existenz war ihm versagt, dafür aber belog sein Leben wenigstens nicht seine Bücher.

Von der offenen und doch verschlossenen Persönlichkeit Bernanos' soll hier nur ein Schattenriß gezeigt werden, der durch den Hinweis auf einige wenige Wesenseigentümlichkeiten seltsam erhellt wird.

«Im Augenblick meiner Ersten Kommunion hat das Licht mich zu erleuchten begonnen»[7], schrieb Bernanos, eine Seelenerhellung, die ihn nie mehr verließ. Nach seinem Selbstverständnis kam alles, was er schrieb, von weit her, aus den tieferen Quellen seiner Kindheit. Nach dieser Einsicht formte Albert Béguin seine aufschlußreiche Darstellung über Bernanos. Das Geschenk der Kindheit überdauert die Kindheit selten. Wer es einmal verloren hat, muß sich lange bemühen, es wieder zu finden, und «erst am äußersten Ende der Nacht begegnen wir einer neuen Morgenröte»[8]. Im Kinderlande zu verbleiben, entspricht jedoch der Aufforderung Christi. Bernanos suchte die «uralte Sprache der Kindheit wiederzufinden»[9]; wem dieses Charisma zuteil wird, der kann auch ein Hundeleben ertragen.

Bernanos verbrachte sein Leben allerdings nicht in Geborgenheit. Der Mann mit den ungeheuren Temperamentsausbrüchen wurde immer wieder von unerklärlichen Angstzuständen heimgesucht. Die Stimme vieler Menschen verrät Angst, und oft klebt diese förmlich an ihrer Haut. Später schrieb er in einem seiner Romane die überpsychologische Einsicht nieder: «Ich habe die Angst zu sehr verachtet... In gewissem Sinn ist die Angst schließlich Gottes eigene Tochter, erlöst in der Karfreitagsnacht. Sie ist nicht schön anzusehen – wahrhaftig nicht –, halb verhöhnt, halb verflucht, von allen verleugnet... Aber lassen Sie sich nicht täuschen: sie steht trotzdem am Bett eines jeden Sterbenden, sie ist die Fürsprecherin des Menschen.»[10]

Bernanos war starken Angstgefühlen ausgesetzt. Er wußte, alle Welt hat Angst; sie aber ist eine Krankheit und eine Vorspiegelung des Teufels. Nach seinem letzten Werk, das in der deutschen Übersetzung «Die begnadete Angst» heißt, «gibt es kein anderes Heilmittel gegen die Angst, als sich willenlos in Seinen Willen hineinzuwerfen»[11]. Gott will, daß wir ihn in der Angst suchen bis zum letzten Augenblick unseres Lebens. Erst im Moment, da der Mensch aufschreit, «mein Gott, mein Gott, warum hast du mich verlassen?» wird er erlöst.

Die Geborgenheit in der Kindheit und die immer höher steigende Angst spielen bei Bernanos ineinander und gehören zum Geheimnis seiner Persönlichkeit, der man bei aller unkomplizierten Frömmigkeit nicht leicht auf den Grund schaut. Hans Urs von Balthasar versuchte in einem gewichtigen Werk den Dichter zu deuten, obschon hier der Künstler gegenüber dem Theologen zu kurz kommt. Bernanos hat auch in seinen Briefen ungewöhnliche Einsichten geäußert, so daß jedes Mißverständnis über seine religiöse Einstellung ausgeschlossen ist. Nach ihm ist es eine große Anmaßung, auf dieser Welt anders als tastend zu Gott zu gehen. Jedenfalls fühlte er sich vom sanften Erbarmen Gottes getragen. Das christliche Leben ist immer ein Wagnis, und wer es bestehen will, muß seinen «Halt anderswo suchen als bei William James und beim unterbewußten Ich»[12].

In jungen Jahren war Bernanos ein Mann mit französischem Charme, während er später ein «von Leid und Zorn verwüstetes Gesicht» hatte, dem trotzdem die Kinder entgegenstürzten[13]. Mit allen Fasern seines Wesens war er ein Katholik, der ohne Glauben nicht hätte leben können.

Allerdings hatte er vom hochmütigen Katholizismus eines Claudel nichts an sich, sondern zählte mit Hello, Péguy und Bloy zu einem höchst bemerkenswerten Kreis französischer Katholiken.

Bernanos war ein treuer, wenn auch unbequemer Sohn seiner Kirche, und gerade deswegen begegnete er Martin Luther frei und unbefangen. Nach ihm wurde Luther von einem Hunger und Durst nach Gerechtigkeit verzehrt, weswegen er den prächtigen Pfarrer von Torcy bekennen ließ: «Damals habe ich Luther verstanden.»[14] Eine solche Äußerung ist im Munde eines Maritain undenkbar, der in der Reformation nur eine «Inthronisation des Ichs» zu sehen vermochte. Bernanos schrieb einen kleinen Aufsatz über «Frère Martin»: «Nun, dieser starke Mann hat es nicht länger ausgehalten als der andere; auch er hat den Kopf verloren, ist losgeprescht wie ein Ackergaul, der in ein Wespennest tritt; links und rechts Hufschläge austeilend, ist er Hals über Kopf davongestürmt, und als er innehielt – gewiß nicht, weil er müde war, sondern weil er sehen wollte, wo er stand, weil er verschnaufen und seine Wunden beschnuppern mußte –, da lag die alte Kirche bereits weit hinter ihm, in unermeßlicher, riesiger Ferne, durch eine ganze Ewigkeit von ihm getrennt. O Wut, o Bestürzung, o herzzerreißendes Mißgeschick!»[15] Diese Ausführungen umreißen die Luther-Tragödie, obwohl sie nicht das letzte Wort über den Reformator enthalten. Trotzdem muß man sich fragen: Wer schrieb vor Bernanos auf katholischer Seite in solcher Weise über Luther? Bernanos hatte richtig erkannt: «Man reformiert die Kirche nur, indem man für sie leidet ... Die Kirche hat nicht Reformatoren, sondern Heilige nötig.»[16] Der zornige Mann versuchte zu verstehen, und darum ahnte er etwas von Luther, für den der Pfarrer von Torcy täglich betet!

Statt sich allzulange bei Bernanos' Leben aufzuhalten, ist es angebracht, zu seinem Ausspruch zurückzukehren: «Ich habe geschworen, eure Herzen zu bewegen, in Freundschaft oder Zorn, gleichviel.» Ein verteufelt kühner Schwur, ist man geneigt zu sagen, aber er hat ihn gehalten, und es ist ihm mehr als einmal gelungen, seine Landsleute aufzuwühlen und zu erschrecken, so daß sie sich betroffen anschauten und fragten: «Wer ist dieser Donnerskerl, der uns solche Worte an den Kopf schleudert?»

Zum ersten Male gelang es Bernanos, die Aufmerksamkeit seiner Zeitgenossen durch seinen Roman «Die Sonne Satans» zu erregen, den er für die Toten schrieb und zur Geißelung der blasphemischen Freude der Lebenden. Man wundert sich, daß er trotz seiner Geringschätzung der modernen Literatur überhaupt zu schreiben begann. Die ganze Literatur erschien ihm von monotoner Schamlosigkeit erfüllt als ein «einziger großer Friedhof totgeborener Kinder»[17]. Nach ihm erstickt die Gegenwart unter einem Haufen von Leuten, die zu schreiben wissen und doch nichts mitzuteilen haben. Die wenigen Ausnahmen bestätigen die Regel. Damit ist das Elend des heutigen Literaturbetriebes beim Namen genannt. Bernanos verachtete das Häuflein zartbesaiteter Geister, wie er ironisch die Ästheten nannte, weil «die Kunst einen andern Zweck als sich selbst hat»[18]. Er schenkte den Rationalisten nicht mehr Beachtung als einem Kieselstein, zumal die künstlichen Räusche immer mit einem Anfall von Delirium tremens enden.

Die Romane sind Bernanos nicht leicht aus der Feder geflossen; die literarische Laufbahn lockte ihn nicht, sie wurde ihm auferlegt. Er konnte sich nicht an einen Schreibtisch setzen und seine Bücher verfassen, sondern er schrieb sie im Abteil eines Schnellzuges oder in einem Kaffeehaus. Es gäbe eine falsche Vorstellung, würde man bei Bernanos von »theologischen Romanen« reden, da er «theologischen Spekulationen und der Glaubenswissenschaft gegenüber befangen blieb»[19]. Seine Dichtungen sind nicht aus ihm herausgekugelt, er hat sie vielmehr aus sich herausgestöhnt und sich bei der Niederschrift innerlich beinahe aufgerieben. Sie sind von einem Künstler verfaßt, der auch um die Form Bescheid weiß. Doch interessierte sich Bernanos nicht für literarische Fragestellungen, er schrieb religionsphilosophische Werke in Romanform und schilderte das Heilsdrama, in welchem das menschliche Herz der Kampfplatz des Guten und des Bösen ist.

Der schwierige Geburtsakt ist nicht verwunderlich, wenn man an den Erstlingsroman denkt: «Die Sonne Satans.» Welch ein Thema! Es war kein zügiger Titel, wie ihn Autoren und Verleger zusammen um die Wette aushecken, um einige Käufer anzulocken, die sich nachher geprellt fühlen. Vielmehr liegt Bernanos' Roman eine unheimliche Vision zugrunde: der Teufel wird personhaft sichtbar. In einer finsteren Nacht, die kein Ende nehmen will, wandert der Teufel im Gewand eines Pferdehändlers an der Seite des armen Abbé Donissan einher, «bald rechts, bald links, bald vor, bald hinter ihm – man kann seinen Umriß schlecht erkennen[20]. Der verkleidete Teufel gesteht: «Ich wohne sozusagen nirgends, und ich habe keine Zeit, irgendwo Wurzel zu fassen»[21], so verrät er das Unstete als ein Merkmal seines Wesens. Satan flüstert dem Priester schändliche Worte zu, Gedanken, die ihm das Blut im Leibe erstarren lassen. Plötzlich preßt der Teufel in kaltem Hohn seinen scheußlichen Mund auf die Lippen des Geistlichen und meint nachher: «Sei nicht entsetzt, es bedeutet recht wenig: Ich habe andre, viele andre vor dir geküßt. Soll ich dir es sagen? Ich küsse euch alle, im Wachen oder im Schlummer, tot oder lebendig. Es ist die

Wahrheit, glaub es mir. Es ist mein Entzücken, mit euch zu sein, mit euch kleinen Menschengöttern, ihr sonderbaren, so sonderbaren, höchst sonderbaren Geschöpfe! Offen gesagt, ich verlasse euch selten.»[22] Keineswegs ist das nur eine Fieberphantasie des erschöpften Priesters; der Teufel ist eine unreale Realität, fern von aller Ironie. Die Hintergründe des Lebens werden plötzlich sichtbar, und der Leser steht einer metaphysischen Wirklichkeit gegenüber, die Satan mit den Worten andeutet: «Das sind so Dinge, über die ich nicht gerne spreche ... Trotzdem sind sie nahe ... Ich bin die Kälte selbst. Das Wesen meines Lichtes ist unerträgliche Kälte ...»[23]

Begreiflicherweise rief das Buch mit seinen unerwarteten Perspektiven bei den Lesern ein Gruseln, eine Neugierde und ein Erschrecken hervor. Einen Augenblick horchte das französische Publikum auf, und ein kalter Schauder lief ihm über den Rücken angesichts dieser erschreckenden Teufelsvision. Dann aber schüttelten die literarischen Wortführer den Kopf und hielten sich darüber auf, daß ein aufgeklärter Mann des zwanzigsten Jahrhunderts noch an den Teufel glaube. Das ist doch eine längst erledigte, abergläubische Vorstellung, meinten sie und merkten nicht, daß sie in ihrer Modernität bereits eine Beute des Satans geworden waren.

Unabhängig wie Bernanos war, irritierte ihn dieses oberflächliche Gebaren nicht im geringsten. Nach ihm war Satan «der größte Logiker». Er wußte, «an das Problem Satans rühren, heißt das Problem des Bösen zur Sprache bringen»[24]. Es ist das uralte Mystertum iniquitatis, diese Verkörperung des Nichts und der Leere, das Bernanos aufgegriffen hat. Das transpersonale Böse ist heute unheilvoll vernebelt – deswegen büßt auch der Begriff des Guten seine Klarheit ein –, das hängt zusammenn. Nicht

Bernanos hat Satan wieder hervorgeholt; er ist ganz von selbst gekommen, weil er schon immer da war, ohne daß es seinen Zeitgenossen zum Bewußtsein kam. Nach seiner ungewöhnlichen Schau werden die Menschen sowohl von den Mächten des Bösen als von der Verderbnis der Mächte des Guten zugrunde gerichtet. Die Gegenwart ist ein bestürzendes Beispiel für die Verwirrung des Guten durch den Einbruch des Teufels. Das Böse ist kein bloß abstraktes Prinzip, sondern eine unheimliche Macht. Bernanos widerfuhr inmitten des modernen Lebens eine grauenhafte Teufelsvision, die einem aufrüttelnden Kommentar zum Apostelwort gleichkam: «Der Satan geht umher wie ein brüllender Löwe und suchet, welche er verschlinge.»[25] Daß Satan viele vom Wirbel des Lebens benommene Zeitgenossen schon verschlungen hat, wer wollte es im Ernste bezweifeln, der sich nicht vom Glanz und Elend der Gegenwart blenden läßt! Ja, Christen, wenn ihr wüßtet . . .

Mehr als einmal wurde Bernanos des Manichäismus bezichtigt. Der Einwand bezweckt nur, die grauenhafte Realität des Bösen von sich zu schieben. «Die Sünde dringt selten mit Gewalt in uns ein, sondern mit List. Sie kommt herein wie die Luft. Sie hat keine Form, keine Farbe, noch Geschmack, die ihr eigentümlich wären, sie nimmt sie aber alle an. Sie unterhöhlt uns von innen.»[26] Diese Erkenntnis entspricht christlicher Wahrheit und ist kein verkappter Jansenismus, der die Dinge zu schwarz sieht. Bernanos sah das Böse nicht vom Bösen her, wie viele zeitgenössische Schriftsteller, vielmehr wird bei ihm das Teuflische von Gott her gesehen, woraus sich eine grundsätzlich verschiedene und radikalere Haltung ergibt; jedenfalls fühlt man sich dabei bedroht und kämpft dagegen an.

Auch in den späteren Romanen stellt Bernanos erschreckend die Verflochtenheit des Lebens mit den Mächten des

Bösen dar. Er schildert darin den der Dämonie verfallenen Menschen, der, von der Lüge durchtränkt, von Gott abfällt und in immer tiefere Abgründe hinabtaumelt. Was die Lüge im Leben für Folgen hat, und wie sie die Menschen in ein Labyrinth ohne Ausgang verstrickt, das hat in der modernen Literatur niemand besser dargestellt als Bernanos. Die Grenzgänger des Nichts schrecken in ihrer Verneinung zuletzt nicht vor Mord und Selbstmord zurück.

Obschon nach Bernanos der bloß psychologische Roman mit seiner Seelenzergliederung nirgendwohin führt, erweist der Autor sich als ein genialer Psychologe, der in die untersten Tiefen der Seele hinableuchtet. Als ein echter Dichter weiß er Dialoge zu gestalten und Spannungen zu erwecken, die ihn in die vorderste Linie der zeitgenössischen Schriftsteller rücken.

Keineswegs verurteilt Bernanos seine verlorenen Geschöpfe. Nach einer charakteristischen Anekdote hatte er schon in seinen jungen Jahren ein großes Mitleid mit dem unglücklichen Judas, an dessen Verdammnis er nicht zu glauben vermochte. Als Jüngling trug er von Zeit zu Zeit seine Ersparnisse zum Dorfpfarrer und bat, eine Messe für eine ungenannte Seele, gemeint war Judas, zu lesen[27]. Der ganze Bernanos ist in dieser Begebenheit enthalten; jedenfalls habe ich von keinem jungen Menschen Ähnliches gehört.

Seinen Schwur, die Herzen aufzustacheln, hat er nochmals mit seinen politisch-kulturkritischen Schriften wahr gemacht, in denen er mächtig die Geißel über seine Landsleute schwang. Seine polemischen Werke begannen im letzten Jahrzehnt seines Lebens mit der Schrift »Die großen Friedhöfe unter dem Mond». Anlaß dazu gab der spanische Bürgerkrieg. Das Buch klagt die Bischöfe der Iberischen Halbinsel an. Deshalb entging es nur mit knapper Not dem Index. Man hat Bernanos' politische Tätigkeit oft bedauert, weil sie ihn seiner dichterischen Aufgabe entfremdete. Das Bedauern über seinen rauhen Ton ist nicht angebracht. Er hatte ja keine freie Wahl, weil eine innere Nötigung ihn zwang, diese Aufrufe zu schreiben. Sein Zorn ist aus einem tiefen Schmerz über die Tragödie Frankreichs hervorgegangen. Trotz den in der Schrift enthaltenen Beleidigungen sind die politischen Texte von einer unverkennbaren Liebe zu seiner Nation getragen. Seine Beschimpfungen sind als eigentliches Sturmgeläute aufzufassen, das auf ein heraufziehendes Gewitter mit Blitz und Donner aufmerksam macht. Es geht ihm dabei nicht eigentlich um das tagespolitische Geschehen, sondern seine Klage erhebt sich über die abgefallene und todkranke Christenheit. «Die Christen hätten es nötig, wieder christlich zu werden, das heißt ihren Glauben zu leben, ihn wahrhaft, konkret und heldenmütig im Leben auszudrücken, anstatt ihn in allen möglichen politischen Machenschaften zu kompromittieren, als wünschten sie sich seiner zu bedienen, statt ihm zu dienen.»[28] Die Rettung der ewigen Heiligtümer lag ihm am Herzen und nicht das politische Ränkespiel der Machtsüchtigen. In Bernanos' Schriften sind einige Wahrheiten enthalten, die durch kein Tagesgeschehen überholt sind. Seine anklagenden Aufrufe haben einen savonarolahaften Klang, doch darf man dabei seine Einsicht nicht vergessen: «Wenn ich von den katholischen Massen spreche, so bin ich als Teil des Ganzen in dem Urteil inbegriffen.»[29]

Bernanos verfügte über ein mächtiges Freiheitspathos. Die Welt ist in Gefahr, die Freiheit ein für allemal zu verlieren. Voll innerer Erregung rief er aus: «Achtung, jetzt paßt doch auf! die Freiheit ist da, dort am Straßenrand! Aber ihr geht vorbei und wendet nicht einmal den Kopf nach ihr um. Es ist ein göttliches Instrument, aber niemand erkennt es mehr, niemand kennt mehr diese mächtige Orgel, die eine so zornige und zärtliche Sprache zu sprechen vermag.»[30] Die Freiheit war für ihn keine juristische Definition; er verstand sie menschlich und als unzertrennliche Gefährtin. In Bernanos' Mund ist das viel mißbrauchte Wort «Freiheit» wieder glaubhaft geworden; er kannte ihr hohes Gut und wußte, daß sie nur von sehr wenigen Menschen gerettet werden kann.

Mit der Schrift «Wider die Roboter» warnte Bernanos vor dem Maschinenzeitalter. Die Technik droht den Menschen zu versklaven, ohne daß es ihm zum Bewußtsein kommt. Er kann sich dem Rhythmus der immer schneller drehenden Maschinen nicht anpassen. «Dieser Rhythmus richtet sich nicht mehr nach dem Schlag seines eigenen Herzens, sondern wird von den betäubenden Umdrehungen der Turbinen bestimmt, die immer rasender werden.»[31] Das ist keine neue Erkenntnis, denn auch andere Menschen haben auf die Gefahr hingewiesen, daß, wer sich mit der Maschine einläßt, ein Maschinenherz bekommt. «Wir wissen, daß von einem bestimmten Punkt an jede neue Anmaßung der Technik mit einer Steigerung der Macht des Staates und dem Verlust einer Freiheit bezahlt wird», schreibt Bernanos[32].

Bernanos betrieb in seinen polemischen Schriften alles andere als eine öde Parteipolitik, kämpfte er doch gleicherweise gegen Faschisten und Kommunisten, vor allem aber gegen die lahmherzigen katholischen Kreise, denen er, sich selbst einschließend, ein scharfes Sündenregister vor Augen hielt. «Seitdem die Christen die Christenheit zugrunde gerichtet haben, scheinen sie sich in aller Eile eine andere Christenheit aus Pappe zusammengezimmert zu haben.»[33] Überzeugt davon, daß die christliche Überlieferung nur schläft und nicht tot ist, kämpfte er mit aller Kraft für ihr Erwachen. Der mittelmäßige Christ besitzt genau die gleichen Fehler wie der gewöhnliche Mensch, hinzu kommen noch eine Portion Hochmut und Heuchelei, verbunden mit der fatalen Geschicklichkeit, Gewissensfragen bequem zu lösen. Mit scharfem Blick sah Bernanos das Versagen der Menschen in der Nachkriegszeit, er fühlte sich selbst im befreiten Frankreich im Exil. Die Wege führten nirgends hin. Er durchschaute die Résistance und die nationale Erneuerung und nannte sie einen Betrug. Man mag gegen Bernanos' politische Schriften den Einwand erheben, es tobe sich in ihnen ein zu ungestümer Haß aus, namentlich gegen die Intellektuellen, die Mittelmäßigen, die Wohlanständigen, die er verächtlich «Dummköpfe» nannte; trotzdem fordert dieser hellsichtige Prophetenzorn Anerkennung und Achtung.

Bernanos spricht in seinen politischen Schriften eine eigene Sprache, die man sofort an ihrem Ton erkennt. Nicht im grammatikalischen Sinne, sondern weil er die Sprache der Kindheit zu sprechen versuchte. Es war die christliche Sprache, die er mit Weitblick und Liebe redete und über die er selbst sagte: «Eine christliche Sprache sprechen, eine Sprache, welche die Herzen anrührt, die Herzen gewinnt – ich meine nicht bloß eine orthodoxe Sprache, die von den Zensoren genehmigt und ohne Tadel ist. Eine christliche Sprache, mein Gott! Wie oft habt ihr seit den Kindertagen wirklich christlich reden hören?»[34] Nun, Bernanos hat diese christliche Sprache des Mutes inmitten des politischen Sumpfes gesprochen, sie laut und vernehmlich gesprochen, ohne jede Rücksicht darauf, ob sie gern oder ungern gehört wurde. Dabei blieb er eingedenk, daß «die großen Geschehnisse oberhalb oder unterhalb aller Worte liegen, weil die großen Geschehnisse stumm sind»[35]. Mit der christlichen Sprache des Mutes ist Bernanos nicht durchgedrungen; das Lautere kann im Ränkespiel des politischen Geschehens nicht siegen. Und doch ist es inmitten der Diplomatie und der Machtkämpfe wohltuend, Bernanos' christliche Sprache zu vernehmen; man fühlt sich wie frisch gebadet und gesäubert von der Lügenlauge, die die Politik jeden Tag über die Menschen ausgießt.

Bei der Niederschrift der politischen Schriften dachte Bernanos vorwiegend an junge Menschen. Unsere erneute Aufmerksamkeit ist damit erweckt, weil wir die Jugend nicht mehr anzusprechen imstande sind. Bernanos brachte stets ein starkes Verständnis für junge Menschen auf, es sei nur an die Erzählung «Die neue Geschichte der Mouchette» erinnert, die das ergreifende Bild eines an der Welt der Erwachsenen zugrundegegangenen Mädchens enthüllt. Der Dichter buhlte nie um die Gunst der Jugend, als käme es nur auf sie an und als hätte die Jugend recht, nur schon weil sie jung ist. Diese widerliche Anbiederung stößt gerade die besten Vertreter der jungen Leute ab. Bernanos wußte, daß die heutigen jungen Menschen um ihre Jugend geprellt werden, und nach ihm «scheinen die Herren der Welt zu fühlen, daß die Jugend ihnen entgleitet. Sie entgleitet allen, sie entgleitet sich selbst.»[37] Dies ist auch nicht verwunderlich, weil «das neue Erziehungssystem zu nichts anderem führt als zur Aufzucht abscheulicher Homunkuli, die sich als Propagandisten, als Soldaten oder Ingenieure betätigen»[38]. Die Technik und das Geldverdienen haben unsere Jugend verdorben; deshalb faßt Bernanos sie nicht sanft an. Er sagt ihr ins Gesicht: «Sicher, ihr seid Leute, die sich in der freien Luft bewegen, aber euer Denken, liebe Freunde, riecht nach Lindenblütentee und Urin wie ein Krankensaal im Spital. Genauer gesagt: ihr habt gar keine eigenen Gedanken, ihr lebt im Denken eurer Vorgänger.»[39] Diese Worte klingen nicht gerade einschmeichelnd, aber etliche junge Leute haben sie doch verstanden und gespürt, daß nach Bernanos' Auffassung «die moderne Welt gegen den Geist der Jugend sündigt und daß sie an diesem Verbrechen sterben wird»[40]. Es wird die Stunde kommen, in der sich die Jugend wieder auf einen Mann wie Bernanos besinnt, der sie nicht für irgendeine Partei oder System einfangen, sondern der Freiheit entgegenführen wollte, in der die Jugend allein gedeiht. Vielleicht ist diese Zeit näher, als wir sie in unserer Düsternis vermuten, denn auf dem Weg, auf dem sich die Dinge augenblicklich bewegen, können sie nicht lange weiterrollen. Wir geben die Hoffnung auf die jungen Menschen, auf die Armen, auf die christlichen Christen nicht auf. Sie alle können über Nacht auftreten und das neue Lied zu singen beginnen.

«Ich habe geschworen, eure Herzen zu bewegen, in Freundschaft oder Zorn», schrieb Bernanos, und es gelang ihm noch ein drittes Mal, mit dem Unterschied, daß diesmal aller Zorn fehlte und seine Stimme einen zärtlichen Klang annahm. Er hatte eine lebhafte Abneigung gegen jede faule Frömmigkeit, gegen jede Bigotterie und gegen die beati possidentes, die das Christentum zu allen Zeiten verdorben haben. Er wollte nichts wissen von kirchlichen Salbadern, Weihrauchschwingern und Kopfnickern. Er stellte diesen trüben Erscheinungen die Heiligen gegenüber, die er ungewöhnlich erlebte und in starkem Gegensatz zu der bisherigen Hagiographie schilderte. Die übliche Heiligenschreibung fütterte die Menschen mit einer süßlichen Mehlspeise, so daß sie nicht gewillt waren, auch nur einen Löffel davon zu schlucken. Bernanos gelang es, das Bild der Heiligen gleich den Ikonen von ihrem Ruß zu reinigen; er entfernte die falschen Züge einer mittelmäßigen Frömmigkeit. Auf dem bisherigen Weg der Heiligenschreibung gibt es kein Vorwärtsstürmen, höchstens eine Besinnung auf Bernanos' christliche Position: «Den Heiligen begegnet man nicht alle Tage. Die auf ihren Spuren zu wandeln bestrebt sind, sind kaum erkennbar, oder wenn schon, dann durch jene tiefverborgene Artung des Wesens, die wie das Strahlen der inneren Stille ist.»[41]

Eine erste, grundsätzliche Weichenstellung brachte das kleine Büchlein «Der heilige Dominikus». Bernanos betonte darin nicht die Abtötung, sondern das überströmende Leben aus Gott. «Die Heiligkeit ist auf keine Formel zu bringen, oder vielmehr: auf alle. Sie umschließt und überhöht sämtliche Kräfte.»[42] Dann fügte er noch eine für den Hagiographen höchst einprägsame Bemerkung hinzu: «Wenn sich der Geschichtsschreiber an eine strenge Genauigkeit hält, wird er uns wenig über das Dasein eines Heiligen lehren. Die alten Legenden haben viel mehr darüber zu sagen, weil sie abgründige Wirklichkeiten gleichnishaft wiedergeben.»[43] Die Dominikus-Skizze ist durch einen tiefen Graben von der wissenschaftlichen Geschichtsschreibung getrennt. Sie erfaßt den Heiligen als den Menschen, der von der großen Liebe erfüllt ist und nicht von bloßer Leidenschaft herumgewirbelt wird.

Noch eindringlicher ist das zweite Büchlein über «Johanna, Ketzerin und Heilige». Das Thema liegt den Franzosen nahe; auch Péguy und Claudel haben es aufgegriffen. Bernanos behandelte es aus einer inneren Verpflichtung. Er stellte jedoch nur die Verurteilung der Johanna dar, von der er schrieb: «Wer das Geheimnis dieser Schicksalsminute ergründen könnte, besäße den Schlüssel zum Übrigen. Das Geheimnis aber ist wohl behütet.»[44] Wie die Heilige den klerikalen Gelehrten gegenübersteht, die sie einkreisen und ihr die Seele zu entwenden versuchen, schildert der Dichter mit einer Dramatik, bei der das Herz laut zu pochen anfängt. Bernanos überwindet die historisierende Darstellung, indem er von den Heiligen im Stile des Anrufes schreibt. So eröffnet er den Weg zu einer neuen Hagiographie. Für ihn ist «Heiligkeit ein Abenteuer», und er schließt mit der ernsten Mahnung: «Der Heiligen Erbe ist in unsere Hand gegeben.»[45] Wer aber kümmert sich heute ernsthaft um dieses Vermächtnis? Dabei ist es doch keine nebensächliche Angelegenheit, ob die Heiligen im Innern der Christen lebendig sind oder nicht. Bernanos' Schattenriß von Johanna ist erfreulich, aber der letzte Grund, weshalb es ihm gelungen ist, die Herzen und nicht bloß den Verstand seiner Leser zu bewegen, muß noch erklärt werden.

Sehr stark ins Gewicht fällt das «Tagebuch eines Landpfarrers», ein Buch, dessen Traurigkeit von einer tröstlichen Geborgenheit überstrahlt wird. Der Dichter schrieb es in einer einmaligen Gnadenstunde; er liebte das Werk zärtlich und wagte der Hauptgestalt nicht einmal einen Namen zu geben. Mehr als einmal liest man im «Tagebuch»: «Etwa zehn herausgerissene Seiten fehlen im Heft. Die wenigen Worte, die am inneren Rand stehengeblieben waren, sind sorgfältig ausgestrichen.»[46] Wie lauteten die fehlenden oder durchgestrichenen Zeilen? Warum hat der Curé sie entfernt? Hat er dort nicht gerade das Wichtigste geschrieben? Wir wissen es nicht. Aber unsere weiteren Ausführungen sind, symbolisch verstanden, ein Versuch, die herausgerissenen Seiten zu ersetzen. Wir deuten an – ein kühnes Unternehmen –, was dort gestanden hat, nicht indem wir unstatthafterweise irgend etwas hypothetisch dazu erfinden, sondern indem wir gleich einem Palimpsest die überall durchblitzende Heiligenschau hervorheben und einzelne Bruchstücke wie in einem Brennglas zusammenfassen. Bernanos' neue, noch nicht völlig ausgeformte Heiligengestalten nannte er selbst in seiner Bescheidenheit «unfertige Entwürfe», aber der elementare Mann vermochte sie im alltäglichen Leben zu schauen. Sein heimliches Anliegen ging dahin, Heilige der Gegenwart, Menschen, die aus den Nöten unserer Zeit herausgewachsen sind, zu schildern; hier beginnt auch unser Interesse zu vibrieren. Bei dem Dichter fiel der Heilige der Gegenwart nicht mit der Gestalt des Priesters zusammen, empfand er doch einen heftigen Zorn gegen den mittelmäßigen Priester. Manch hartes Wort gegen den Klerus findet sich in seinen Schriften. Sogar sein dreijähriges Söhnchen verplapperte in seiner kindlichen Unschuld einem Franziskanerpater: «Aber mein Herr, Sie wissen doch: mein Vater mag die Abbés nicht!»[47] Neben dieser ausgeplauderten Kinderweisheit gilt aber auch Mauriacs Feststellung: «Wie seltsam war Bernanos' Herz! Dieser Priester in ihm, der an keinen Priester aus dem wirklichen Leben erinnerte und der lebendiger war als sie alle, sein Priestertum, dem er nur in seinen Romanen Ausdruck verschaffen konnte und das er buchstäblich träumte...»[48] Tatsächlich war er «ein priesterlicher Schriftsteller» und sind seine geschilderten Priester «in erster Linie Bilder des Autors selber»[49].

Voraussetzung seiner neuen Heiligenschau ist Bernanos' Bemerkung: «Sobald sie sich an die Heiligkeit heranmachen, pfropfen sie sich mit Erhabenheit voll und behängen sich überall mit Erhabenem. Die Heiligkeit ist nicht erhaben.»[50] Als Bernanos seine Heiligenleben entwarf, ist er nicht in die Kirchen gegangen, um die Statuen zu bewundern, er brauchte lebendige Gesichter für seine Schilderungen, er hat deshalb die Cafés aufgesucht. Aber diese profane Situation hinderte ihn nicht daran, das Leben seiner Heiligen «in einem sehr vertraulichen Stil zu schreiben, dessen Schlüssel allein unser Herr hat»[51]. Man muß Sinn haben für eine subtile Schreibweise, sonst schaut man an Bernanos' Heiligenbetrachtung vorbei. Seine Heiligengestalten haben gar nichts Spektakuläres an sich, war er doch der seltenen Auffassung: «Man bezahlt die Gnade, unbemerkt durchs Leben zu gehen, nie zu hoch.»[52] Wer diese unscheinbare Einsicht begriffen hat, ist von allem Geltungsdrang ein für allemal befreit und denkt nicht daran, mit seiner Heiligenbeschreibung Ruhm zu erwerben.

Bernanos stattet seine Heiligengestalten mit ungeschickten Charaktereigenschaften aus. Sie leiden an außerordentlicher Schüchternheit und meistern diese lächerliche Schwäche nicht. Abbé Donissan, ein Mann «ohne Erziehung und ohne Lebensart», hat wenig Umgangsformen, und seine Anwesenheit wirkt für die andern beinahe beleidigend. Der große Bursche mit seinen breiten Schultern und roten Händen ist nicht auszuhalten, und seine genagelten Schuhe sind geradezu ein Symbol für sein ungehobeltes Wesen. Bernanos' Heilige sind «Beichtväter der Dienstmädchen» und leben mit einer übergroßen Einfalt in der Welt. Der Pfarrer von Ambricourt weiß, daß er vierschrötig ist und oft mit schwermütigen Anwandlungen von unaussprechlicher Traurigkeit zu kämpfen hat, die ihn seufzen lassen: «Gott, ich atme die Nacht ein, ich sauge sie in mich ... Ich selbst bin Nacht.»[53] Einmal kommt er sich vor, nur zu dem Zweck erschaffen worden zu sein, um Backenstreiche zu empfangen.

Die Betonung des kläglichen Eindruckes der Heiligengestalten ist kein schriftstellerischer Trick Bernanos'. Er bedarf der realistischen Schilderung, um die Wirklichkeit des Lebens zu treffen. Seine Heiligengestalten sind ungeschickt, aber lebensnah und so ganz anders geschaffen als die Heiligen der erbaulichen Bücher. Auffallenderweise pflegen seine Heiligen nicht zu predigen. Seine Werke enthalten nur zwei Predigten, eine imaginäre «Predigt eines Atheisten am Fest der kleinen Thérèse»[54], und in «Monsieur Ouine» legt der Pfarrer seiner toten Gemeinde die bestürzende Lage der Christenheit dar[55]. Die Wirkung der Heiligen geht von ihrem Leben und nicht von ihren Worten aus.

Der Dichter legt seinen weltunkundigen Gestalten religiöse Einsichten ungewöhnlicher Art in den Mund. Der arme Pfarrer von Lumbres «weiß so vieles, was die Hochschule nicht weiß. So vieles, was sich nicht schreiben, kaum sagen läßt.»[56] Was ist das, was man nicht formulieren kann? Eben die Weisheit der Heiligen. Woher wurden ihm die tiefen, alle Klugheit übertreffenden Erkenntnisse zuteil? Aus einer inneren Erleuchtung. «Die Gnade besteht darin, daß man sich vergißt», schreibt der Landpfarrer in sein Tagebuch[57]. Abbé Chevance weiß, daß er aus sich selbst nichts ist und allezeit den Platz an Gott abzutreten hat. «In unserer kleinen Welt ist das Leid der liebe Gott. Man geht neben ihm her, ohne ihn zu kennen.»[58] Er rät seiner geistlichen Tochter, sich nie von der Stelle zu entfernen, an die Gott sie gestellt hat, «die unvergleichliche Trübsal unserer Art ist ja ihre Unbeständigkeit»[59]. Ein anderer Ratschlag geht dahin: «Mißtrauen Sie allem, was Sie verwirrt», und nachdrücklich weist er auf die Schlichtheit der Lebensführung hin. Der Landpfarrer notiert sich in sein Tagebuch: «Ich glaube immer mehr: das, was wir Traurigkeit, Angst und Verzweiflung nennen, wie um uns einzureden, es handle sich um gewisse Seelenregungen, ist eben die Seele selbst.»[60] Und die Priorin der Karmeliterinnen sagt: «Wer in den Garten Gethsemane eingeht, kommt nie mehr heraus.»[61] Abbé Chevance weiß, daß er nichts hat, «dreißig Jahre habe ich gebraucht, um zu erkennen, daß ich nichts habe, gar nichts. Was im Menschen lastet, ist der Traum ...»[62] Wunderbar ist, was die Heiligen über das Stillschweigen schreiben. Nicht die Menschen müssen es bewahren, es bewahrt viel mehr sie. «Das innere Schweigen – das von Gott gesegnete Schweigen hat mich für immer von den lebenden Wesen abgetrennt.»[63] Ohne sich durch die modische Skepsis innerhalb der Kirche anfechten zu lassen, ermahnt er sich selbst: «Man betet nie genug zu den Engeln ... Die Welt ist voll von Engeln»[64], und er schreibt über das Gebet, «schon der Wunsch zu beten, ist ein Gebet»[65]. «Wir machen uns gewöhnlich eine so widersinnige Vorstellung vom Gebet. Wie können doch Menschen, die es kaum kennen – wenig oder gar nicht kennen –, mit solcher Leichtfertigkeit davon reden? ... Wo und wann aber hat je ein Mann des Gebetes bekannt, das Gebet habe ihn enttäuscht?»[66] Der Landpfarrer klagt sich an: «Du betest nicht genug. Du leidest zuviel, um zu beten, das ist meine Meinung. Das Beten muß im Verhältnis zu unsern Leiden stehen ...»[67] «Wer beten will, darf nicht träumen. Dein Gebet ergießt sich in den Traum.»[68] Über die Armut notiert der Curé in sein Tagebuch: «Als unser Herr die Armut ehelichte, hat er den Armen zu solcher Würde erhoben, daß man ihn nie wieder von seinem hohen Sockel wird herunterholen können ... Der Arme ist der Zeuge Jesu Christi.»[69] «Der Geist der Armut ist dem der Kindheit ähnlich. Sie sind beide eines und dasselbe.»[70] Es ließen sich noch viele, viele tiefreligiöse Worte des Dichters anführen, Worte, die es verdienen, herausgeschrieben zu werden, damit man sie stets bei der Hand hat.

Wohl am eindrucksvollsten entfalten sich Bernanos' Heilige in der Seelsorge, die ein Charisma und keine Lehre ist. Oft haben die Heiligen die Fähigkeit, die Seelen sichtbar wahrzunehmen: «Er sah mit seinen irdischen Augen, was dem schärfsten Blick, der tiefsten Schau, der sichersten Schulung verborgen bleibt: eine menschliche Seele», in der er zu lesen vermochte[71]. Der Landpfarrer redet im entscheidenden Gespräch unerbittlich mit der in ihrem Stolz erstarrten Gräfin: «Alle Verwirrung geht von einem und demselben Vater aus, vom Vater der Lüge ... Die Hölle, gnädige Frau, ist das Nichtmehrlieben.»[72] Die Unterredung ist meilenweit von aller psychiatrischen Bestätigung entfernt; ihm geht es um eine Aufdeckung der Wahrheit. Die Weisheit der Heiligen stammt nicht aus den dürftigen Lehrbüchern der Pastoraltheologie. Sie wissen aus eigener Erfahrung, daß das Leid seine eigene Sprache spricht, und daß alle Wunden der Seelen ins Schwären geraten, wenn sie nicht sachgemäß behandelt werden[73]. Unmißverständlich erklärt er der Gräfin: »Nicht wir haben die Liebe erfunden. Sie hat ihre eigene Ordnung und ihr Gesetz ... Gott ist nicht der Herr der Liebe, er ist die Liebe selbst. Wenn Sie lieben wollen, dürfen Sie sich nicht außerhalb der Liebe stellen.»[74]

Dabei rückt Bernanos seine Heiligen nie in eine bengalische Beleuchtung. Entsprechend dem Todesmotiv läßt er sie unendlich traurig sterben. Abbé Chevance gesteht vor seinem Abscheiden: «Ich muß in den Tod eingehen wie ein wahrhaft nackter Mensch. Ich bin nicht mal mehr ein Sünder, ich bin nichts als ein Mensch, ein nackter Mensch. Versuchen Sie nicht, in alledem einen Sinn zu suchen.»[75] Ihre äußerste Verlassenheit im Sterben ist ein unlösbares Rätsel. Auch der Landpfarrer geht mit seinem Magenkrebs einem bitteren Ende entgegen. Nach einem Besuch beim Arzt in einer entfernten Stadt sucht er noch einen abgefallenen Priester auf, stirbt aber in der gleichen Nacht, ohne die letzte Ölung empfangen zu haben mit den Worten auf den Lippen: «Was macht das denn aus? Alles ist Gnade.»[76]

Das elende Sterben schlägt den Bogen zum unweltmänni-
schen Benehmen seiner Heiligen; dazwischen aber liegen
die unerhörten Erkenntnisse über die unlösbare Solidarität
der Menschen untereinander. «Wir sterben nicht jeder für
uns, sondern die einen für die andern, oder, wer weiß,
die einen an Stelle der andern.»[77]
Die Heiligkeit ist bei Bernanos keineswegs an das priester-
liche Dasein gebunden, schildert er doch einmal in seinem
Buch «Die Freude» eine weibliche Heiligengestalt, die mitten in der Welt steht und sich durch keine Ermunterung
bewegen läßt, in ein Kloster einzutreten. Chantal ist die
Tochter eines griesgrämigen Historikers und das Beicht-
kind von Abbé Chevance, dessen Weisheit in ihr in einer
eigentümlichen Brechung nachklingt. Rein äußerlich nimmt
man keine sichtbare Heiligkeit wahr: sie trägt mondäne
Kleider und wendet kosmetische Mittel an, innerlich jedoch
läßt sie sich wie die ihr verwandte kleine Thérèse von
Gottes überwältigendem Erbarmen zerschmettern. Chantal
macht einige Aussagen über sich selbst: «Ich bin sehr, sehr
einfach, das ist alles», sagte sie einmal und erbleicht bei
den Worten, als hätte man ihr das kindliche Geheimnis
entrissen[78]. «Mein Beruf ist das Entgegennehmen», sagt
sie und fügt hinzu: „Ich verteidige mich nicht. Ich biete
keinem Dinge Trotz, weder dem Schmerz, noch dem Tod,
nicht mal dem kleinsten Verdruß … Wenn die Prüfung
auf mich zukäme, würde ich ohne Zweifel etwas zurück-
weichen; das ist zunächst natürlich.»[79] Chantal besitzt
den strahlenden Geist des Vertrauens: «Was soll ich tun?»
fragte sie und antwortet darauf: «Bin ich fähig zu wählen?
Ich würde es nie wagen. Jede Stunde empfange ich, was
Gott mir gibt, weil ich nicht mal die Kraft hätte, es zu
verweigern. Ich empfange es mit geschlossenen Augen.»[80]
Chantal lebt keineswegs in einer leichten Umgebung. Ihr

Vater bringt kein Verständnis für seine so anders geartete Tochter auf, die nicht den Vorstellungen entspricht, die man sich in der besseren Gesellschaft von einer jungen Dame macht. Wie liebevoll redet Chantal mit der armen, von Wahnideen besessenen Großmutter, die ebenfalls im Hause lebt. Auch ein Psychiater befindet sich in der Umgebung, den sie in der entscheidenden Auseinandersetzung geradezu erstaunlich gut schachmatt setzt. «Sie fragen nach meiner Methode? Ich habe keine Methode, Herr Professor. Man hat mir nichts beigebracht, und ich bin unfähig, irgendwas zu erfinden. Ich glaube, man versagt sich oder man gibt sich hin, aber sich ergeben?»[81]

Es gibt in der Literatur einige Mädchengestalten, die bei aller Traurigkeit in die Seele des aufnahmebereiten Lesers eingehen. Shakespeares Ophelia kann man nicht vergessen, so wenig wie Dostojewskijs Sonja. Zu ihnen gehört Bernanos' Chantal, die man gleich beim ersten Auftreten begeistert ins Herz schließt und ungeduldig wartet, bis sie wieder das Wort ergreift. Chantal ist keine bloße Phantasieschöpfung. Sie hat gelebt. Nicht nur lebte sie in Bernanos' Seele leibhaftiger als die Menschen, mit denen er seine Lebensversicherungsverträge abzuschließen pflegte, sie lebt in ihrer Gottverbundenheit auch in uns und wird dort bis zum letzten Atemzug leben. Chantal strahlt eine Wärme und Innigkeit aus, die man kaum in einer Liebesgeschichte findet. Man wünscht, in ihrer Nähe zu sein, weil sie zu den unvergleichlichen Wesen gehört, die Gott für etwas Besseres aufbewahrt hat und die mit Pascal sagen dürfen: «Alles, was nicht Gott ist, kann meine Erwartung nicht erfüllen.»

Wo begegnet man in der modernen Literatur ähnlichen Gestalten, zu denen man sich immer wieder hingezogen fühlt? Bei Mauriac oder Claudel? Keine Spur, von Gide und Proust gar nicht zu reden. Man trifft sie nur bei Bernanos. Julien Green hat ihn erkannt, wenn er sagt: „Er wußte um die Dinge, die wir tragen müssen. Darin lag ja gerade seine Größe. Er war der Mann des Unsichtbaren.»[82] Dabei lag Bernanos alle Weltabgeschiedenheit fern. Er liebte das süße Reich der Erde mehr wie er auszudrücken wagte und zählte sich zu den Menschen, die nicht aufhören, das irdische Paradies «zu suchen, daß ich es immer suchen werde, daß ich immer jenen verlorenen, aus dem Gedächtnis der Menschen ausgelöschten Weg suchen werde. Ich gehöre wahrscheinlich von Natur aus zu jenem Volk der Erwartung, zu dem Geschlecht, das nie verzweifelt, für das das Wort ‹Verzweiflung› gleich wie das Wort ‹Nichts› keinen Sinn besitzt. Und wir sind es, die recht haben!»[83] Bernanos ergriff in einer kranken Welt das Wort, erfüllt von der Spannung zwischen seiner inneren Erschütterung und dem leeren Zeitgeist, der die Menschen seelisch verhungern läßt. Nach seiner Überzeugung treten die Christen in eine finstere Zeit ein; diese erblickte er unter einem apokalyptischen Aspekt und glaubte, die Welt werde an einem epileptischen Anfall zugrunde gehen. Er selbst hatte zuweilen das Gefühl, in der modernen Gesellschaft ersticken zu müssen: «Das kommende Jahrhundert wird ein blutiges sein, wie das vorausgegangene ein kotiges war.»[84] Ein anderes Mal schrieb er: «Seit zweitausend Jahren haben die Generationen der Christen nichts anderes zu tun, als eine nach der andern die Passion unseres Herrn wiederzuleben, aber unser Geschlecht tritt in das geheimste und inwendigste Geheimnis dieser Agonie – die totale Einsamkeit, die totale Verlassenheit. Ich fürchte, man wird uns nicht einmal die Ehre antun, uns umzubringen.»[85] Er bildete sich nicht ein, die grauenhafte Welt verbessern und in eine schönere Gesellschaft umwandeln zu können. Das heraufsteigende Atomzeitalter verbietet solche Erwartungen. Bernanos erhoffte auch nichts von Amerika, diesem «Riesen mit dem Babygehirn»[86] und «glaubte auch nicht länger an den Kampf der Demokratien gegen die Diktaturen»[87]. Die Christen wissen Bescheid über die Welt, für die der Herr nicht zu beten gewillt war.

Wer in dieser Nacht nicht verzweifeln und sich nicht von der Traurigkeit überfluten lassen will, der muß sich auf Bernanos' neue Heiligenschau besinnen. Mit ihr hat er das literarische Gebiet weit überschritten. Alles nahm existenzielle Formen an. Seine Heiligen helfen im gegenwärtigen Wirrwarr der Welt und der Kirche, den schmalen Weg zu finden; sie schenken die unvergleichliche Heiterkeit, die so selten ist. «Gewiß gibt es die Freude in Gott, die Freude kurzweg. Jeder von uns macht sich einen Begriff davon ... Doch die großen, die sehr großen Heiligen hüten das Geheimnis.»[88] Der Landpfarrer fügt hinzu: «Die Aufgabe der Kirche besteht jedoch gerade darin, die Quelle der verlorenen Freuden wiederzufinden.»[89] Nur mit Hilfe der Heiligen läßt sich, wenn auch in aller Schwachheit, das Leben bestehen. Mehr kann man von uns armen Christen zur gegenwärtigen Stunde nicht verlangen. Nach Bernanos «gibt es für uns nichts Dringenderes, als wieder eine Christenheit herzustellen ... und das Ende der Nacht, das ist das sanfte Erbarmen Gottes»[90].

Gabriel Marcel erklärte, Bernanos ist «ein Meteor. Er kommt von ganz woanders und zieht irgendwo anders hin.»[91] Die Deutung ist nicht falsch, aber es gibt noch eine, die ihm näherkommt. Bernanos war ein von Gott berufener Mensch, ein Mensch, der seiner Berufung nachgekommen ist und sie weitergegeben hat; er schrieb einmal: «Ich halte Péguy nicht gerade für einen Heiligen, aber er ist ein Mensch, den man auch nach dem Tode

mit der Stimme erreichen kann. Jedesmal, wenn man ihn
ruft, antwortet er.»[92] Diese Worte darf man auch auf
Bernanos anwenden, denn wenn man mit ihm eines jener
lautlosen Gespräche führt, vernimmt man in sich seine
unverwechselbare Stimme.

VOM MORGENSTERN BESCHIENEN:
JOSÉ ORABUENA

José Orabuena schrieb einmal über seine Arbeit: «Im Winter vor allem konnte ich um die siebente Stunde an das Fenster treten und in der Spanne zwischen Dunkelheit und erstem Lichte des Tages den sehr klaren Morgenstern betrachten, der in Kopenhagen wunderbar deutlich zu sehen ist. Ich empfand seinen Anblick als die schönste Gabe des Tages; und glaubte ich, gut geschrieben zu haben, schien mir der Stern wie eine Belohnung und eine Übereinstimmung.»[1] Die Worte verraten ein zartes Geständnis: José Orabuenas Dichtung ist eine vom Morgenstern beschienene Dichtung. Nicht viele Menschen sehen den Morgenstern, sie schlafen meistens noch um die Zeit, da man ihn in seinem geheimnisvollen Glanz schimmern sieht. Kein Wunder, daß sie auch José Orabuenas Dichtung kaum bemerken, sondern mit gehaltenen Augen an ihr vorbeistürmen. Jene aber, die dem Morgenstern zugetan sind, empfinden auch Orabuenas Erzählungen als eine tiefe Beglückung, als ein Echo auf Christian Knorr von Rosenroths Lied: «Morgenglanz der Ewigkeit, Licht vom unerschaffnen Lichte.»

Der Dichter wählte seinen Namen anläßlich seiner Naturalisierung in England. Bei seinen Nachforschungen über das Schicksal der Juden im mittelalterlichen Spanien fand er einen Arzt namens Orabuena. Aus einem Gefühl der Dankbarkeit und Freude heraus nahm er diesen Namen gleich einem Altersgeschenk für sich entgegen.

Sein eigenes Geheimnis lüftete José Orabuena ein wenig in seiner Biographie: «Im Tale Josaphat.» Wohl war er sich der Problematik einer Autobiographie bewußt, und wenn er sie trotzdem geschrieben hat, so nur nach langen Überlegungen und Untersuchungen, ob ein Mensch überhaupt dazu berechtigt ist. Der diskrete Verfasser überwand schließlich die Hemmungen um der Toten willen, schien es ihm doch, er sei ihnen den Bericht schuldig, weil sie ihn vieles gelehrt haben und ihm in schweren Stunden beigestanden sind. José Orabuena überschrieb seine Lebensgeschichte mit den Worten «Im Tale Josaphat»; ein seltsamer Titel für den Leser, der nicht weiß, daß nach der Bibel in diesem Tale einst die Menschen von Gott gerichtet werden[2]. Dieser Gesichtspunkt verleiht seiner Seelengeschichte den ungeheuren Ernst und veranlaßt den Dichter, seine geistige Entwicklung dem Gedanken zu unterstellen: «Wie ich lernte zu schreiben, wie ich lernte zu glauben und wie ich eben nun lerne zu sterben.»[3] Der ungewohnte Aspekt ist mehr als bloße Originalität, er bedeutet Rechenschaft im Angesicht der Ewigkeit und schließt deshalb im voraus alle eitle Selbstbespiegelung oder Selbstrechtfertigung aus.

Schon der Knabe war ein Einzelgänger. In seiner Jugendzeit in Berlin besaß er einen erschrockenen Blick für die ältlichen Dienstmädchen, die Bettler, die Milchjungen und die Zeitungsfrauen. Behutsam berichtet er über seine Kindheit, die nicht nacherzählt, sondern nur nachgelesen werden kann.

Früh erwachte im Jüngling ein unstillbarer Lesehunger; bei der Lektüre von Jacobsens Romanen durchzuckte ihn der Gedanke, ebenfalls ein Erzähler zu werden. Der durch die Seele huschende Wunsch wurde zum festen Ziel seines Lebens. Zwar wurde ihm das Schreiben nicht leichtgemacht, da seine Familie dafür kein Verständnis aufbrachte.

Die Eltern erkannten in diesem Beruf keine Berufung, sprachen von einer Wahnidee und ließen den Jüngling in einer Irrenanstalt internieren! Freilich entdeckten die Ärzte keine Spur einer geistigen Verwirrung und entließen ihn bald wieder. Das Erlebnis blieb nicht ohne Schock für den jungen Orabuena, doch reagierte er ihn in seiner ersten Erzählung «Die Grenze» ab. Nach wie vor strebte er seinem Ziele entgegen. Abgesehen von wenigen Jahren in seiner reiferen Jugendzeit hat er nie einen andern Beruf als den des Dichters ausgeübt. Lieber litt er Not, als daß er sein Ideal preisgegeben hätte; er hat denn auch sein ganzes Leben durchgehalten und ist nie in eine einträglichere Tätigkeit ausgewichen. Dies ist der Preis, den er für die Dichtung bezahlt hat; alle heutigen Aufmunterungspreise, Werkjahre und sonstigen Unterstützungen sind dem echten Talent wenig förderlich.

Nicht minder bemerkenswert war Orabuenas religiöse Entwicklung. Ungeachtet seiner jüdischen Abkunft vermag er sich nicht zu erinnern, in seiner Kindheit «jemals gehört zu haben, daß es Gott und daß es ein Gebet gab»[4]. Ohne die geringste Kenntnis der Thora und des Talmud aufgewachsen, empfand er schon im dritten Jahrzehnt seines Daseins immer deutlicher, daß ihm der entscheidende Lebensinhalt fehle, weswegen er sich hilflos, einsam und leer fühlte. Die tiefste Erfahrung wurde ihm in seinem vierzigsten Lebensjahr zuteil: »Im Jahre 1932, in einem Gefühle der Verlassenheit und erfüllt von dem wahrlich erschreckenden Empfinden, mich keinem Menschen eröffnen zu können, weil niemand mir zu helfen wisse, sei er selbst gewillt, hatte ich eines Tages gebetet, wie einer, dem die Worte kommen, weil nichts anderes mehr ist als sie; gebetet, noch ohne recht zu wissen, an wen ich mich wandte. Es hatte mir aber wohl getan. Ich sprach darüber mit keinem. Ich wiederholte das Beten. Ich sprach hierüber mit niemandem. Ich betete weiterhin und wußte nun, daß ich mit Gott sprach.»[5] Die Keuschheit der Mitteilung verbietet jeden Kommentar. Doch arbeitete der Ewige in ihm weiter, und es bedurfte noch vieler Jahre, bis Orabuena sich zum Glauben an Christus hindurchrang. Erst an seinem sechzigsten Geburtstag empfing er die Taufe, wodurch er nicht sein «Judentum verließ, sondern es bestätigte»[6]. Jeder Antisemitismus – auch in der Form, wie ihn Bloy vertritt – berührte ihn unsympathisch, weil die Ahnen in ihm lebendig blieben. Von der übereifrigen Konvertitengesinnung war José Orabuena gänzlich frei. Hatte er früher nie ein Verhältnis zur jüdischen Religion als Ganzem gefunden, blieb er auch jetzt der namenlosen Untaten der Kirche eingedenk. Wegen der Taufe brachen etliche jüdische Freunde die Beziehung mit ihm ab, und die Katholiken erkannten ihre Verpflichtung gegenüber dem neuen Glaubensgenossen nicht. Karl Pfleger fand es unverständlich, «daß selbst christliche Zeitschriften auf das Werk Orabuenas nicht aufmerksam machen, die Platz haben für die Namen Nabukow und Henry Miller». Dabei hätte Orabuena einer der stärksten Mittelsmänner für das jüdischchristliche Gespräch sein können, weil er zu beiden Religionen geöffnet war und sich in ihm immer wieder die Stimme des Alten und des Neuen Bundes meldete. Nie legte er auf das Rituelle und Institutionelle das Hauptgewicht. Er erlebte das Religiöse vor allem in seinem Innern als eine Beziehung des Herzens zu Gott. Gerade wegen dieser Innerlichkeit und wegen seiner unzeitgemäßen Schreibweise geriet Orabuena mehr und mehr in die Einsamkeit hinein. Eine seiner Gestalten bekennt: «Natürlich bist du einsam, und einsam bin auch ich, wie wir alle einsam sind vor Gott» und fügt später hinzu: «Nichts führt Gott näher als die vollkommene Einsamkeit, und nie sind wir minder einsam, als wenn wir Gott näherkommen.»[7] Das Problem des alten Menschen und seine Einsamkeit beschäftigte ihn besonders, Fragen, die nur individuell durch die starke Verbundenheit mit dem Ewigen zu bewältigen sind. Ohne die ausgesprochene Hinwendung zum Religiösen hätte Orabuena seine Werke nicht schreiben können. Er hat dem Christlichen Raum gegeben, und von daher sind seine Werke zu verstehen.

Die Dichtung Orabuenas läßt sich in einige deutlich voneinander zu unterscheidende Phasen einteilen, die gelegentlich ineinander übergehen.

Er selbst bezeichnet seine ersten schriftstellerischen Werke als Unterhaltungsbücher. Sie erschienen unter seinem ursprünglichen Namen Hans Sochaczewer und heißen «Menschen nach dem Krieg», «Das Liebespaar», «Sonntag und Montag» und so weiter. Heute lehnt der Dichter diese frühen Bücher ab und will nicht an sie erinnert werden, weil sie ihm inhaltlich ohne Gewicht zu sein scheinen und er sich in ihnen nicht wiedererkennt. Daher ist die Namensänderung auch gerechtfertigt. Natürlich haben die ersten Bücher Merkmale eines Anfängers, aber die Novelle über «Henry Rousseau» und der Roman «Die Untat» sind ergreifend, und es besteht kein Anlaß, sich ihrer zu schämen. Sie enthalten Schilderungen des Dunkeln und Jämmerlichen, die er nicht als Aufgabe des Dichters betrachtet, so wenig wie er die Ironie als ein Stilmittel anerkennt. Die Unterhaltungsromane verdeutlichen den großen Weg, den Orabuena auch in sprachlicher Hinsicht in aller Stille zurückgelegt hat. Da diese Bücher ihm jedoch fremd geworden sind und sie im Dritten Reich von Henkershand verbrannt wurden, entziehen sie sich unserer Beurteilung.

Die zweite Phase wird durch seine jüdischen Romane bestimmt, zu denen «Groß ist deine Treue» und die fiktiven Erinnerungen «Ebenbild und Spiegelbild» gehören. Beide Werke stehen in einer inneren Verbindung zueinander. Im zweiten werden die Jugend- und Mannesjahre eines jüdischen Arztes in Spanien geschildert, während im ersten Roman der Arzt im hohen Alter nach Wilna reist, in die Stadt, aus der seine Mutter stammt.

Ganz außerhalb der literarischen Gewohnheiten liegt die Entstehungsursache der jüdischen Werke. Sie gehen auf einen Traum zurück, in welchem Orabuena die Aufforderung vernahm: «Du sollst eine Dichtung schreiben.»[8] Der Traum erschütterte Orabuena. Er empfand ihn als Auftrag, dem er sich nicht entziehen dürfe. Während der Niederschrift überfiel ihn einmal eine seelische Müdigkeit, in der er der Arbeit überdrüssig wurde. Wiederum träumte er, die geschilderten Gestalten seien an ihn herangetreten und hätten ihn inständig gebeten, ihre Geschicke doch weiter zu erzählen. Beide Träume sind nicht psychoanalytisch zu deuten. Es gibt nicht nur Wunschträume, in denen sich Verdrängtes meldet, sondern auch Offenbarungsträume, denen Befehlsgewalt zukommt. Die Träume gehören, cum grano salis verstanden, jenem Bereich an, in dem es heißt: «Und der Engel des Herrn erschien Josef im Traume und sprach.»

Die Hauptgestalt beider Romane ist David Orabuena, ein mild und überlegen denkender, stets hilfsbereiter Arzt. Er ist «die Figur der Mitte, die lautlos und in Liebe alles und alle beherrscht.»[9]. Er ist der Würdige, von dem die Bewegung in der Erzählung ausgeht. Dem Manne ist Altersvertrautheit und Weisheit eigen; für ihn ist «etwas Verklärendes über alle Dinge gesponnen»[10]. Ein einfacher Jude versucht, sich das unerklärliche Geheimnis dieses spanischen Arztes verständlich zu machen: «Es geht von ihm eine Kraft aus, und es ist, als wäre seine Anwesenheit wie ein Schutz für uns alle.»¹¹ Der Dichter schildert den Arzt David Orabuena mit einer spürbaren Liebe und Wärme, so daß man ihn nicht mehr vergißt. Hier ist eine positive Gestalt geschaffen, etwas Großes, wie es in der heutigen Literatur selten vorkommt. David Orabuena lebt, er steht so leibhaftig da, daß sich der Autor einmal die seltsame Frage vorlegt: «Hatte ich David an das Licht gezogen oder nicht gar er mich? Ich scherze nicht, sehr oft war ich mir dessen nicht recht gewiß.»¹²

An der Gestalt des Arztes exemplifiziert der Dichter einen geordneten Lebenslauf. Schon die Jugendjahre stehen im Zeichen eines guten Verhältnisses zu den Eltern und Geschwistern. Ausführlich erzählt er die inneren Werde- und Mannesjahre. Das Buch gehört zu den großen Ärzteromanen der Literatur wie de Vignys «Stello», Gotthelfs «Anne Bäbi Jowäger» und so weiter. Der Autor behandelt weder die zufällige Familie noch den Zerfall einer Sippschaft, so vermeidet er eine Thematik, die unweigerlich den Eindruck der Dekadenz hinterläßt. Nie zeichnet er auch die unmögliche Situation einer Dreieckehe, an der die Menschen scheitern müssen. Der Dichter wagt, was sonst kaum versucht wird, eine gute Ehe vorzuführen, eine Ehe, deren harmonischer Zusammenklang den Leser mit einer inneren Freude erfüllt. Das ist eine der allerschwersten Aufgaben, die ein Dichter sich stellen kann, weil das Einfache zu gestalten immer größere Kraft verlangt, als das Wühlen im Komplizierten. Namen wie Claudius und Hebel sind Beweise dafür. Sonderbarerweise fesselt das Böse immer mehr als das Gute, mit dem der Mensch gerne die Vorstellung des Langweiligen verbindet. Eine fatale Selbsttäuschung. In Orabuenas Romanen wird die Ehe als eine Schöpfungsordnung verstanden, in der die tiefste Begegnung von Mann und Frau erlebt wird. Die Geborgenheit in einer solchen Familie ist für die Entwicklung eines Menschen von unübersehbarer Bedeutung. Jeder Mensch tritt mit der Hoffnung auf eine glückliche Hausgemeinschaft in den Stand der Ehe und nicht mit der Voraussetzung, daß nun der Teufel am Herd losgehe. Die Werte der Ehe sind unabdingbar; jene Schriftsteller, die ironisch-spöttelnd an ihrer Untergrabung arbeiten, wissen in ihrer Verantwortungslosigkeit nicht, was sie tun. Orabuena singt das Hohelied der Ehe, was kaum ein anderer Dichter in unserer Zeit gewagt hat, dabei verfällt er keineswegs einer Idealisierung. Leise Wehmut ist auch über die Ehe von David Orabuena ausgebreitet, da in dieser gebrechlichen Welt ohnehin nur «das Lob der unvollkommenen Ehe» [Bovet] angestimmt werden kann.

Naturgemäß nimmt in beiden Romanen das jüdische Schicksal den breitesten Raum ein. Es beginnt in Spanien, dem Land, in dem sich das jüdische Leben wegen der Abgeschlossenheit gegenüber den übrigen Einwohnern von Cordoba allerdings nicht richtig entfalten konnte. Ein beinahe stummes, sich nicht bekundendes Judentum wird zunächst geschildert, dessen Vertreter meint, «daß der Gedanke, man könne Gott lieben in seiner Seele, ohne ein Gotteshaus zu betreten und ohne die Lehre seiner Religion zu befolgen, zwar nicht sittenwidrig, doch unvollkommen ist».˙ Jedoch nur mit der «Gemeinschaft der Unschlüssigen» ist dieses Verhalten zu entschuldigen, was dem mildesten Urteil über ein sich selbst entfremdetes Judentum gleichkommt[13]. Während die Westjuden gewöhnlich, ganz zu Unrecht, das Ostjudentum gering schätzen, wehrt sich Orabuena gegen diese hochmütige Auffassung und schreibt die Erzählung «Groß ist deine Treue», die er im ostjüdischen Raum spielen läßt. Dabei idealisiert er das Ostjudentum keineswegs, kennt er es doch aus eigener Erfahrung. Er war im Ersten Weltkrieg als deutscher Soldat zwei Jahre in Wilna stationiert, einer Stadt, die die Ostjuden das litauische Jerusalem nannten. José Orabuena bemerkte die schmutzigen Straßen und die unhygienischen Verhältnisse, aber diese hinderten ihn nicht, die lautere Geistigkeit wahrzunehmen. Die Juden seines Wilna-Romanes sind nicht frei vom Aberglauben; redselig wie sie sind, schwatzen sie viel und werden gelegentlich auch von ihrer Sinnlichkeit geplagt. Spannungsgeladene Unduldsamkeit macht sich manchmal unangenehm bemerkbar, und eine Gestalt bricht denn auch in die klagenden Worte aus: «Daß doch wir Juden einander noch tieferes Unrecht antun infolge unserer Maßlosigkeit, als uns angetan wird von den Feinden.»[14] Alle diese Schattenseiten werden durch den ungeheuer lebendigen Gottesglauben, durch das Lesen in Bibel und Talmud, kurz, durch die «großartige Melodie der Thora» aufgewogen. Der Dichter sah im Juden von Wilna eine eigenartige Widerspiegelung des biblischen Juden mit seinem Ernst, seiner Torheit und seiner Sehnsucht. «Im Selbstgespräch, im Zwiegespräch, in der Erörterung: stets nimmt ihr Geist, ihr Herz, halb unbewußt, ich möchte sagen: Zuflucht bei dem klangvoll-meinungsschweren Anrufen göttlicher Macht, göttlichen Willens und Entscheides.»[15] Nirgends auf der Welt scheint der Jude inniger und so hingebungsvoll zu beten wie in Wilna. Gewiß ist es eine enge Welt. Ein aufblühendes Mädchen meint denn auch einmal: «Wir kennen ja in Wilna nichts»[16], und doch ist es eine von Gott eingeschlossene Welt. Tatsächlich hielten sich die Ostjuden von den Einflüssen des Westens fern, was eine gewisse Abkapselung zur Folge hatte. Diese saubere Abgrenzung und Nichtanpassung hat auch ihre unverkennbare Größe. Auf die nur mit stockendem Atem zu lesende Leidensgeschichte der Juden wird mehrfach angespielt: «Was soll ein Jude ohne Elend in der Welt? Dann ist er gleich kein Jude mehr.» «Aber Elend und Elend, ist es dasselbe? Das eine Elend macht dir Angst, und ein anderes Elend ist fast wie die Glückseligkeit.»[17] Die Juden träumen in der Nacht von Pogromen, und deswegen ist die Furcht die Begleiterin in ihrem Dasein, obschon einmal ein Mann sagt: «Ein Frommer zittert nicht, ein Jude darf daher nicht zittern. Ein Jude hat Gott.»[18] Nach der Rückkehr zweier Juden von Jerusalem nach Wilna faßt David Orabuena das Schicksal der Juden in die Worte zusammen: «Wie sehr stellten sie das Leben des Juden dar, in aller Unrast, aller Frömmigkeit ... wie sehr sie hiermit das Sinnbild des Juden sind: ewig wandernd und ewig, so schien es, geschützt. Von den Mächten der Erde bedrängt und verworfen, von Gott aber lächelnd anerkannt; zerstört und verlassen der Einzelne, doch der Stamm heilig unzerstörbar; was der Einzelne wußte, und er dankte in seinem Herzen und Gebet.»[19] Wer solches schreibt, weiß um den süßen Kern, der unter der harten Schale der Juden verborgen ist.

«Groß ist deine Treue» und «Ebenbild und Spiegelbild» sind wirklich fromme Bücher. Wer hätte nicht inmitten aller Skepsis und Lebenshetze gelegentlich eine geheime Sehnsucht, wieder einmal in freier Luft von Herzen fromm sein zu dürfen? Diese jüdische Dichtung darf an die Seite von Beer-Hofmann und Ludwig Strauß, von Agnon und Perez gestellt werden. Ein Glanz ist über Orabuenas Bücher ausgebreitet, man ist versucht zu sagen, die Schechina Gottes schwebe über ihnen. Seine Poesie hat Atmosphäre, man atmet dichterische Gläubigkeit und fühlt wohltuend deren geistige Kraft. Der Dichter schrieb «Groß ist deine Treue», als in Deutschland der Nationalsozialismus mit seiner teuflischen Gesinnung gegen das Judentum wütete, trotzdem findet man in seinem Werk kein einziges Wort der Polemik. Die Antwort darauf besteht einzig und allein in einem positiven Hinweis auf die jüdische Lebensweise. Darum stellt Orabuenas zweckfreier, unpolitischer Wilna-Roman, und nicht etwa Thomas Manns ironischer Josephs-Roman, den wahren Gegenschlag gegen den Nationalsozialismus dar. Orabuenas jüdische Romane sind frei von jedem Haß und jeder Rachsucht; man spürt aus jeder Zeile eine unendliche Liebe und einen seltenen Zartsinn. Über die Entstehung von «Groß ist deine Treue» schrieb Orabuena eine aufschlußreiche Schrift «Zur Geschichte meines Wilna-Romans». Der Rechenschaftsbericht mutet wie eine musikalische Variation des gleichen Themas an. Ist es deswegen eine veraltete Poesie? Ist José Orabuena tatsächlich hundertfünfzig Jahre zu spät auf die Welt gekommen? Nun, dann wären viele Werke auch veraltet, während sie in Wirklichkeit tief beglücken und im Leser lange wohltuend nachklingen: «Ebenbild und Spiegelbild, das ist Sinn und Wirklichkeit unseres Lebens und der Welt. Wir wurden geschaffen und sind gemeint als ein Ebenbild Gottes; unser Verhalten aber gleicht eher dem Spiegelbild, in welchem wir uns zwar nicht verzerrt, doch verwandelt sehen.»[20] Wahrhaftig, der Morgenstern leuchtete über der Niederschrift dieser bedeutenden Bücher, und erneut offenbarte sich in ihnen die jüdische Seele mit der gleichen Leuchtkraft wie in den Erzählungen der Chassidim von Martin Buber.

Zur dritten Gruppe von Orabuenas Werken gehören die christlichen Romane, die er nach seiner Konversion geschrieben hat. Ihr Frömmigkeitsgehalt ist ähnlich; es geht um den religiösen und nicht um den konfessionellen Lebensinhalt dieses Menschen: «Ich habe von Gott geträumt, denn verstehen kann ich Ihn nicht, wollte also stets –

und will es täglich mehr – von Ihm wissen. Vieles erreicht man durch das Gebet. Ist der Traum mit dir – du, er ist wie ein Engel, dieser Traum ... dann antwortet es dir aus Seiner Fülle und spricht: sei getrost: niemand versteht Mich, aber liebst du Mich, so sind Friede und Heiterkeit in deiner Seele.»[21] Der Angesprochene lernt von Gott träumen, wenn er auch gesteht: «Es ist schwerer noch als das Gebet, schwerer als zu träumen von den Engeln; es ist der Traum, darin wir uns nicht mehr kennen; es ist der Traum der Mystik und der Heiligen.»[22] Auch in seinen christlichen Romanen lebt und webt die Überzeugung: «Die Erde kann dem Himmel nicht entfliehen; sie fliehe aufwärts oder niederwärts, so fließt der Himmel in sie und macht sie fruchtbar, es sei ihr lieb oder leid.»[23]

Orabuenas christliche Romane sind gegenwartsbezogene Dichtung. Sie enthalten eine Fülle von Problemen, ohne daß sie deswegen zu bloßen Gedankenerzählungen werden. Seine Einsichten sind immer ins Dichterische gehoben.

«Glück und Geheimnis» ist eines der Themata, das ihn schon in seinen jüdischen Erzählungen beschäftigte, womit die Kontinuität der beiden Gruppen angedeutet ist: «Kommt ein Glück, hat es Tränen im Auge» und «das Unglück kann glücklicher sein als das Glück»[24]. Gewöhnlich betrachtet der Mensch das Glück als das Höchste, das jedoch fast immer Sehnsucht und selten Besitz ist. Das Glück ist meistens nur der Wunsch nach dem Gewöhnlichen, um nicht zu sagen nach dem Niedrigen. In Wahrheit ist es eine schwere Prüfung, zumal der Mensch selten um den merkwürdigen Gegensatz zwischen Glück und Geheimnis weiß. So oft der Mensch dem Glück nachjagt, trennt er sich vom Geheimnis, das nicht gering zu achten ist, weil in ihm das Gefühl der Unzulänglichkeit, die Ehrfurcht, die Liebe und das Falten der Hände lebt. Eines ist jedoch gewiß: der Mensch selbst ist ein Geheimnis und jeder Mensch hat sein Geheimnis. «Flüchte in das Geheimnis und du wirst gerettet sein, und begriffest du es noch so wenig.»[25] Auch das Versagen des Menschen ist ein Geheimnis, nicht gleichzusetzen dem Unklaren und Lichtlosen. Das Geheimnis darf nicht erklärt werden, sonst verflüchtigt es sich. Wer das Glück will, muß auf das Geheimnis verzichten, und wer dem Geheimnis zugetan ist, der kann nicht nach dem irdischen Glück lechzen. Ist die Antinomie zwischen Glück und Geheimnis Orabuenas letzte Meinung? Doch nicht ganz. Der Dichter weist auch auf Menschen hin, für die ausnahmsweise «Glück und Geheimnis eines geworden sind; Höheres kann der Mensch nicht erreichen, Schöneres ihm nicht werden»[26]. Dies alles führt Orabuena nicht mit abstrakten Worten aus, sondern läßt es anschaulich im Leben eines Kapuzinerpaters Gestalt werden, der in der Stille des Alters seine Autobiographie schreibt und dabei über sein verflossenes Leben reflektiert: der Mensch bewahre sein Geheimnis und teile es nur mit Gott!

Eines der aufwühlendsten Probleme von Orabuenas christlichen Romanen ist das Verzeihen. Seiner Erzählung «Rauch oder Flamme» legt er eine Vision zugrunde, in der der Richter Bernardo Ammanati den Patriarchen Gabriel sah. Das urgreise Antlitz war darauf bedacht, zu mildern und zu versöhnen. «Ich bin Gabriel, der Patriarch, ohne Zeit und doch ein Leben, von Millionen erträumt, von wenigen empfangen.»[27] Der Richter erblickt nicht eine Person, sondern den Abglanz seiner Ferne. Der Patriarch ist ein Sinnbild für Orabuenas christliche Dichtung: er darf nicht als Märchen mißverstanden werden, sondern er bedeutet «den Eingriff und den Wunsch himmlischer Mächte»[28]. Nach des Dichters Auffassung erwecken wir nur durch den Anruf eines Sinnbildes Verständnis, Glaube und

Liebe für das Unbekannte, das bei ihm nicht in Reflexionen untergeht.

Nach diesem Präludium wird das entscheidende Problem der Nachkriegszeit mit seltener Schärfe gestellt: Wie wird die heutige Generation mit ihrer Vergangenheit fertig? Ein schwerer, beinahe übermenschlicher Auftrag, den wenige Menschen zu ermessen vermögen. Orabuena hat es getan und findet darauf die Antwort: Nicht durch Haß und Revolution, die lediglich neue Tränen und neues Leid bringen, sondern «daß allein im Verzeihen auch des Schmählichsten wahrlich Kraft sei und daher Hoffnung auf Erlösung aus Qual und Verzweiflung»[29]. Die Hauptgestalt der Erzählung denkt nur über diese eine Frage nach und vertritt sie mit einer Intensität sondergleichen: «Gleich einer Hymne auf das Licht, müßte das Verzeihen gesungen werden.»[30] In einer zumindest für lange Zeit letzten humanistischen Epoche stellt er das Problem aus persönlicher Sicht: «Ja, alle Welt dürstet nach der Verzeihung. Wie du, so ich. Wo man sie finde? Ich glaube, in sich. Verzeih dir dein Böses, und du wirst es andern verzeihen.»[31] Bernardo Ammanati will in einer Welt, die vom Haß entstellt und blind geworden ist, die Verzeihung erwecken, will dieses wundersame Tun in seinem Leben verwirklichen und es nicht nur lehrhaft predigen. Das ewige Verzeihen erinnert an den Traum von der ewigen Gerechtigkeit. Orabuena schreibt: «Die Dichter und die Heiligen allein schienen unter den Irdischen den Begriff des Verzeihens zu kennen oder doch von ihm zu träumen.»[32] Der Autor hat sich das ungemein aktuelle Problem nicht leicht gemacht, denn ausdrücklich fragt er, ob wir überhaupt verzeihen dürfen, und stellt dem Richter einige Gegner gegenüber, die seine Parole hart anfechten und als billiges Geschwätz verspotten. In diesen Szenen nimmt seine Erzählung realistische Formen an; trotzdem geht die große Losung nicht verhöhnt unter, im Gegenteil, die Parole brennt dem Leser im Gewissen und läßt ihn nicht mehr los. Orabuena hat keineswegs als erster das Thema der Versöhnung aufgegriffen; Gotthelf hat es im letzten Jahrhundert schon in seiner Erzählung «Geld und Geist» getan. Aber Orabuena formuliert es in einer gegenwärtigen Sprache für die heutige Epoche. Ein gereifter Mann spricht bei ihm das Bekenntnis aus: «Mein Werk beruht auf dem Leiden des eigenen Daseins und des Leidens und Daseins von Millionen Gefolterter. Ich habe in vielen Jahrzehnten gelernt, und die Erfahrung hat mich gelehrt, daß weder Rache noch Strafe die armselige menschliche Kreatur voranbringt. Es genügt auch nicht das Ertragen, denn dieses ist kein Tun, sondern nur das Verständnis, ein Leid annehmen zu können. Es bedarf des Verzeihens aller Missetaten. Das wird die erste Handlung des Menschen auf Erden sein, die uns hilft und darstellt, daß wir ein Ebenbild Gottes sind.»[33] Der Roman «Rauch oder Flamme» treibt nicht mit ausgefallenen Themen ein unverbindliches Spiel. Bei aller Unvollkommenheit ist dieses christliche Werk eine notwendige Dichtung. Nur ein Mensch vermochte sie zu schreiben, der selbst viele Angehörige in den Gaskammern verlor. Es ist ein echt menschliches Buch, getragen von der zeitlosen Wahrheit: «Es ist nicht wichtig, ob wir verstehen. Es wäre wichtig, daß wir das Üble aus der Welt brächten. Das Übel kann aber keiner löschen. Was wir können, ist, das Übel vermindern und insofern überwinden, als wir es aushalten und denen vergeben, die es zugefügt haben.»[34]

Ein anderes Problem, das den Dichter jahrelang beschäftigte, wird in den christlichen Romanen behandelt: Die Heiterkeit. Die Erzählung «Auch Gram verzaubert» weist nicht die geringste Tendenz auf. Das äußere Geschehen tritt in den Hintergrund; bedeutsam ist die innere Bewegung. Der Dichter umschreibt das Leiden der Menschen mit dem Worte «Gram». Der Roman spielt in einem italienischen Dorf unter armen Menschen, denen schwere Probleme auferlegt werden, die sie gedanklich gar nicht bewältigen können. Seltsam, die beiden Eltern reden fast nie von Religion, und doch sind sie tief religiös. Ihre Religiosität liegt im Sein und nicht in Worten. Es sind schlichte Personen, und gerade ihre Einfachheit birgt das Geheimnis des Buches. Was hilft es dem Menschen, das Leiden zu meistern? Die Heiterkeit hat bei Orabuena einen tieferen Klang als der Humor. Gewöhnlich ist Heiterkeit ein Begriff, den jeder nach seinem Belieben auslegt. Der Dichter aber schreibt: «Heiter sein, trotz Elend, Gram und Welt. Heiter waren die weisesten Heiligen. Die großen Könige. Heiterkeit kommt vom Himmel wie Sonne und Regen.»[35] Das letztgeborene Kind, das den Eltern geschenkt wurde, war der heitere Sohn, von dem eine mit Worten gar nicht zu formulierende Ausstrahlung ausgeht. Der Himmel leuchtet auf seinem Gesicht, man fühlt sich wieder als Kind, wenn man ihn nur ansieht. Er verlor nie den Mut, nie die Gelassenheit und gehörte zu den Menschen, die «Honig auch aus Thymian saugen»[36]. Alle wünschen in der Nähe des heiteren Sohnes zu sein, weil sie sein unausgesprochen gotterfülltes Wesen fühlen. Mit ihm will der Dichter sagen: «Nie ist etwas ohne Hoffnung»; er will den Menschen aufmuntern, was ihm wichtiger ist denn alle Ästhetik. «Auch Gram verzaubert» ist eine paradoxe Formel, die die Möglichkeit andeutet, das Leid wirklich zu bewältigen. Nicht durch Leugnung oder Flucht, sondern durch williges Ertragen. Heiterkeit ist der geheime Schlüssel zu diesem Roman, der «mit allen Küssen der Seele» geschrieben ist und deswegen das innere Gesicht des Dichters enthüllt.

Mit all diesen Werken schuf Orabuena «den helfenden Roman», eine Thematik, über die Wilhelm Hausenstein zu schreiben sich vornahm, aber nicht mehr dazu gekommen ist[37]. Helfende Romane sind kein bloßes Postulat, sondern eine Aufgabe, die schon Gotthelf und Stifter zu erfüllen trachteten. Auch Orabuenas Werke haben den Formalismus überwunden und sind wieder zum tiefsten Gehalt des dichterischen Kunstwerks vorgedrungen. Nichts ist bei ihm lieblos geschildert, nie geht es um Auflösung, nie gähnt dem Leser eine Leere entgegen, sondern allezeit ist eine Mitte spürbar, eine Substanz, die dem Menschen hilft, sein eigenes Leben zu verstehen und zu bestehen.

In welchem Verhältnis stehen die jüdischen und die christlichen Romane zueinander? Man darf die Verschiedenheit nicht verwischen. Im «Ebenbild und Spiegelbild» heißt es: «Glaubst du auch an Christus? Ich kann nicht glauben, daß der Messias gekommen sei, und daß er die Welt erlöst habe. Siehe, wie dunkel es in unser aller Herzen oft ist. Siehe, wie wir weinen müssen. Siehe, wie unser Geist ratlos, unser Gemüt rastlos ist oft und oft und oft.»[38] In den christlichen Romanen dagegen wird das Leid immer wieder erhellt durch die unausgesprochen gegenwärtige Gestalt Christi. Trotzdem dürfen die Werke insgesamt nicht gegeneinander ausgespielt werden, weil die jüdischen und die christlichen Romane Orabuenas innerlich zusammengehören. Nicht die Einheit steht hier zur Frage, wohl aber die Gemeinsamkeiten und die denkbar nahe innere Verwandtschaft.

Der Dichter selbst ist mit seinen christlichen – im Unterschied zu den jüdischen – Romanen nicht ganz zufrieden, mit Ausnahme von «Auch Gram verzaubert». Er nannte sie gelegentlich «die unglücklichen Romane», nicht ihres religiösen Gehaltes wegen, sondern weil die Gestalten zu wenig leben. Die Selbstkritik ist ungerecht. Welcher Dichter, sofern er nicht von eitler Selbstgefälligkeit erfüllt ist, hat das Gefühl, seine dichterische Vision restlos gestaltet zu haben? Orabuenas Einwand ist zwar verständlich, weil das Christliche nie ganz in einen Roman eingehen kann, sondern nach der persönlichen Realisierung im Leben verlangt. In dieser Feststellung liegt die Problematik aller christlichen Dichtung.

Eine vierte Gruppe von Orabuenas Erzählungen ist erwähnenswert: seine unveröffentlichten Werke. Die Novellen und auch der Roman «Die tragische Furcht» sind von hohem künstlerischen Wert. Doch soll von ihnen nicht weiter die Rede sein, weil sich ihre Beurteilung der Öffentlichkeit entzieht. Orabuenas Dichtung hat, weit mehr als viele zeitgebundenen Produkte, ein Anrecht darauf, gedruckt zu werden, und es bleibt zu hoffen, daß eines Tages ein Verleger sich verpflichtet fühlt, dies nachzuholen.

Die jüdischen und die christlichen Werke Orabuenas sind in erster Linie dichterische Werke. Das Dichterische zeigt sich in der Sprache, die selten verstanden wurde. Orabuena schreibt nicht wie die modischen Unterhaltungsschriftsteller von heute, er ahmt auch nicht die Sprache der früheren Zeit nach. Es ist eine originale, nur ihm eigentümliche, dem Inhalt seiner Werke gemäße Schreibweise. In Orabuenas geformter Sprache ist jedes Komma überlegt. Er sträubt sich, überlieferte Sprachformen preiszugeben, und demzufolge weisen seine Ausführungen nicht den geringsten Sprachverschleiß auf. Orabuena dient der Sprache, und die Sprache gehorcht auch ihm, ja, man sprach schon von seiner «raunenden, murmelnden Sprachmelodie». Jedenfalls steht die künstlerische Qualität außer Diskussion.

In jedem seiner Bücher kommt er einmal auf die Dichter zu sprechen; das Künstlerische ist ihm einer der höchsten Werte. Ein Gleichnis schaffen zu dürfen, ist ihm die erste schmerzliche Sehnsucht. Eine seiner Gestalten wirft die Frage auf: «Unter allen Menschen, wer, meint ihr wohl, sei am meisten zu achten und zu lieben?» Darauf wird die Antwort gegeben: «Der Dichter, denn ihm verdanken wir, daß alles Unedle veredelt werden kann; alles Mittelmäßige verwandelt er; die Leidenschaft wird durch ihn erhaben ...»[39] Was Orabuena schreibt, ist Dichtung, unabhängig von allen Tagesmeinungen; es ist Kunst, die, wie jede Kunst, Botschaft vom Himmel und Hilfe für die Menschen bedeutet. Er hält sich bewußt von aller grellen und grausigen Darstellung fern. Die naturalistische Schilderung weiß dagegen nichts von der Transparenz der Dinge, sie ist nur ein verzerrter Abklatsch der Wirklichkeit. Wenn Orabuena Leid schildert, so sollte es nach ihm durch ein verborgenes Licht erhellt werden. «Ich jedenfalls bin nicht dazu geboren, um von dem Bösen Zeugnis abzulegen, sondern, wissend zwar von dem Teufel, suche ich Gott», bekennt er.[40] Das Poetische ist für ihn wahrer, hellsichtiger als der zur Schau gestellte Schmutz des Alltags. Das Dichten ist eine transzendierende Tätigkeit, das Schreiben ein großes Geschenk und es «ist fromm, zu dichten»[41]. Schönheit ist Gnade, und Orabuena gehört zu den Künstlern früherer Jahrhunderte, die noch ein Gebet sprechen, ehe sie zu schreiben beginnen. Das Religiöse, diskret und nie aufdringlich, bildet immer die tragende Grundlage. Man spürt auch, daß der Verfasser ein Verhältnis zur Bibel hat. Wo dieses in der Dichtung verloren ging, ist die Literatur orientierungslos.

Selbstverständlich sind in seinen Romanen die Gestalten psychologisch richtig erfaßt. Aus seiner Dichtung ist in psychologischer Beziehung mehr zu lernen als aus den meisten Lehrbüchern der Psychologie, die ob dem wissenschaftlichen Interesse das Lebendige übersehen. Als Beispiel für Orabuenas Psychologie seien nur seine Ausführungen über die Frauen erwähnt. Sie sprechen viele Sprachen und sind unerforschliche Wesen. «Die Natur der Frauen ist erstaunlich und fremd. Allein die allerbesten Kräfte unserer Seele reichen hin, um sie zu begreifen.»[42] Einem jungen Menschen erteilt er den seelsorgerlichen Rat: «Liebe die Frauen, denn von ihnen kommt das Milde unseres Lebens, die Liebe in unserer Brust und der Trieb, Gutes zu tun.»[43] Oberflächliche Kritiker haben gegen Orabuenas Dichtung schon den Einwand erhoben, es handle sich um eine reine Wunschwelt, die das Böse gar nicht kenne. Spöttisch beschuldigten sie ihn, er habe eine nicht existente Welt voller Frieden und Güte hervorgezaubert und Orabuenas Wilna gebe es nur in seiner Phantasie, denn das wirkliche Wilna sehe ganz anders aus. Diese Kritik kommt einer Verkennung gleich. Es handelt sich doch nicht darum, ob Wilna so ausgesehen hat oder nicht – dies allein wäre eine Frage des Realismus, der hier nicht diskutiert wird, weil Orabuena das innere Wilna schildert. Es gibt den realistischen Roman, der seine Berechtigung hat, niemals aber ist er mit der Dichtung identisch. Das dichterische Werk gehört dem ewigen Vorrat zeitloser Poesie an und hat mit Anklage, Protest, Veränderung der Zustände nichts gemein. In Orabuenas Romanen ist das Sinnbildhafte enthalten, weswegen seine Schöpfungen auch vom symbolischen Morgenstern beschienen sind. Man wird auf seine künstlerischen Werke zurückkommen, wenn der Mensch wieder nach der seelischen Nahrung greift und sich nicht damit begnügt, in der Dichtung nur ein Mittel zur Torpedierung gesellschaftlicher Zustände zu sehen.

Wer den inneren Sinn von Orabuenas Werk verstanden hat, wird den Dichter nicht der Schilderung einer erträumten Wunschwelt bezichtigen. Meinetwegen mag man von einer Utopie reden, damit aber ist die Erkenntnis verbunden, daß die Welt der Utopien bedarf und ohne sie nicht auskommen kann. Dies begriff schon Thomas Morus, dieser Heilige des Gewissens, als er seine berühmte «Utopia» schrieb. Der Nihilismus wird nur überwunden, wenn man seinem Nichts eine mögliche Wirklichkeit als Alternative entgegenstellt. Orabuenas angebliche Wunderwelt hat einen tieferen Sinn: Er erzählt von einer unversehrten Welt, die jedoch nicht frei von aller Traurigkeit ist. Auch bei ihm sterben Mütter im Wochenbett, verlieren Eltern ihre Kinder, suchen Verzweifelte einen Ausweg im Freitod. Aber die Kontinuität der abendländischen Geistigkeit wird bei ihm hochgehalten. Angesichts ihrer Gefährdung erfährt sie vielmehr eine bewußte Pflege. Die heile Welt ist nicht unwirklich. Sie existiert genau so wie die zerstörte Welt. Aber während der Mensch an der zerstörten Welt zerschellt, lebt er von der Teilnahme und von der Sehnsucht nach der unversehrten Welt. Sie allein ermöglichen ein menschenwürdiges Dasein. Dieses prinzipiell anzuzweifeln, heißt das verlorene und das wiederkommende Paradies leugnen.

Weil der Dichter an den Normen des Lebens festhält, tritt er so überzeugend für eine geordnete Welt ein. Zu allen Zeiten sind die Maßstäbe des Daseins im Religiösen verankert. Wird das Religiöse entwurzelt, zerbrechen die Kriterien. Diesen Zusammenhang hat der Dichter erkannt, und darum wird die Gottesbeziehung des Menschen in seinen Werken stets unaufdringlich angedeutet.

Das Gottesverhältnis findet seinen stärksten Ausdruck im Gebet, und es ist gar nicht zu übersehen, wie sehr die

Gestalten Orabuenas verborgenerweise zum Gebet ihre Zuflucht nehmen. Sie beginnen ihren Morgen mit dem kinder-
gleichen und kinderfrommen Gebet: «Ich bekenne vor dir,
du lebendiger und beständiger König, daß du mir meine
Seele wiedergegeben hast in Erbarmen. Groß ist deine
Treue.»[44] Der Vater übermittelt dem Sohne das Dank-
gebet, das mehrfach wiederkehrt: «Ich danke dir, Gott,
für alle Gnade und Hilfe. Für allen Schutz und alle Treue.
Ich danke dir, daß ich mich dir nahe fühlen darf und
als dein Kind. Ich danke dir, daß du mir die Einsicht
gabst zu wissen, es ruhe aller Entscheid bei dir, und daß
du mir gewährest, hierin Trost zu finden und Beruhigung.
Ich danke dir, daß ich zu dir beten darf, wann und wo
immer es sei. Amen.»[45] Die vorbildlichen Gestalten in Orabuenas Romanen unterhalten sich real mit Gott, man spürt
es ihnen an, daß sie sich in einem beständigen Gespräch
mit Gott befinden und dabei wissen: «Was Gott will, weiß
keiner, ehe Gott es tut. Sein Wille und seine Tat sind
eines, und während wir zögern, ihm zu folgen, hält er
den Atem an.»[46] Die jüdisch-christliche Gläubigkeit wird
in vornehm-zurückhaltender Art geschildert. «Dennoch
war in der Familie ein jeder gläubig, in einer Weise gläubig,
daß es eines Hinweises, einer Pflege, einer Darstellung
des Glaubens offenbar nicht bedurfte.»[47] Frömmigkeit ist
für den Dichter kein bloßes Wort, sondern ein beispiel-
haftes Leben. Er hätte es nicht in dieser verhaltenen Stärke
zu schildern vermocht, wenn das Religiöse nicht in ihm
selbst vorhanden wäre. Es ist ein Irrtum zu glauben, die
gläubige Existenz sei dem heutigen Menschen nicht mehr
zumutbar, sie braucht auch nicht postuliert zu werden, sondern läßt sich in jeder Minute vollziehen, sofern sich der
Mensch in Gott fallen läßt. Mit dieser religiösen Sicht
reihen sich Orabuenas Romane unter die metaphysischen

Dichtungen, die in der Gegenwart nur noch selten anzutreffen sind.

Aus dieser religiösen Haltung heraus fließen die Lebensweisheiten seiner Gestalten. Sie äußern immer wieder erstaunliche Einsichten: «Gebt Euren Kindern Gleichgewicht; es ist ihnen nötiger als alle Kenntnis der Erde», bemerkt der alte David Orabuena[48] und spricht damit in Kürze eine große pädagogische Wahrheit aus. Auf eine zweiflerisch-höhnende Einstellung läßt er einen einfachen Menschen antworten: «Denn so will es Gott: daß es dem einen gut sei und gut ergehe und dem zweiten schlecht. Und es soll niemand fragen, warum es so sei. Denn er wüßte doch keine Antwort. Die Augen sind zu schwach, der Verstand ist zu gering, um die Ursache zu erkennen. Und wären selbst die Augen stark, und wäre selbst der Verstand bedeutend, und könnte selbst einer die Ursachen fassen; es wünscht der Ewige gar nicht, daß einer sie spüre; denn es will der Ewige, daß sich ein jeder füge und Seinen Entschluß stumm anerkenne.»[49] Dabei ist Orabuena überzeugt, daß nicht Geschehnisse den Menschen bilden, sondern «wir bilden eher die Geschehnisse». Einmal läßt er eine Gestalt sagen: «Ja, was glauben Sie, leicht kann einer viel lernen; aber vergessen können, das ist's, was wir wirklich erlernen müssen, und das lehrt keine Universität. Wir müssen selber herausfinden, was uns notwendig sei, und alles andere von uns tun.»[50] Diese Lebensweisheiten erinnern an Stifters «Nachsommer», den Orabuena einmal einen «viele Wunder enthaltenden Roman» nennt[51]. Diese noble Anschauung darf auch auf sein Werk angewendet werden. Orabuenas Erzählungen haben einige begeisterte Leser gefunden, aber die breite Öffentlichkeit nahm von ihnen wenig Notiz. Töricht ist es zu sagen, seine Bücher seien eine schwierige, schwer zu verstehende Lektüre. Solche abschreckenden Urteile haben dazu beigetragen, daß Orabuena ein wenig bekannter Dichter geblieben ist. Orabuena hat unter dem mangelnden Echo gelitten, indem er immer wieder Stunden abgrundtiefer Schwermut erlebte. Doch begriff er und nahm es an, daß die gleichgültige Ablehnung zu seinem Schicksal gehöre. Vorbildlicherweise ließ er nie die leiseste Bitterkeit in sein Werk einfließen. Keinem einzigen Roman spürt man es an, was er an Enttäuschungen erlebt hat. Seine Poesie blieb rein, er empfand sie als ein Geschenk, und sie sollte es bleiben. Orabuena führt ein zurückgezogenes, nach innen gekehrtes Dasein. Er hegt eine scharfe Selbstkritik gegenüber dem eigenen Werk, beschäftigt sich ausschließlich mit den Großen der Dichtung und empfängt von ihnen ein überaus feines Sensorium für das Echte.

Orabuena gehört zu den noch zu entdeckenden Dichtern. Wer nicht einer modischen Zeitdienerei huldigt, wird über diese stille und vornehme, noble und verhaltene Dichtung eine unendliche Freude empfinden. Menschen, denen Dichtung noch ein Gruß aus einer höheren Welt bedeutet, werden sich wundern, warum man an einer Dichtung, die so stark das Licht durch das Dunkel der Zeit trägt, vorübergehen konnte. Doch wird auf die Dauer nichts Wertvolles unbeachtet bleiben.

Zum Abschluß sei an eine Begebenheit erinnert, die, mit dem nötigen Zartgeist verstanden, auf Orabuena übertragen werden darf. Von Laotse wird erzählt, daß er im hohen Alter außer Landes ging und dem Grenzwächter zum Abschied den «Taoteking» überreichte, bevor er im Unbekannten verschwand. Auch Orabuena hat seinen Lesern ein Abschiedsgeschenk in die Hand gegeben, das viel zu deuten gibt: «Das Urlicht», ein Buch, das das Tiefste seiner jüdischen und christlichen Dichtung vereinigt. Der

Dichter schrieb es im hohen Alter, nach langer innerer Vorbereitung. Beinahe eruptiv floß es ihm aus der Feder. Diese durch und durch mystische Dichtung wurde ihm eingegeben; es war eine seltene Gnadenstunde, in der er «Das Urlicht» schreiben durfte. «In ihr werden auf träumerisch-nachtwandlerische Art menschliche und religiöse Tiefen behutsam ausgelotet», schrieb P. Gordan. «Es ist überliefert oder es ist nicht, es steht geschrieben und es steht nicht, das heißt nicht in den Worten des Heiligen, daß, ehe denn ein anderes geschaffen ward, das Urlicht wurde. Der Ewige aber erkannte die Herrlichkeit dieses Lichtes als den zu schaffenden Menschen nicht gemäß. Es ging über ihr Verständnis, über die Kraft ihrer Augen, es war nicht für sie.»[52] Dementsprechend schildert der Dichter das der Realität Widersprechende so überzeugend, daß das Darüberstehende als Norm erscheint. Was liegt an der Wirklichkeit, wenn ein Gleichnis sie übertrifft, schreibt Orabuena, «zudem die Wahrheit bisweilen der Legende gleicht, und der Fromme oft ihr nähersteht als der Wirklichkeit»[53]. Es ist eine Rahmenerzählung mit fünf wundersamen Geschichten, in denen die Stille den Platz der Eile eingenommen hat. Der Reichtum oder die Armut des Herzens ist zum innersten Maßstab erhoben worden. Welche Ausstrahlung geht von der einzigartigen Erzählung «Der du bist und mich kennst» aus, die von einem Manne berichtet, der nicht klug war, und dem der Allmächtige zuweilen doch einen Tropfen Weisheit sandte! Orabuenas «Urlicht» ist vom echten Geheimnis getragen, in dem das Messianische zugleich ist und nicht ist, weil es sein wird. Anfang und Ende einer Legende sind in ihm beschlossen, und das Dichterische erfährt eine letzte Steigerung, die sich zu einer Verleiblichung des Göttlichen verdichtet. «Das Urlicht» gehört von der ersten bis zur letzten Zeile dem Reiche der

Mystik an und erstaunlich bleibt, daß ein Werk von solch sublimer Spiritualität in einer Zeit des geistigen Zerfalles geschrieben werden konnte. In diesem Abschiedsgeschenk lebt das Unaussprechliche; es schenkt dem Leser das Tiefste. Wer es liest, wird selbst in das Gelesene verwandelt.

DIE VIERFACHE ÜBERRASCHUNG:
JULIEN GREEN

I

Julien Green saß einmal nachdenklich auf einer Bank in einer Parkanlage. Als er sich schließlich erhob, schritt ein Herr auf ihn zu und fragte ihn lächelnd, ob er Julien Green sei. «Nein», antwortete der Dichter sofort, doch der Unbekannte betrachtete ihn und sagte: «Ich habe Julien Green in der Television gesehen; die Ähnlichkeit ist wirklich außerordentlich, und ich hätte geschworen, daß Sie es sind.» Verlegen bemerkte Julien Green, «es ist nicht das erste Mal», nickte und entfernte sich. Zu Hause fragte er sich ernsthaft, was ihn in dieser bizarren Situation wohl dazu bewogen habe, sich zu verleugnen. Sich rechtfertigend dachte er: «Hat man das Recht, bei jemandem, den man nicht kennt, einzutreten, nur weil man weiß, daß der Hausschlüssel unter der Türvorlage liegt?»

Das beinahe humorvolle Vorkommnis sagt über Julien Green mehr aus, als wenn man sein gepflegtes Äußere, die leise Stimme, das zerstreute Lächeln oder die sanfte Schwermut hervorhebt. Die gewollte Zurückhaltung ist eine Wesenseigentümlichkeit des scheuen Dichters, der sich geheimnisvoll in seinem Werk verbirgt. Der eher schüchterne Mann liebt die Verborgenheit. Julien Green ist das Gegenteil von jenen Schriftstellern, die sich lärmend der Öffentlichkeit aufdrängen, die für sich selbst die Werbetrommel schlagen und die durch allerlei törichte Extravaganzen versuchen, dauernd die Aufmerksamkeit auf sich zu lenken. Derartige Machenschaften sind in den Augen

Julien Greens plebejisch und widersprechen der vornehmen Natur dieses verschwiegenen Schriftstellers.

Er ließ sich aus seiner noblen Haltung auch nicht durch die vielen anerkennenden Urteile herauslocken. «Wir halten Julien Green für den größten französischen Romancier unserer Zeit. Niemand weiß so viel vom Menschen wie er. Niemand bringt das Menschliche besser in die Sprache, die Dialoge: eine Individualität gegen eine andere. Julien Green durchschaut die Menschen nicht, er liebt sie, er erläutert kaum, er läßt leben. Er gilt als christlicher Dichter und weiß mehr vom Nichts, vom dämonischen Abgrund, wie Sartre, und er hätte mehr Recht, über Gnade zu sprechen wie Claudel.»[1] Die Anerkennungen ließen sich unschwer vermehren. Sie haben Green nicht verwirrt; sie umnebelten nicht seinen klaren Blick, und sie veranlaßten ihn nicht, stärker am öffentlichen Leben teilzunehmen, da er ohnehin ein unpolitischer Mensch ist. Unbestechlich blieb er seiner Reserviertheit treu, da er besser als die Kritiker und Lobredner weiß, wie es um ihn bestellt ist.

Aus Julien Greens Kindheit wird eine lustige Anekdote erzählt. Als kleiner Junge wollte er einmal seiner Mutter imponieren und verkündete ihr mit kriegerischer Gebärde: «Ich bin ein Gallier.» Die Mutter ging jedoch nicht auf das Spiel ein, sondern erwiderte: «Ein Kind von mir und nennt sich einen Gallier? Du bist ein ganz gewöhnlicher Amerikaner.»[2]

In diesem spaßigen Kindheitserlebnis ist ein seltsamer Sinn verborgen. Den Worten nach hatte die Mutter recht, denn beide Eltern stammten aus den Südstaaten Amerikas. Trotzdem ist der in Paris geborene und aufgewachsene kleine Knirps alles andere als ein ganz gewöhnlicher Amerikaner. Tiefer gesehen ist er eher ein Gallier, ja noch mehr, ein wirklicher französischer Christ. Aber seinem Wesen nach ist Julien Green überhaupt nicht mit nationalen Kategorien zu erfassen; er sprengt den amerikanischen und den französischen Rahmen, und bei seiner Aufnahme in die französische Akademie hat man denn auch eine Ausnahmebestimmung getroffen. Er gehört zu den wenigen Vertretern, die in unserer bedrohten Gegenwart die christliche Tradition des Abendlandes wach halten, die eine ganz bestimmte Lebensart in sich schließt. Bei Julien Green stehen die zeitlosen Güter der Religion, der Kultur, der Kunst an erster Stelle; er hat sie nie dem Tagesgötzen der Politik geopfert. Zu dieser Haltung braucht es heute mehr Unabhängigkeit und mehr Mut, als ihn die Mitläufer einer angeblichen Avantgarde aufbringen. Doch hüte man sich, Julien Green zu einfach zu erklären. Er ist eine außerordentlich komplizierte Persönlichkeit; er liebt Italien und bezeichnet doch den Norden als seine wahre Heimat, er wird für einen Melancholiker gehalten und ist dabei gerne fröhlich, er ist ein Sohn der Kirche und zugleich schlägt in ihm «ein richtiges Empörerherz»[3]. Ungeachtet all dieser Schwierigkeiten wollen wir mit dem unter der Türvorlage liegenden Hausschlüssel bei ihm eintreten, denn umsonst hat er uns das Versteck nicht verraten.

II

Julien Green begann seine schriftstellerische Laufbahn mit einer großen Überraschung. Mit dreiundzwanzig Jahren veröffentlichte der von scheuer Zurückhaltung erfüllte Mann unter dem Pseudonym Théophile Delaporte eine Schrift: «Pamphlet gegen die französischen Katholiken.» Das kleine Büchlein ist ein heftiger Angriff auf seine Glaubensgenossen, die er der «erbärmlichen Gleichgültigkeit» bezichtigt. Das Verhältnis des heutigen Christen zur Religion besteht in einer langweiligen Gewohnheit; er gibt sich gar keine ernste Rechenschaft über seinen Glauben. Statt jeden Tag neu bekehrt zu werden, ist man Christ, weil es die andern auch sind und erlebt dabei nichts Besonderes mehr. Schwatzend und lachend gehen die Christen aus dem Gottesdienst; es wurde ihnen Golgatha vor Augen gestellt, und sie reden vom Wetter! Von der unheimlichen Magie des Christentums spüren sie nicht das Geringste, besitzen auch keine Ahnung mehr von den Schrecknissen des Göttlichen und lassen sich durch nichts in ihrer erstarrten Indifferenz erschüttern. Diese Herzensträgheit und diese Stupidität der Seele erträgt der Autor nicht. «Die Gewohnheit führt die Welt in Verdammnis», schreibt Green[4]. Den trüben und erbärmlichen Gleichgültigen gegenüber erscheinen ihm die Ungläubigen noch lobenswert, weil sie trotz allem vom Christentum mehr verstanden haben. «Derjenige, welcher lästert, staunt über das Tun des Himmels und empört sich darüber, und er sagt es leidenschaftlich. Ich liebe diese Empörung, die eine heftige Form der Überraschung ist, und ich liebe diese Leidenschaft», bekennt Julien Green, der die Ketzerei nicht so häßlich findet wie laue Christlichkeit[5].

Für den verderblichen Zustand der Christenheit macht Julien Green vor allem die Geistlichkeit verantwortlich. Es bleibt unbegreiflich, wie die Priester die größten Wahrheiten auf gewöhnliche Weise aussprechen, weil ihnen die Angst vor der Zuhörerschaft anzuspüren ist und wie sie immer von dem Gedanken beherrscht sind, nur ja keinerlei Anstoß zu erregen. Der Klerus «vergißt, daß er eine andere Welt vertritt, und er gleicht sich dieser an; er vergißt, daß er berufen ist zur Verkündigung eines Wahnsinns, und er spielt den Vernünftigen; er lebt ruhig, und man wäre darauf gefaßt, ihn in Aufregung und im Fieber leben zu sehen».[6]. Die Priester haben einen Mittelweg zwischen Welt und Himmel gefunden, sie predigen ein dem Tagesgebrauch angepaßtes Evangelium und sind bestrebt, in Übereinstimmung mit der Vernunft zu bleiben. «Der Himmel spricht nicht gemäß menschlicher Vernunft, er hat seine eigene Vernunft, die nicht erkennbar ist.»[7]

Die Schwächen der Schmähschrift sind leicht zu erkennen: sie bestehen in den zahlreichen Übertreibungen, mit denen er eine Höllentheologie und die Inquisition verteidigt. Die Heftigkeit ist der Jugendlichkeit des Verfassers zuzuschreiben. Von der maßlosen Position führt kein Pfad weiter, sie läßt eher den Leser ratlos zurück. «Sehen Sie darin kein Glaubensbekenntnis, sondern den Ausdruck meiner Forderung an die Katholiken», erklärte der Verfasser wenige Jahre danach[8], während es dem Fünfunddreißigjährigen nicht gelingen will, sich in diesem Schriftchen wiederzuerkennen[9]. Doch der reife, abgeklärte Julien Green gesteht wiederum, daß sich das Pamphlet in erster Linie gegen ihn selber gerichtet habe: «Ich war wütend, als ich die Entdeckung machte, daß ich kein Heiliger war! Weit entfernt davon, dieses kleine Buch zu verleugnen und obschon ich mir seines naiven Ungestüms und der Ungeheuerlichkeiten, die es enthält, durchaus bewußt bin, finde ich einen Ton wilder Inbrunst darin wieder, der in meinem ganzen Werk immer wieder nachhallt, von meiner ersten Novelle an bis zu ‹Moira›, wo er in aller Stärke erklingt. In meinem Ende ist mein Anfang.»[10]

Um des Tones wilder Schwermut willen schätzen wir diese temperamentvolle Schrift überaus, denn in ihr schreit ein jugendliches Herz seine enttäuschte Liebe zum Himmel. Das Pamphlet erinnert in seiner Schärfe an Kierkegaards Angriff auf die Christenheit; es enthält jene Prise Salz, deren es nach dem Urteil des Dänen bedarf, um die ganze Speise schmackhaft zu machen. Es wäre gründlich falsch, wollte man das Schriftchen als eine Waffe im Streite der Konfessionen gebrauchen. Es hat mit dem konfessionellen Geplänkel gar nichts zu tun. Trotz seiner Adressierung an die Katholiken ist das Pamphlet überkonfessionell orientiert, Protestanten und Ostchristen werden nicht weniger davon betroffen. Alle christlichen Bekenntnisse sind in die Schranken gefordert. Eine prachtvolle Urgewalt des Religiösen lodert in der kleinen, längere Zeit völlig verschollenen Schrift auf. Es lebt eine vulkanische Kraft in ihr, und der Zorn versucht dem Christentum die ursprüngliche Spannkraft zurückzugeben. Endlich wieder einmal ein Christentum von Format, ist man versucht zu sagen, ein Christentum, das das Göttliche nicht mit der abgestandenen Milch der frommen Denkungsart verwechselt und auch nicht das Heil sucht in der verächtlichen Anpassung an den modernen Zeitgeist. Bei Julien Green grollt es in der Tiefe; dieser Mensch findet wieder vergessene Töne, die man in den üblichen Erbauungsbüchern und in der theologischen Fachliteratur vergeblich sucht. Nach seinen Worten «ist jeder Katholizismus wahr, wenn er wahnsinnig ist, wenn er die Natur kreuzigt, wenn er den Menschen kränkt in seinen Zuneigungen, wenn er hart ist, wenn er heftig ist, wenn er verdammt und errettet in derselben Minute»[11]. Das tönt anders als das Ausverkaufschristentum von heute, das sich so modern gebärdet und dabei eine so klägliche Figur macht. Julien Greens Pamphlet ist eine Frucht vom Baume Pascals, dessen Werke er nicht umsonst auf den Knien zu lesen pflegte und dank dessen Einfluß er stets im Gegensatz zum cartesianischen Rationalismus stand. Er beschwört in seinem rasenden Schriftchen den Geist der abendländischen Christlichkeit.

Julien Greens Erstling bedeutete eine große Überraschung. Noch größer war die Überraschung, als zwei Jahre später sein erster Roman «Mont-Cinère» erschien, der die Besitzgier des Menschen zum Gegenstand hatte. Georges Bernanos, der sonst keine Besprechungen zu schreiben pflegte, begrüßte als einer der ersten die erstaunliche Leistung. Julien Green ließ weitere, gründlich ausgereifte Werke folgen. Alle seine dichterischen Romane sind in einem klaren Stil geschrieben und weisen nicht die geringste Spur des heutigen Sprachverschleißes auf. Sie setzen die beste Tradition des französischen Romans fort und lenkten auch sofort die Aufmerksamkeit der hellhörigen Literaturfreunde auf sich.

Die Romangestalten Julien Greens werden von einer unerbittlichen Einsamkeit umhüllt, die den Menschen zum König in der Wüste macht. Von einem jungen Mädchen heißt es: «Sie fand sich in einer Einsamkeit ohne Namen, auch der allereinfachsten Freundschaft beraubt. Sie wollte nichts Böses, nur sprechen und den Klang einer Stimme hören, die der ihren Antwort gab.»[12] Der Green'sche Mensch ist in seiner Einsamkeit eingeschlossen in sich selbst, er lebt in einer Ich-Gefangenschaft, der er nicht entrinnen kann. «Ich kam mir vor wie ein Tier, das mit einer Pfote im Schlageisen einer Falle gefangen sitzt.»[13] Alle Folterqualen der Ängste erlebt er, denen der Dichter bis in die feinste Verästelung nachgeht. Die Green'schen Menschen werden gegen ihren Willen von der Angst gepackt und umklammert. Seine Romane sind eine anschauliche Illustration zu Kierkegaards «Begriff der Angst». Einsamkeit und Angst bedingen die abgründige, hoffnungslose Trauer der Menschen. «Trauer strömt erneut in ihr Herz, wie das

Meer im Zurückfluten ein Gestade überschwemmt», lesen wir in einem seiner Romane[14]. Die grauenhafte Trauer dringt bei seinen Gestalten durch alle Poren ein. Woher mag diese Traurigkeit bloß kommen? Der Dichter weiß es selbst nicht; es ist die namenlose Traurigkeit des Universums, jene Traurigkeit, die daher kommt, daß man existiert. Es ist die denkbar düsterste Ansicht vom Leben, die an finsterer Gewalt nicht mehr überboten werden kann. Eine Romanfigur gesteht einmal: «Die bloße Tatsache des Lebens ist erdrückend, und man gewöhnt sich wahrscheinlich nur daran, indem man albernen Beschäftigungen nachgeht. Ich aber, ich hielt es nicht mehr aus zu sein.»[15] Alle seine Gestalten können die in die Freiheit führende Wand nicht durchbrechen. Verstrickt in ein unerkennbares Schicksal leben sie dahin, gleich einem gehetzten Wild, und sind Gefangene, denen er den Rat erteilt: Hoffen Sie nichts!

Die Green'schen Menschen werden namentlich mit dem Problem der Sinnlichkeit nicht fertig. Sie finden nicht die Kraft, ihr die menschenwürdige Form zu geben. Der rothaarige Joseph Day war von einem «wilden Glauben, einem Glauben im Urzustand erfüllt»[16], der ihn eifrig in der Bibel lesen läßt, weil «das Buch eine Stimme hatte, die keiner jemals gehörten Stimme glich, und diese Stimme sagte immer das Wort, das den Kern des Problems traf»[17]. Aus tiefster Seele haßt er das geschlechtliche Verlangen, und gerade wegen dieser heftigen Ablehnung wird er in der entscheidenden Stunde von der Gier übermannt, die ihn aus Rache dafür zum Mörder macht. Ebenso erlebt Wilfried seine Sinnlichkeit als schwere Sünde, der er trotz seines Glaubens nicht zu entrinnen vermag. Er findet den Ausgleich nicht und zerschellt an der Kristallmauer der Vollkommenheit. Green sagt, man spreche zwar viel von den verheerenden Folgen der Atombombe, aber es gab

schon viel früher eine Atombombenexplosion: den Sünden-
fall! Bei dem Dichter ist tatsächlich jeder Mensch in seiner
Nacht, weil die Nacht die Heimat ist. In keiner Erzählung
Greens erblüht Eros in beglückendem Erleben, nie kommt
es zu einem seligen Sich-Finden, da dieses Gefühl stets
nur Qual und Nichtverstehen bedeutet. Green schildert
die Leiblichkeit des Menschen in einem beinahe manichä-
ischen Licht: seine Männer und Frauen scheitern an der
Liebe zum andern Geschlecht, und zwar ist dies Scheitern
von Anfang an in ihnen selbst begründet. «Ich hasse Sie,
aber ich liebe Sie», flüstert Karin zu Roger[18] und bekundet
damit die Folterqual des Eros, bei dem selbst die Wollust
eine ausgesuchte Grausamkeit ist.
Der Dichter schildert nicht abgrundschlechte, von bösen
Instinkten geleitete und fatalen Dingen nachstrebende
Menschen. Aber sie befinden sich auch nicht mehr in der
Obhut des Guten; kein Engel steht unsichtbar hinter ihnen. Mit dieser Feststellung hängt es zusammen, warum
die Green'schen Menschen notwendig zerbrechen müssen.
Die Hauptgestalt in «Treibgut» gesteht: «Sein Leben war
verfehlt, er war sich klar darüber, aber in seinen Augen
war es die Mehrzahl der menschlichen Leben ebenfalls;
was er dem seinen zum Vorwurf machte, war der Mangel
an innerem Gewicht.»[19] Beinahe alle seine Personen sind,
der modernen Zeit entsprechend, völlig vom Glauben losgelöst und kennen höchstens noch eine Beziehung nach
unten, aber keine mehr nach oben. Ohne Glauben aufgewachsen, gehen sie an einer Kirche vorüber, als sei es ein
Justizpalast, bei dem man nahezu gewiß ist, daß man
nie einen Fuß hineinsetzen wird. Das Kreuz zählt für
sie zu den Dingen, über die man sich nicht den Kopf
zerbricht, weil sie nur für andere einen Sinn haben. Green
schildert den aus allen metaphysischen Bindungen heraus-

gefallenen Menschen, das Wesen, das keine religiöse Substanz mehr in sich hat, keine höhere Ordnung mehr anerkennt und deshalb haltlos ist und der Verzweiflung anheim fallen muß. Durch den Verlust der Transzendenz ist das Leben zur Hölle geworden.

Klaus Mann erzählt einmal von seiner Überraschung über das jugendliche Aussehen Julien Greens, von dem sanft zerstreuten Lächeln und dem ungewöhnlichen Blick. Er konnte sich nicht erklären, woher der Dichter die Vertrautheit mit den unteren Gewalten bekommen habe und, ungeniert wie er war, richtete er an ihn die naive Frage: «Wie kamen Sie zu diesem Stoff?» Julien Green gab ihm eine überaus aufschlußreiche Antwort: «Aber mein lieber Freund! Ich bin es doch nicht, der meine Romane schreibt! Ein anderer führt meine Hand. Ein fremder...»[20] Das überraschende Geständnis darf nicht mit einer Spaltung der Persönlichkeit erklärt werden, es deutet auf eine viel größere Tiefe hin: Die Unerklärbarkeit eines Kunstwerkes!

Es ist deswegen angebracht, den Dichter selbst über «die schauerlichen Bücher» zu befragen, zumal der Autor doch immer am besten über sein Werk Bescheid weiß. Dabei darf man nicht von seiner Bemerkung ausgehen: «Man ahnt ja gar nicht, wie glücklich ich in jenen Jahren war, da ich die unerklärlich düsteren Bücher schrieb, so glücklich, daß ich vor lauter Glück nicht schlafen konnte und vor Freude weinte.»[21] Dieses freudige Gefühl hängt mit dem Erleben seiner Gestaltungskraft zusammen und hat nichts mit dem Inhalt seiner Romane zu tun. Der Künstler wäre nicht imstande gewesen, ergreifende Menschenschilderungen zu geben, wenn er seine Romane vom Standpunkt einer kühlen Ironie aus oder mit unbeteiligter Objektivität geschrieben hätte. Von «Leviathan» gesteht er: «Ich bin alle Personen darinnen – das ist die Wahrheit über dieses Buch.»[22] Auch was Joseph Day betrifft, kann er nicht verkennen, daß es hier um ihn gehe[23]. Julien Green verbirgt sich in seinen Erzählungen, und doch schaut immer wieder sein Antlitz dem Leser entgegen. Die versteckte Anwesenheit des Dichters verleiht bei aller Melancholie seinen Büchern Menschlichkeit und Teilnahme.

Als Künstler dachte Julien Green oft über das Romaneschreiben nach. Es gibt keinen christlichen Roman, höchstens von Christen geschriebene Romane, die aber nicht aus einer geläuterten Quelle stammen. Ohne Sünde gibt es keinen Roman, stellt er fest, und diese Gattung von Literatur läßt sich nicht entgiften, es sei denn, man tötet sie. «Apologetische Romane zu schreiben, wäre mir ein Greuel. Lieber nie mehr schreiben als ein erzählendes Werk zusammenbrauen, das irgendwas beweisen soll.»[24] Eine solche Bemühung müßte einer Dichtung unfehlbar Abbruch tun. Darum will Julien Green nicht als katholischer Romancier bewertet werden. Christliche Erzählungen sind für ihn schauerliche Bücher. Trotzdem schreibt er ausgesprochen religiöse Romane. Das weiß niemand besser als er selbst: «Ich glaube wirklich, in allen meinen Büchern ist die tiefe Unruhe zu spüren, die ein nicht-religiöser Mensch kaum je erlebt haben dürfte. Ich suche freilich nicht, katholische Romane zu schaffen, das fände ich grauenhaft. Und doch sind alle meine Bücher, mögen sie von hergebrachter, anerkannter Religiosität wie immer weit entfernt sein, ihrem Wesen nach sicherlich religiös. Angst und Verlassenheit der handelnden Personen lassen sich eigentlich immer zurückführen auf das vielgestaltige ‹Grauen, dazusein› – wie ich es einmal genannt zu haben glaube.»[25] Es liegt nicht in seiner Absicht, den Leser zu deprimieren. «Meine Romane kehren das Unterste der Seele zuoberst und legen dabei bloß, was der psychologischen Beobachtung entgehen muß: die verborgene Tiefe, in der Gott waltet. Diese Bücher hätten gar nicht anders sein können, als sie sind. Ich könnte sie nicht umschreiben und ändern.»[26] Sie sind aus einem Auftrag entstanden. Ihr metaphysischer Gehalt ist offensichtlich. Deswegen kann ihnen auch nur eine religiöse Deutung gerecht werden.

Wie wirken diese unkonventionell religiösen Romane auf den Leser? Zwei Zeugnisse seien angeführt: Benno Reifenberg schrieb einmal: «Wenn Sie sich in einen Roman von Julien Green versenken, dann können Sie auf einmal in den gleichen Zustand geraten, der uns auf einer Brücke überfällt, von der wir lange in stark strömendes Wasser gestarrt haben. Plötzlich spüren wir, daß wir selbst weggerissen werden, das Holz, an das wir uns klammerten, die Planken, auf denen wir standen – nichts bietet mehr Halt. Schwindel packt uns, über dem scheinbar ruhenden Wasser stürzen wir samt unserer Umwelt ins Bodenlose. Es braucht Zeit, die Vision des Sturzes zu überwinden. Sie werden lange Zeit brauchen, der Vision eines Romanes von Green Herr zu werden. Damit will ich die erzählende Gewalt angedeutet haben, die in Green lautlos und leidenschaftlich dahinschießt, ein Malstrom tief auf dem Grund der Seele.»[27] Das ist das Urteil eines reifen Mannes, der ein Buch zu lesen versteht.

Wie urteilt die Jugend über Julien Green? Betrachtet sie ihn als überholt, weil er längst die Vierzigerjahre überschritten hat? Nimmt sie keine Notiz mehr von ihm, obschon aus seiner Feder der Satz stammt: «Der Schmerz der Jugend läßt sich nicht in Worte fassen.»[28] Ein emanzipiertes Mädchen, das begierig das Gift der modernen Literatur einschlürfte, las «Adrienne Mesurat» und fand den Roman erschreckend unerträglich, jedenfalls griff sie nach keinem weiteren Buch dieses Schriftstellers. Warum die heftige Reaktion? Die affektgeladene Ablehnung ist verräterisch, denn wahrscheinlich fühlte es in der maßlos unglücklichen Adrienne das Ende voraus, dem es selbst in seiner Haltlosigkeit entgegentrieb. Das moderne Mädchen sah sich im Spiegelbild, und sein inneres Erschrecken vor dem, was ihm da entgegenstarrte, ist ein Beweis dafür, daß Greens Romane eigentliche Gegenwartsliteratur sind.

In beiden Urteilen zittert etwas von dem Erschauern nach, das diese Bücher auslösen. Doch das innere Zusammenfahren und die tiefere Unruhe verlangen nach einer Rechenschaft über das dichterische Werk Julien Greens.

Eine bloß formalistische Interpretation wird den Romanen nicht entfernt gerecht. Das Anliegen des Dichters wird verkannt, wenn man ihn beschuldigt, die neue Formensprache und die moderne Romantechnik nicht zu beherrschen. Mag die formalistische Methode noch so sehr der gegenwärtigen Mode entsprechen, die Ich- oder Er-Form hat mit dem metaphysischen Problem von Greens Erzählungen nichts zu tun.

Greens Erzählungen werden nicht durch den kleinsten Lichtstrahl erhellt; es fehlt der gute Gegenspieler; nie begegnet man einer überlegenen Gestalt, die um Befreiung und Erlösung weiß. Das alles bleibt völlig ausgeschlossen, und dies gibt dem Leser zuweilen das Gefühl einer einseitigen Darstellung des Daseins. Das menschliche Leben ist nicht nur schrecklich, es gibt auch erfreuliche Momente in ihm. Greens Gestalten erleben jedoch nur die unerklärliche Faszination des Bösen, das sie anzieht und zuletzt verschlingt. Der Titel «Leviathan» – jenes Untier aus dem Buche Hiob – ist ein Symbol für das Böse, das die Menschen in die Verlorenheit treibt. Auch Ensor und Munch haben es in ihrer Malerei dargestellt.

Julien Green beherrscht in seinen Romanen meisterhaft die Psychologie. Der Dichter setzt den psychologischen Roman fort, der in Frankreich von Stendhal bis Proust gepflegt wurde. Er vertieft ihn noch, indem er die geheimsten Seelenregungen der Menschen wahrnimmt, jene Vorgänge, die sich Mann und Frau nur selten einzugestehen wagen. Julien Green greift in unheimliche Tiefen und weiß die verschwiegensten Gedanken wahrzunehmen. Alle Schulpsychologie nimmt sich dagegen wie ein Kinderspiel aus. Wenn man begreifen will, was im modernen Menschen vorgeht, dann muß man Julien Green lesen, der um die Urprobleme allen Menschtums weiß. Seine hintergründigen Romane reden von den letzten Geheimnissen und sind daher ein unheimliches Spiegelbild der modernen Seele. Will man erfassen, was, ungeachtet aller Politik und Wohlstandsvergnügen, auf dem Seelengrund des gegenwärtigen Menschen Gespenstisches vor sich geht, dann muß man sich ernsthaft in die bodenlose Dunkelheit von Julien Greens Romanen vertiefen. Hier tritt dem Leser die grenzenlose Verwirrung und Verlorenheit des modernen Menschen nackt entgegen, so daß es ihm zuletzt bewußt wird, wie lichtlos die Finsternis ist, und wie jeder Ausgang versperrt ist. Wie dumm erscheint einem die sture Ideologie, die glaubt, mit Produktionsvermehrung oder Mitbestimmungsrecht das Glück der Menschen herbeiführen zu können. Geiz, Grausamkeit, Gier stecken ewig im Menschen und lassen sich durch keine Umgestaltung der äußeren Verhältnisse verändern. Es wird in der Gegenwart viel von der Anthropologie gesprochen, die als notwendiger Ausgangspunkt für ein Gespräch mit modernen Menschen gilt. Wollte man diese Meinung annehmen, dann sollte man zu Julien Green greifen, der mit seiner tiefen Menschenerfassung das oberflächliche Gerede von Soziologie und Mitmenschlichkeit in den Schatten stellt. Er hat das ganze Reich des Menschen abgeschritten und ist dabei zu der augustinischen Erkenntnis vorgedrungen, nach der das menschliche Herz ein Abgrund ist. Die Fragen lassen sich nicht beantworten, weil der Mensch ein ewig unfaßbares Geheimnis bleibt.

Julien Green dringt mit seiner bohrenden Psychologie zur letzten Wirklichkeit vor. Dabei ist er weit entfernt vom grobschlächtigen Naturalismus. Was bei ihm manchmal nach erbarmungslosem Realismus aussieht, ist nur Staffage, Maske, Kulisse, hinter der sich ein anderes Anliegen verbirgt. Für ihn sind nicht das Gemeine und das Ordinäre die Wirklichkeit – von einer derart plumpen Lebensauffassung ist er weit entfernt. Nach seinen eigenen Worten stößt er dauernd von der «konventionellen Realität zu einer andern Realität» vor, zu dem, was er selbst «das irreale Element» seiner Bücher nennt und das, näher besehen, die aufwühlende Substanz seiner Romane bildet. Den Höhepunkt erreicht der Dichter jeweils in der Beschwörung der Traumwelt, deren Schreckbilder er unheimlich schildert, so daß Wirklichkeit und Wunschwelt untrennbar ineinanderübergehen. Es sind bestürzende Gesichte eines nach innen schauenden Schriftstellers, den die Bilder hinter den Dingen interessieren; wer sich darunter nichts Rechtes vorstellen kann, wird dem Dichter nie nahekommen.

Ist der Mensch einmal bei der letzten Wirklichkeit angelangt, dann gehen ihm unerwartete Einsichten auf. Die geschilderte Ur-Angst und der Ur-Schmerz finden ihr Ende im Tod allein: «Niemand weiß vom Leben Gültigeres auszusagen als der Tod.»[29] Einmal spricht eine gequälte Gestalt ganz zuletzt sich dahin aus: «Der Tod, die Krankheit, die Liebesenttäuschungen, der Ruin, nichts an diesem Albdruck ist wahr; alles ist anderswo, alles Wahre ist anderswo» [Minuit]. Das ist eines der aufschlußreichsten Worte in Julien Greens Romanen, in denen der Mensch über sich und über seine eigene Endlichkeit hinaus geführt wird zu der entscheidenenden Einsicht: «Alles Wahre ist anderswo!» Wo aber ist dieses Land, wenn es nicht hier auf Erden ist? Ist das Ende der Sinn des Anfanges aller Weisheit? Diese heimliche Frage bedrängt den nachdenkenden Leser von Julien Greens Romanen mehr und mehr. Er sieht die Antwort einzig im Tode. Der Dichter ist der Vision zugewandt, die die Toten in der Ewigkeit schaut.

Das alles beherrschende Thema in Greens Werken ist das Leiden des Menschen. Leiden und Leidenschaft verschränken sich in seinen Gestalten, die alle, ohne Ausnahme, zu der leidenden Kreatur gehören. Green selbst fragt sich: «Wie kommt es, daß wir in allem so begrenzt sind, nur nicht in unserer Fähigkeit, zu leiden?» [Marivaux]. Unentrinnbar sind die Green'schen Menschen dem Leiden verfallen. «Wie kann man so leiden und doch nicht sterben?» fragen sie sich in stummer Qual. Auch jene, die dem Geiz, der Herrschsucht, dem Stolz, der Gier preisgegeben sind, müssen als leidende Menschen erfaßt werden, da gerade sie in ihrer Besessenheit willenlose Opfer ihres Schicksals sind. Das Herz des Lesers krampft sich über die Schilderung des traurigen Daseins zusammen, und man empfindet ein brennendes Mitgefühl mit den armen Geschöpfen. Sie appellieren, vom Dichter aus gesehen, ganz verhalten an das Erbarmen des Lesers. Die irrenden und leidenden Menschen rufen nach verstehendem Mitleid, dies um so mehr als ihnen von keiner Seite auch nur die geringste Hilfe zuteil wird.

Das Pamphlet war eine große Überraschung. Die Romane bedeuteten eine noch größere Überraschung; die größte aber sind die mehrbändigen Tagebücher Julien Greens. Er selbst nannte seine Journale, die er seit dem achtundzwanzigsten Lebensjahr führte, eine «ins Meer geworfene Flaschenpost». Sie hat uns erreicht und hat uns zum richtigen Verständnis seiner Werke geholfen, weil sie uns auf den unter der Türvorlage verborgenen Hausschlüssel hinwies. Zwar sind die veröffentlichten Tagebücher nicht seine eigentlichen Tagebücher, denn «wie wäre mir auch nur der Gedanke gekommen, der Öffentlichkeit mein privates Tagebuch zu übergeben»[30]!

Die Tagebuchaufzeichnungen enthüllen wiederum einen andern Julien Green, der selber erkennt, daß seine Romane deswegen so schwarz ausgefallen sind, weil er der Gestalt Christi keinen Platz eingeräumt habe. Zwar sprechen auch die Tagebuchblätter gelegentlich von einer ihn der Verzweiflung nahebringenden Schwermut. Man spürt in ihnen eine leicht selbstquälerische Neigung, obgleich er beständig um das Bleibende im Strom der Zeit kreist. «Wenn ich je etwas ernst genommen habe, so ist es die Religion», schreibt er; «nie hat mich der Gedanke, Gott könnte nicht existieren, auch nur gestreift.»[31] Julien Greens Tagebücher können in ihrem Ernst nur mit jenen von Jochen Klepper, Theodor Häcker, Ida Friederike Görres und Wilhelm Hausenstein verglichen werden.

Julien Green erzählt darin, er habe sich unter dem Eindruck der Lektüre von Katharina von Genuas «Traktat vom Purgatorium» wieder der katholischen Kirche zugewandt. Der Traktat öffnete in ihm einen neuen Gedankenstrom über die religiöse Bestimmung des Menschen. «Wer sich bekehren will, der gehe nicht in die Kirche, sondern in sogenannte Vergnügungsstätten. Ich kenne nur die von Paris: sie sind das Traurigste und wohl auch das Häßlichste auf Erden.»[32] Die Heimkehr des Dichters führte ihn zu einer ernsten Christlichkeit, der nichts mehr von der Übersteigerung des Pamphlets anhaftet. Seine reifen und abgewogenen Urteile verdankt er seiner festen Orientierung im Leben und vor allem der Bibel, die er jeden Tag liest[33]. «Das Evangelium ist ein Buch, das nie geschlossen und im Herzen der Schauenden jeglichen Tag geschrieben wird.»[34] In den Tagebüchern verbreitet sich der Dichter über das Zeitgeschehen, indem er der Plattheit unseres militärischen Jahrhunderts scharf ins Gesicht schaut: «Aus den heutigen Stürmen wird eine Welt hervorgehen, in der ich meinen Platz nicht finden kann.»[35]

Natürlich kommt auch Eros immer wieder zur Sprache. Dabei sieht er ganz klar, was in den Romanen nie ausgesprochen wird: «Der Verruf, in den ihn die katholischen und protestantischen Schriftsteller brachten, ist eine der traurigsten Irrungen des Puritanismus, dessen Wurzeln weit hinter das siebzehnte Jahrhundert zurückreichen. So wird es äußerst schwierig sein, uns davon freizumachen. Jetzt noch, mitten im zwanzigsten Jahrhundert, haben wir von Religionen so absonderliche Auffassungen, daß in den Augen der Welt nicht als religiös gilt, wer nicht auch eine Spur Puritaner ist. Für den Frömmler ist der Feind Nummer eins der Sexualtrieb. Dabei vergißt er freilich eins: daß dieser Trieb von Gott stammt.»[36] Er gesteht: «Die Erfahrung der physischen Liebe reicht weit über das Körperliche hinaus. Sie umschließt eine Welt, die kennengelernt zu haben von Wert ist, und in der viel Gutes mit viel Bösem sich mischt.»[37] Green wünscht, daß es keine fleischliche Begehrlichkeit gäbe, ja, er haßt sie geradezu, weil er deren

Launen als unangenehm empfindet. Dabei weiß er, daß dank ihr Kinder und auch geistige Werke geboren werden. «Es wird mir einmal als die schwerste Sünde angerechnet werden, daß ich mich mit meinem Menschenlos nicht abzufinden vermochte.»[38] Er wäre glücklich, gäbe es das Problem nicht, von dem er nicht reden will.

Aufschlußreich sind die Reflexionen über den Glauben. Er läßt über seine Verwurzelung im religiösen Erdreich keinen Zweifel aufkommen, da er den Anschluß an die große Überlieferung des abendländischen Christentums gefunden hat. Fast auf jeder Seite findet man eine überaus wertvolle und in die Tiefe dringende Betrachtung der Dinge. Auch nach seiner Rückkehr zur Kirche bleibt Julien Green frei von jeder Ausschließlichkeit und betrachtet weiterhin die religiösen Erscheinungen mit offenem, durchdringendem Blick. Von tödlicher Langeweile empfindet er die Predigten der Priester, weil sie die Gläubigen einschläfern, statt ihnen das Herz zum Heldenmut zu erwecken. Er gesteht ehrlich, in religiöser Beziehung immer wieder auf Schwierigkeiten zu stoßen[39], und ist alles andere als der gewiegte Mann mit dem goldenen Schlüssel, der alle Türen zu öffnen weiß. Nach ihm sind die erbaulichen Bücher in einem Stil geschrieben, «den offenbar der Teufel aufgebracht hat, um möglichst stark vom Glauben abzuschrecken»[40]. Julien Green liebt weder jene Gläubigen, die auf alle Fragen eine schnelle Antwort wissen, weil ihnen der Sinn für das Mysterium abgeht, noch jene Theologen, die immer mit der neuesten Strömung schwimmen und darob zu Verrätern werden, ohne es zu merken.

Wer Julien Greens Tagebücher in sich aufnimmt, wird über die tröstliche Wirkung tief beglückt sein. Der Leser erfährt nicht nur unmißverständlich, «alles Wahre ist anderswo», sondern es wird ihm auch ganz genau gezeigt, wo er das

Wahre findet. Zu den zentralen Äußerungen gehört das Gebet, dieser letzte Halt in der Stunde, da alles verloren scheint. Nach seinen Eintragungen bringt «das Gebet alles in Ordnung», und an einer anderen Stelle heißt es: «Weniger von den Büchern abhängen, mehr beten. Das große Buch ist das Gebet.»[41] Sehr viele Äußerungen haben es mit den Heiligen zu tun: «Nur auf Bildern unterscheiden sich die Heiligen von den anderen Sterblichen. Worin weichen sie im gewöhnlichen Leben von den Menschen ab, die wir alle Tage sehen? Sie tragen keinen Heiligenschein. Und da sie Diener eines verborgenen Gottes sind, verbergen sie sich selber.»[42] Viele Jahre später notiert er sich die bezeichnende Bemerkung: «Freilich waren mir die brennenden Heiligen von der Art Augustins immer lieber als die Eiszapfen, die keinerlei Versuchung anwandelt. Wenn ein heiliger Franziskus fallen konnte, dürfen wir Hoffnung schöpfen.»[43] Julien Greens Aufzeichnungen sind von einer seltenen Helligkeit, die die Lektüre zu einer wahren Freude macht. Sie gehören deshalb zu den wertvollsten Büchern der heutigen Zeit; man liest sie immer wieder mit neuem Gewinn.

Sind nun die Tagebücher, im Gegensatz zu den Romanen, die Offenbarung von Greens wahrem Selbst? Man wird dies schwerlich behaupten können. Erst nach seinem Tode werde man erfahren, wogegen er eigentlich anzukämpfen hatte, sagt er und gibt all jenen, die nur auf seine Tagebücher abstellen möchten, zu bedenken: «Würde dieses Tagebuch aufgefunden, es gäbe ein höchst ungenaues Bild von mir, denn ich trage ja nur mein äußeres Leben ein...»[44] «Was in mir vorgeht – und zu meinem äußeren Dasein in völligem Widerspruch steht –, davon kann ich nicht sprechen, oder ich tue es sehr schlecht.»[45] Immer wieder weist er auf die Fehler seiner Tagebücher hin, die darin bestehen, daß Nebensächliches einen zu großen Raum einnimmt und Wesentliches verschwiegen wird[46]. Eindeutig erklärt er: «Ich bin nicht und war nie ganz der Mensch des Tagebuches, das ich schreibe.»[47] Er betont es so oft, daß man es gar nicht übersehen kann: «In diesen Blättern spiegelt sich keineswegs mein ganzes Wesen»[48] und «was vorliegt, ist nicht mein privates Tagebuch»[49]. Das Sich-Verbergen und Sich-Verleugnen vollbrachte er nicht nur auf der Bank in der Parkanlage, es erstreckt sich bis in seine persönlichen Notizen hinein, und man wird stets dessen eingedenk bleiben müssen, daß sich darin nicht sein ganzes Wesen spiegelt.

Zwischen den Romanen und den Tagebüchern besteht eine sichtliche Kluft: die einen sind von namenloser Düsternis erfüllt, während die andern ein überaus tröstliches Licht ausstrahlen. Man mag sich fragen, ob der gleiche Autor sie geschrieben habe, so verschieden sind sie. Haben die beiden Welten nichts miteinander zu tun und in welcher kommt das wahre Selbst zum Vorschein? Diese Frage hat den Dichter mehrfach beschäftigt, denn er gesteht einmal: «Für mein Teil allerdings konnte ich die Tagebucheintragungen nie in meinen Romanen verwerten. Nur was ich mit Schweigen übergehe, scheint in meinen Romanen auf, aus welchem Grunde eben mein eigentliches Tagebuch versteckt ist in dem, was ich erfinde.»[50] Ja, Green schreckt nicht vor der alles umdrehenden Bemerkung zurück, die unsere Frage in ein neues Licht rückt: «Mein eigentliches Tagebuch sind meine Romane.«[51] Bei anderer Gelegenheit läßt er die Frage offen, und nach seinem Geständnis ist er selbst unfähig, eine Erklärung über die Verschiedenheit von Tagebüchern und Romanen abzugeben, die ihn absolut befriedigen könnte. Man darf sich also die Frage nach dem Verhältnis der beiden Ausdrucksformen nicht nach dem allzu einfachen Schema wie dem äußeren und inneren Green zurechtlegen.

Julien Green schreibt in einem unveröffentlichten Briefe, daß er «nicht weiß und nie gewußt habe, woher meine Romane kommen. Der Ursprung dieser langen Erzählungen ist mir verborgen. Ich kann nur gewisse Dinge ahnen oder erraten, die aus ich weiß nicht welchen Tiefen heraufsteigen.» Gewiß ist sein Ich in verschiedener Art in seinen Romanen anwesend, und wahrscheinlich hat sogar jede Person etwas von ihm mitbekommen. Romanfiguren sind Gestalten mit Eigenleben. Der Dichter hat sie nicht vollständig in der Hand, im Gegenteil, er muß ihnen folgen, wohin sie wollen, und er darf sie nicht nach einer vorgefaßten Meinung formen. So will es die Eigengesetzlichkeit des künstlerischen Schaffens. Deshalb ist es auch nicht erlaubt, eine gedichtete Figur kurzerhand mit dem Dichter selbst zu identifizieren.

In den Tagebüchern dagegen gibt sich Julien Green Rechenschaft darüber, was er sieht und was er versteht. Sie sind bewußter geschrieben, und im Unterschied zu den Romanen weiß er auch sehr gut, woher die Tagebücher kommen. Das eigene Ich spricht sich in ihnen aus, sicherlich nach Klarheit suchend, wenn auch nicht ganz ungehemmt. Das geistige Leben erscheint darin ja auch verhüllt, weil er vor der Veröffentlichung – aus religiöser Scheu – viele Seiten gestrichen hat. Die Tagebücher sind zwar freier geschrieben, aber trotzdem stehen sie nicht in einem unüberbrückbaren Gegensatz zu den Romanen. Es wäre unrichtig, sie gegeneinander auszuspielen. Wer so urteilt, reißt auseinander, was unbedingt zusammengehört. Sie sind wie die zwei Hände des gleichen Körpers. Erst beide zusammen widerspiegeln das wahre Selbst des Dichters, der Künstler und Christ ist. Romane und Tagebücher stehen in einem inneren Wechselverhältnis zueinander; man muß sie dauernd miteinander konfrontieren, erst dann zeigt sich die lebendige Spannung, die in diesem religiösen Schriftsteller lebt. Die Romane werfen die Fragen auf, die den heutigen Menschen bis zur Qual beschäftigen; die Tagebücher geben die Richtung an, in der die Antworten zu finden sind.

V

Die vierte und letzte Überraschung, die Julien Green seinen Lesern bereitet, war die Veröffentlichung seiner dreibändigen Autobiographie, in der sich der Dichter eine herrlich unmoderne Aufgabe stellte: «Wichtig und allein des Versuches wert, erkannt und richtig nachgezeichnet zu werden, ist die Spur Gottes im Leben eines Menschen, und eben darin sehe ich auch immer mehr den Sinn des hier vorliegenden Buches.»[52] Der scheue, allen literarischen Zirkeln fernbleibende Künstler trat plötzlich aus seiner lebenslang geübten Zurückhaltung heraus und gab sich mit einer seltenen Offenheit der Welt preis, nur um die Wahrheit, die lautere Wahrheit zu sagen: er hielt ein strenges Gericht über sich selbst.

Ungewöhnlich ist die beinahe mystische Art, mit der er seine Kindheit und deren verlorengegangene Sprache wieder heraufzubeschwören vermag. Wie Péguy und Bernanos darf auch er von sich gestehen: «Alles, was ich schreibe, leitet sich geradewegs von meiner Kindheit her.»[53] In den Romanen und Tagebüchern aber gelingt es ihm nur andeutungsweise, diese Kindersprache zu sprechen. Namentlich im ersten Band der Autobiographie steigt er geheimnisvoll in die Kindheit hinab: «Ich will mich bemühen, dorthin zu schauen, wohin meine Blicke sonst nur zufällig gelangt sind, und versuchen, jene Regionen des Bewußtseins zu erforschen, die so oft, je mehr wir uns von unserer Kindheit entfernen, im Dunkel hinter uns bleiben.»[54] Dieser Blick in die inneren Lande verleiht seinem Rechenschaftsbericht den einzigartigen Wert.

Es hängt mit der Erfassung der Kindheit zusammen, daß er von seiner Mutter ein strahlendes Bild zeichnet. Sie hat ihm vor allem die starken religiösen Eindrücke vermittelt, indem sie auf seine Frage: «Mama, bin ich erlöst?» die Antwort gab: «Höre mir gut zu. Du glaubst, daß Jesus Gott ist. Du hast den Glauben. Da bist du auch erlöst.»[55] Die Mutter lehrte ihn beten, und das Wesentliche seines Glaubens wurde Julien damals in jenem Halbdunkel geschenkt, aus dem die größte Liebe zu ihm sprach. Die Mutter «sprach zu mir von Jesus so, daß ich mit fünf oder sechs Jahren meinte, sie habe ihn gekannt»[56]. Sie liebte ihren Sohn innig und war lange vor ihrem Tod schon in die große Stille eingegangen. Das Herz zerbrach ihm, als sie in seinen Jünglingsjahren starb. «Zum erstenmal in meinem Leben erfuhr ich, was Leiden heißt. Ich begriff, und zwar alles. Ohne mich zu rühren, ohne Tränen, in tiefster Stille, erfuhr ich den Schock des Todes. Aus dieser seltsamen Minute ging ich als ein Mensch hervor, der ganz verschieden von dem am frühen Morgen noch existierenden war. In mir wurde jemand geboren, nicht unter Tränen, denn ich war jenseits der Tränen, vielmehr in Verzweiflung.»[57]

Trotz ihrer großen Liebe zum Sohne sind der Mutter Fehler in der Erziehung unterlaufen, falsche Überlegungen, deren verständliche Ursachen bei ihr selbst lagen. Vieles im Leben Julien Greens läßt sich daraus verstehen. Für die Mutter gab es vorwiegend nur die Begriffe «rein» und «unrein», wobei sie diese Worte mit «unkörperlich» und «körperlich» identifizierte. Sie sprach das bloße Wort «Körper» so aus, als müßte man sich seiner schämen. «Rein und Unrein wurden wieder lebendig, jetzt aber mit Eisen gepanzert wie Ritter, von denen der eine engelhaft, der andere höllisch war, beide jedoch von übermenschlicher Größe.»[58] Diese Auffassung hat mit Puritanismus nichts zu tun, dessen man Julien Green oft beschuldigte und wogegen er sich mit Recht wehrte. Vielmehr finden wir hier eine Nachwirkung des Manichäismus, der tief in das Christentum eingedrungen war und dessen Giftstoff nur wenige völlig ausgeschieden haben. Die Mutter handelte aus sorgender Liebe, um ihrem Sohn das traurige Schicksal ihres Bruders zu ersparen, der an den Folgen einer Syphilis grauenhaft starb. Ihre Fürsorge aber wirkte sich verhängnisvoll aus. Julien Green wurde zu einem Hasser alles Körperlichen und kam in seinem Denken doch nie davon los, konnte nicht loskommen, weil es zum Wesen des Menschen gehört. Nur gelegentlich taucht die Einsicht bei ihm auf: »Die Herrlichkeit des Leibes rühmt die Herrlichkeit Gottes, nicht anders als die Sterne es tun.»[59] Daß er diese Erkenntnis nicht in sein Leben einzubauen vermochte, gehört zur Tragik seines Daseins.

Ferner erzählt er in seiner Autobiographie von seiner im sechzehnten Altersjahr erfolgten Konversion zum Katholizismus. Trotz seinem «ungeheuren Aufschwung zu Gott» und den «inneren Verzückungen», die er dabei erlebt hat, ist sie wenig eindrücklich, weil sie ein Erlebnis während der Pubertätsjahre war. Dessen ungeachtet hat sie den Grund für seine spätere religiöse Entwicklung gelegt. Wenn auch·das Licht Gottes für den Menschen fast völlige Dunkelheit bedeutet, konnte Green ihm seither nicht mehr entrinnen. Doch wurde Green nie ein engstirniger Konvertit, er hat den Protestantismus nicht nur in seiner Kindheit in sich aufgenommen, sondern er ist ihm später immer wieder begegnet: «In wenigen Sekunden wurde mir klar, daß das religiöse Gefühl oder, besser gesagt, die Kraft, die die Religion verleiht, nicht das Erbe einer einzigen Konfession, sondern ein Geschenk Gottes an alle seine Kinder ist.»[60]

Besonders wichtig erscheint mir sein Hinweis auf die entscheidenden Stunden, die sein Leben geprägt haben: «Aus diesen in Dämmer gehüllten Jahren bewahre ich noch die Erinnerung an eine Minute des Entzückens, wie ich seitdem nie wieder eine erlebte. Soll man diese Dinge sagen oder für sich behalten? Es gab einen Augenblick in diesem Zimmer, wo ich, als ich den Kopf hob, den schwarzen Himmel sah, an dem ein paar Sterne funkelten. Mit welchen Worten soll ich beschreiben, was sich der Sprache versagt? Diese Minute war vielleicht die wichtigste meines Lebens, und doch weiß ich nicht, was ich von ihr sagen soll. Ich war allein in dem unbeleuchteten Raum und erlebte mit zum Himmel gewendetem Blick etwas, was ich nicht anders als eine Liebeswallung nennen kann. Ich habe auf dieser Welt geliebt, doch nie wie in diesem einen kurzen Augenblick, und dennoch wußte ich damals nicht, wen ich liebte. Ich wußte nur, er war da und sah und liebte auch mich.»[61]

Immer wieder spricht Julien Green von derartigen Erlebnissen, die sich eigentlich nicht formulieren lassen. «Auf alle Fälle sind die Beziehungen zwischen Gott und seinem Geschöpf in menschlicher Sprache nicht ausdrückbar. Alles spielt sich in Regionen ab, die uns unbekannt bleiben.»[62]

Auch seine Christus-Beziehung ist ganz dem Unfaßlichen verhaftet: «Er war zunächst und vor allem eine lebende Person, die mich unaufhörlich sah, mich nicht verließ und der ich gehörte. So wie er in der Heiligen Schrift erschien, so war er auch heute, sehr gegenwärtig und doch im Unsichtbaren verborgen. Wenn ich laut zu ihm sprach, so hörte er mich, die Antwort aber, die aus dem Unsichtbaren kam, war Schweigen, und dieses Schweigen war in sich selbst eine Sprache, die Sprache Gottes, nicht ein gewöhnliches Schweigen, das heißt nur ein Verstummen des Sprachgeräusches, sondern tatsächlich ein Wort, das dem Herzen vernehmlich war.»[63]

Eine Deutung Julien Greens, mit aller Behutsamkeit unternommen, darf lediglich als ein Versuch gewertet werden. Offensichtlich besitzt der Dichter eine visionäre Anlage. Jedenfalls hat sie sich schon früh geltend gemacht, indem das kleine Kind eine Teufelsvision erlebte. Mit der Zeit aber stellte Julien Green fest, «daß es sinnlos ist, den Teufel herbeizurufen, da er sowieso nicht auch nur einen Fingerbreit von uns weicht»[64]. Visionäre Erlebnisse wurden ihm «vor Aufbruch des Tages» immer wieder zuteil. Er zählt einen Juninachmittag zu den denkwürdigsten Momenten seines Lebens, als ihn das Gefühl überkam, sich selbst entrückt zu werden. «Ein paar Minuten lang hatte ich die Gewißheit, daß eine andere Welt als diejenige, die ich rings um mich her erkannte, bestand und daß diese andere die wahre Welt sei. Ich empfand darüber ein Glück, das ich nicht beschreiben kann, denn es lag, so glaube ich, jenseits aller menschlichen Ausdrucksmöglichkeit. Alles Erfreuende, das ich bis dahin hatte erleben dürfen, war im Vergleich dazu nichts und auch nicht etwas Gleichartiges, es gehörte nicht derselben Ordnung an und war nicht auf dem gleichen Boden gewachsen.»[65] Diese Erfahrungen sind in gewandelter Form in seine Romane eingegangen. Julien Green ist ein visionärer Dichter, anders kann man ihn gar nicht interpretieren, doch muß man sich unter Vision etwas vorstellen können, um ihn zu verstehen. Er ist ein

Seher, ein Mann, der hinter die Dinge sieht. Dauernd ragt bei ihm die unsichtbare Welt in die sichtbare herein, und alles Realistische geht in eine traumähnliche Welt über. Im «Geisterseher» schreibt er: «Es war, als entdeckte ich das geheime Gesicht der Dinge, das man im Traume ahnt und beim Erwachen vergißt.»[66] Der Visionär schaut in die Welt des Unsichtbaren hinein und hat deshalb einen schärferen Blick als der gewöhnliche Mensch. Er lebt an der Grenze zweier Welten, worüber man letztlich nur schweigen kann. «Vielleicht war dies ganze Leben, das sein Wesen trieb, nichts als ein Traum, ein anderer Schlaf, der zwar unsere Lider nicht schloß, doch uns mit offenen Augen träumen ließ.»[67] Daher Greens wirklich-überwirkliche Lebenseinsicht. Seine Gestalten werden von ihren eigenen Schatten begleitet; er schildert Situationen, die mit dem Begriff «surrealistisch» viel zu wenig erfaßt sind. Sie dürfen nicht mit empirischen Erfahrungen verwechselt werden. Es sind Gesichte, wie sich die Bibel ausdrückt, unheimliche, unfaßbare Gesichte, unentzifferbare Passagen aus einer andern Welt. Er selbst stellt die Frage, «ob schließlich und endlich der Geisterseher auf unsere Erde nicht einen schärferen Blick wirft, als es der unsere ist, und ob in einer Welt, die ins Unsichtbare eintaucht, die Zauberspiele der Begierde und des Todes nicht ebensoviel Sinn haben wie unsere vermeintlichen Wirklichkeiten.»[68]

Visionen sind niemals okkulte oder parapsychologische Erlebnisse. Das wären Mißverständnisse. In ihnen ertönt eine Stimme, die dem Menschen eine Botschaft übermittelt. Julien Green hat sich selbst in dieser Weise verstanden. «Alles schwieg, so schien es, damit ich in mein Inneres jene Stimme aufnehmen könne, die lautlos zu mir sprach, nicht die Stimme, die aus den Büchern kommt, sondern eine, die von weiter her zu mir drang. Wie konnte ich ahnen, daß sich zugleich auf meine Schultern die Last des Kreuzes senkte.»[69] Das richtige Verständnis von Julien Greens «unermeßlichem Abenteuer der Seele»[70] hängt davon ab, ob der Leser diese wortlose Stimme ebenfalls vernimmt, oder ob er in ihr nur einen «düsteren Engel» sieht, wie sich Mauriac ausdrückte.

Julien Green hat die Tradition des christlichen Abendlandes, diese gewaltige und unermeßliche Überlieferung, in sich aufgenommen. Zuletzt aber läßt sich sein Anliegen mit ganz schlichten Worten ausdrücken. Er legt sie einer seiner Gestalten in den Mund: «Es ist viel einfacher, als du zu denken scheinst. Hör auf zu grübeln, deine Geisteleien verwirren dich nur. Ich will dir ein Geheimnis vermachen, das ich am Ende meines Noviziates erst entdeckte: Vater unser – darin ist alles enthalten; es ist die christliche Botschaft in äußerster Verkürzung, die Lehre Gottes in der Essenz. Sage Vater unser – sag es in voller Aufrichtigkeit, und der Tag wird kommen, da du das Land der Verheißung schaust.»[71]

EIN LEBEN AN DER GRENZE:
ROMANO GUARDINI

«Vielleicht ist es mir vergönnt, einmal genauer zu entwik-
keln, was ich im Engadin gelernt habe – besonders als
noch, gleichsam jene hohe Klarheit erläuternd, das milde
Oktoberlicht des Allgäus hinzutrat, und wieder jenes war-
me Gold, das von den Hügeln Venetiens auf die Bilder
Tizians geflossen ist. Jedenfalls habe ich da von Plato
einiges verstanden, was in keinem Buche steht, außer in
seinen eigenen; aber in denen merkt man es erst, wenn
man jene Klarheit gesehen hat und einem darin das Herz
übergegangen ist – das im Herzen, was zugleich das In-
nerste des Geistes ist. Auch einiges verstanden von Plotin
und wieder von Augustinus, denn in ihnen allen lebt es,
wenn auch in jedem nach seiner besonderen Art. Und als
ich sah, wie dieses Licht sich um die Bäume legte, um
Blattrand, Zweig und Gestalt; was es aus den Bergen machte, am späten Nachmittag, wenn alles sich verwandelt,
da habe ich geahnt, welche Bewandtnis es wohl mit der
Lehre von der Verklärung haben müsse.»[1] Diese Worte
vermitteln eine Ahnung davon, wie Guardini die Welt
in sich aufgenommen hat: nicht durch Begriffe und Defi-
nitionen, sondern durch ein geöffnetes Erleben des Seienden. Mit dem Blick des künstlerisch veranlagten Menschen
betrachtete er die Landschaft, auch die Landschaft der
Ewigkeit, das über ihr schwebende Licht, die Welt des Geistes und ihre Gestalten. Diese Wahrnehmung weist darauf
hin, wie man sich Guardini nähern soll. Er verlangt nach

einer religiösen Begegnung, bei der man sich aufgeschlossen und zugleich fragend verhalten muß.

Ein Vorurteil steht dem klaren Blick auf Person und Werk Guardinis entgegen. Vorurteile – wie viele schleppt der Mensch zeit seines Lebens mit sich herum! – machen befangen, verhüllen gleich einem dichten Nebel die Sicht und zerstören jedes unmittelbare Verhältnis. Alle Schlagworte und alle apodiktischen Urteile sind nichts anderes als Vorurteile, die weggeräumt werden müssen.

Das eine Vorurteil spricht vom Ästheten Guardini, der mit schöngeistigen Worten an die Probleme herangegangen sei. Die Behauptung vom ästhetischen Guardini ist früh entstanden und wollte nicht verstummen. Neulich noch erklärte man das Schweigen über den verstorbenen Guardini aus seinem Ästhetizismus, der eben keinen Bestand habe. Vielleicht hat sich Guardini zuweilen ein wenig zu feierlich benommen und dadurch den Eindruck des Gekünstelten erweckt. Wohl mochte er nicht frei von Eitelkeit gewesen sein, aber hinter seinen Ausführungen stand ein Ernst und kein unverbindlicher Ästhetizismus. Seine Bücher über den «Rosenkranz» und über die «Vorschule des Betens», mit denen er die Volksfrömmigkeit auf ein höheres Niveau zu heben versuchte, sind Beweis genug dafür. An einer solchen Bemühung ist ein bloßer Ästhet nie interessiert. Guardini besaß aus seiner romanischen Herkunft ein ausgeprägtes Formgefühl; der Schönheitssinn ist ein Widerschein des Göttlichen. Das ausgebildete Gefühl für Form ist eine schätzenswerte, in unserer formensprengenden Zeit doppelt hoch einzustufende Anlage. Nur mit Unwillen kann man an die Geschmacklosigkeit und an das mangelnde Kunstverständnis so vieler, glücklicherweise nicht aller, an der Kirche interessierter Menschen denken. Ihnen gegenüber ist Guardinis Sinn für Formen eine Wohltat sondergleichen, die mit Ästhetizismus so wenig zu tun hat wie wahre Religiosität mit Heuchelei.

Nach der Wegräumung dieses unhaltbaren Vorurteils geht es darum, das wahre Bild Guardinis zu zeichnen, auch wenn dies nur skizzenhaft geschehen kann, weil dieser Mann nicht leicht einzuordnen ist. Von einer Idealisierung kann keine Rede sein, da man sich über seine Grenzen klar ist. Wir möchten sein böses Wort über den Protestantismus ins Reich der Fabel zurückweisen, zumal es mit seiner Abneigung gegen die Kontroverstheologie nicht übereinstimmt. Auch Hans Urs von Balthasar stellte die Frage: «Hat er je der schreienden materiellen Not der menschlichen Massen scharf ins Antlitz geschaut? Das Entsetzen des jungen Marx vor der Welt, wie sie wirklich ist, verspürt?»[2] So kann man fragen, aber ob es sehr sinnvoll ist? Kein Mensch, und hieße er Guardini, kann alle Fragen des Lebens berücksichtigen. Wir übersehen die Fehler nicht, aber wir halten es nicht für notwendig, uns vor allem mit ihnen abzugeben. Guardini interessiert uns, und sein inneres Bild darf nicht in dem beinahe sinnlosen Gegurgel der gegenwärtigen Diskussionssucht untergehen. Wir wollen jedoch ein kostbares Erbe nicht unbeachtet wegwerfen.

Dem aus Verona stammenden Guardini wurde Deutschland zu der Wahlheimat, die ihm eine neue Dimension eröffnete. Mit seiner eher schwerblütigen Veranlagung – wie einfühlend schrieb er «Vom Sinn der Schwermut» – war der junge Kaplan doch radikal gesinnt. Er litt unter den «Bewußtseinsstörungen» des Katholizismus, der damals wenig verständnisvoll den Modernismus unterdrückte, weshalb Guardini selbst viel später einmal sagte: «Grüßen Sie mir Rom – aber nicht zu herzlich!»

Guardini machte sich zuerst einen Namen als Führer der katholischen Jugend. Die Burg Rothenfels am Main und der Quickborn sind mit seiner faszinierenden Persönlichkeit verbunden. Guardini ist früh zur katholischen Jugendbewegung gestoßen, die man nicht mit einem unter der Leitung eines klerikalen Präsidenten stehenden Gesellenverein aus dem neunzehnten Jahrhundert verwechseln darf. Auch die katholische Jugendbewegung war zunächst wie jede Jugendbewegung eine sich gegen die bürgerliche Konvention auflehnende Jugend, die vieles Bestehende als hohl, unglaubwürdig und verlogen empfand. Guardini nahm die jugendliche Rebellion ernst und hörte ihren Worten ruhig zu, eine Fähigkeit, die zur Führung der heranwachsenden Menschen unbedingt notwendig ist. Guardini war nicht der Begründer des Quickborn, aber er setzte anstelle des bloßen Wanderns eine spirituelle Haltung und sammelte einen Kreis um sich, der quer durch alle Berufe ging. Es war das Anliegen seiner kontaktfreudigen Natur, mit der Jugend zusammen das Leben nicht vom Begriff und von der Erkenntnis her aufzubauen, sondern von der Wirklichkeit und dem Wesen her. Wesenhafte Haltung hieß die Parole der katholischen Jugendbewegung, eine Losung, die sie als den Inbegriff des Neuen empfand. Nach Guardini war für die katholische Jugend nicht das Erleben und das Fühlen die endgültige Haltung, sondern das Schauen und das Gehorchen. Entscheidend war der schöpferische Gehorsam, der sich in einer neuen Zucht auswirkt. Guardini hat zur katholischen Jugend gesprochen und war imstande, ihre tiefste Sehnsucht in Worte zu kleiden, denen sie mit geöffneter Seele lauschte. Er fand für den Rhythmus der Jugendbewegung überaus eindrucksvolle Formulierungen, und es war ohne weiteres gegeben, daß er als ihr geistiger Mittelpunkt bald der unumstrittene Burgherr von Rothenfels war. Liest man sein frühes Buch «In Spiegel und Gleichnis», dann versteht man, daß er mit seiner leicht romantischen Naturliebe zu dieser Führerstellung prädestiniert war. Seine «Briefe über Selbstbildung» vermitteln eine Vorstellung von seinen Gesprächen mit jungen Menschen; offensichtlich besaß er eine hervorragende pädagogische Ader. Etwas Frühlingshaftes lag über jener Zeit, denn Guardini lehrte nicht nur das Erzieherische, er lebte es auch und erweckte dadurch in den Herzen vieler junger Katholiken eine echte Begeisterung für das Christliche. Guardini war zum echten Bildner vieler junger Menschen geworden, denen man es heute noch anmerkt, daß sie in ihrem Leben einst von Guardinis Persönlichkeit geprägt worden sind. Die jungen Menschen hatten Vertrauen zu ihm und hielten mit ihren Fragen nicht zurück, weil sie von ihm eine wirklich begründete Antwort erhielten.

Bei aller Sympathie mit der Jugend entging es Guardini nicht, daß die freideutsche Jugendbewegung nach dem Ersten Weltkrieg scheiterte und dem Chaos der Zeit nicht gewachsen war. Die Ursache dafür sah er in der zu wenig fundierten Zielsetzung. Er ist in einem Aufsatz über «Die Sendung der katholischen Jugend» auf dieses Scheitern eingegangen: «Das eigentliche Problem liegt aber überhaupt nicht im Praktischen, sondern im Methaphysischen. Ob die sittliche Verpflichtung nur in der Sphäre des Gültig-Idealen, oder aber primär im Ontischen, in der Sphäre des Wirklichen ruht, darin liegt die Entscheidung.»[3] Im Gegensatz zu der freideutschen Jugendbewegung sah er das Neue der katholischen Jugendbewegung in ihrer Einstellung zum Wesentlichen; das Schauen, und nicht mehr das bloße Erleben, war die ihr aufgetragene Haltung, die verbunden war mit einem freiwillig auf sich genommenen Annehmen der aus dem Ewigen stammenden Ordnung. Er sprach der freideutschen Jugendbewegung die Fähigkeit ab, zu einer neuen Wirklichkeit durchzustoßen und meinte: «Das bisher aufgerissene, aber nicht gelöste Problem muß zu Ende gedacht werden. Das aber kann die freideutsche Jugend nicht. So empfängt die katholische das Problem aus deren Hand. Sie wird es lösen.»[4] Das sind hochgegriffene Gedanken, Worte, die sich leicht als Bumerang erweisen können.

Guardini hatte mit seiner Einsicht recht, die freideutsche Jugendbewegung könne das Problem nicht lösen. Aber die katholische Jugendbewegung vermochte es auch nicht. Sie war zu elitär ausgerichtet und zu wenig volksverbunden. Für ihr Versagen ist nicht nur der Nationalsozialismus verantwortlich, der brutal eingriff und sie zerstörte. Auch nach dem Zusammenbruch der Diktatur kam es zu keiner neuen Sammlung der katholischen Jugend mehr. Guardini ist offenbar einem Wunschdenken zum Opfer gefallen. Das Problem läßt sich von keiner Jugendbewegung lösen, weil der ganze Fragenkreis die Kraft und die Fähigkeit von jungen, unausgereiften Menschen bei weitem übersteigt. Dieser Mangel wird durch keine Begeisterung wettgemacht. Aus diesem Grunde blühte sie nur kurz und hat der Zeiten Wechsel nicht überdauert. Dies sehen wir heute viel klarer und schärfer, als es zu jener Zeit überhaupt möglich war.

Trotz dieser Feststellung sind die damalige und die heutige Situation miteinander vergleichbar. Zu jener Zeit scharte sich eine bewegte Jugend um den aufgeschlossenen Guardini und empfing von ihm unvergeßliche Hinweise auf das Wesentliche. Heute dagegen fehlt eine solche führende Gestalt, und deswegen steigert sich eine orientierungslos gewordene Jugend immer leidenschaftlicher in eine Ablehnung der Erwachsenenwelt hinein, indem sie in blinder Wut die Parole von der antiautoritären Erziehung in die

Welt hinausschreit, ohne zu ahnen, was sie selbst eigentlich will. Wie hat sich in wenigen Jahren die Situation ins Gegenteil umgekehrt, und wie hilflos stehen die heutigen Erzieher den jungen Menschen gegenüber! Sie sind gegenwärtig nicht imstande, diese verhängnisvolle Entwicklung aufzufangen und geistig zu überwinden, weil die hierfür notwendigen Kräfte einfach fehlen. Guardini dagegen vermochte die Jugend noch anzusprechen und vollbrachte auf erzieherischem Gebiet eine Leistung, die vorbehaltlose Anerkennung verdient. Josef Pieper faßte die Tatsache anläßlich Guardinis siebzigstem Geburtstag unter dem Titel «Bedeutende Fördernis durch ein einziges Wort» dahin zusammen: «Sie können es nicht wissen, hochverehrter Romano Guardini, wie oft ich zwischen meinem sechzehnten und meinem, sagen wir, dreiundzwanzigsten Lebensjahr zu Ihren Füßen gesessen habe. Ich frage mich, ob uns wohl jemals wieder so bewegende, in den Grund der Seele dringende Erkenntnisse zuteil werden, wie wenn wir, zwanzig Jahre alt, dem Worte eines geliebten und verehrten Lehrers zuhören.»[5] Die leitende Rolle Guardinis in der katholischen Jugendbewegung kann nicht künstlich wiederholt werden, obwohl diese Aufgabe niemals für alle Zeiten erledigt ist, weil eine Generation ohne Väter unfehlbar ins Chaos stürzt. Gegenwärtig ist der Konflikt zwischen Vätern und Söhnen in einem unfruchtbaren Schützengrabenkrieg erstarrt – beide Seiten sind zu einer Lösung unfähig, und es bedarf einer ganz neuen Konstellation, damit wieder eine sinnvolle Begegnung entstehen kann. Es wäre unklug, im Generationenkonflikt einfach zu resignieren, eine Haltung, die schon das aufgetragene Erbe der Tradition verbietet. Der junge Mensch aller Zeiten bedarf der führenden Autorität, freilich muß es eine legitime, sachlich begründete und niemals eine bloß angemaßte, hohle Autorität sein: «Autorität ist der Charakter, mit welchem das Höhere in jenes hineinredet, das tiefer steht... sie trägt höhere Geltung in sich. Letztlich begründet sie nicht, sondern verpflichtet.»[6] Es lohnte sich, über Guardinis Tätigkeit in der Jugendbewegung nachzudenken und weder ablehnend noch nachahmend eine Aufforderung für die freilich veränderte Situation herauszuschälen.

Nicht minder intensiv beteiligte sich Guardini an der liturgischen Bewegung. Sie ist nicht seine genuine Schöpfung, denn die Urheber dieser Bewegung stammten aus Frankreich. Die liturgische Bewegung, die durch das Kloster Maria Laach und dessen Abt Herwegen nach Deutschland drang, verstand die Kirche vor allem als eine betende Gemeinschaft, der gegenüber die Rechtskirche in den Hintergrund zu treten hatte. Guardini nahm diese Impulse in sich auf und verarbeitete sie. In der Folge schrieb er «Vom Geist der Liturgie» und «Von heiligen Zeichen», Bücher, die wiederum von vielen Menschen mit tiefer Freude gelesen wurden. Es ist in ihnen etwas von jenem milden Oktoberlicht enthalten, das Guardini im Engadin wahrgenommen hat. Für ihn war die Liturgie weder historische noch ästhetische Liebhaberei, sondern der wesentliche Kern des christlichen Gottesdienstes. Deswegen lehnte er allen «liturgischen Dilettantismus» entschieden ab und suchte, bei aller Befreiung von den erstarrten Formen, zu bewahren, was der Erhaltung würdig war. Er betonte, daß «das Ich der Liturgie viel mehr der Verband der gläubigen Gemeinschaft als solcher ist, ein über die bloße Gesamtzahl der Einzelwesen hinausliegendes Mehr, die Kirche»[7]. Dabei war Guardini darauf bedacht, den positiven Ertrag der subjektiv gerichteten Zeit zu erhalten. Doch achtete er darauf, die neue Objektivität zu bauen als ein Mensch, der durch die Neuzeit hindurchgeschritten war.

Es war ihm dabei nicht um eine bloß theoretische Betrachtung zu tun, bemühte er sich doch schon früh, mit der Kirche zu fühlen und eine praktische Verwirklichung der Liturgie herbeizuführen. Auf Rothenfels ließ er schon in den zwanziger Jahren statt des Altars einen Abendmahlstisch in die Mitte des Raumes stellen, an dem er, der jungen Gemeinde zugewandt, zelebrierte und die Messe als Gemeinschaftsfeier verstanden haben wollte, die den ganzen Menschen, den Leib und die Seele, erlöst. Guardini war auch hierin einer der führenden Männer, und er durfte die große Genugtuung erleben, daß das zweite Konzil mit seinen liturgischen Reformen vielen seiner Gedanken zustimmte. Ihm ging es darum, Verlerntes zurückzugewinnen und verkümmerte Organe wieder zu beleben. Vor allem war er darauf bedacht, daß der Mensch wieder symbolfähig werde, eine Kraft, die er eingebüßt und weswegen er auch die richtige Beziehung zu den Dingen verloren hat. Guardini gab die Parole aus: «Fremd den Dingen und zugleich geheimnisvoll nahe», in der er sein tiefstes Wesen aussprach[8].

Freilich waren mit der Liturgiereform auch Nachteile verbunden. Eine Überbetonung der Gemeinschaftsidee verdrängte beinahe das stille Herzensgebet. «Die Kirche erwacht in den Seelen!» rief Guardini voller Freude aus, aber solche emphatische Feststellungen schlagen gerne ins Gegenteil um. Die liturgische Bewegung verwirrte schließlich die Gläubigen, eine Tragik, die zum zweiten Male das Leben Guardinis überschattete. Man pflegte die zahlreichen Veränderungen im Gottesdienst oft als bloßes Generationenproblem zu verharmlosen; in Wirklichkeit aber wurde ein jahrhundertealtes, wertvolles Erbgut allzu leichtfertig preisgegeben. Gregorianischen Gesang mit modischem Jazz zu vertauschen, bedeutet doch wohl, das Erstgeburtsrecht um ein Linsengericht zu verkaufen. Guardini scheute sich nicht, die Meinung eines verehrungswürdigen alten Pfarrers zu zitieren: «Bevor das mit der Liturgie angefangen hat, haben die Leute beten können. Jetzt wird geredet und herumgelaufen.»[9] Eine gewisse Einheit ist verlorengegangen, und der Subjektivismus vieler Priester macht sich unerfreulich geltend. An der liturgischen Bewegung erfüllte sich das Sprichwort: «Wenn Gott ein Haus baut, so errichtet der Teufel eine Kapelle daneben.» Guardini sah dies schon früh: «Wir gehen sicher einer schweren Krise der Liturgie entgegen.»[10]

Trotz der unerfreulichen Begleiterscheinungen der liturgischen Bewegung bleibt ihr tiefstes Anliegen wahr: im Menschen lebt ein unabwendbares und nie ganz zu stillendes Bedürfnis anzubeten und sich in einem sakralen Raum vor dem Höchsten zu beugen. Gewiß geschieht es oft oberflächlich, was schon früher den prophetischen Protest eines Amos hervorgerufen hat: «Tue weg von mir das Geplärr deiner Lieder; denn ich mag dein Psalterspiel nicht hören.»[11] Es war das Anliegen der liturgischen Bewegung, diese Anstöße zu beseitigen, damit der kultische Akt wieder auf eine gotteswürdige Art vollzogen wird. Diese Bestrebung darf nicht preisgegeben oder zugunsten einer bloß ethisch aufgefaßten Religiosität geopfert werden. Das wäre eine unzulässige Reduzierung der Frömmigkeit und käme einem Absterben gleich. Die liturgische Feier kann von einem tieferen Kirchenverständnis nicht abgelöst werden, denn die betende Kirche ist überaus bedeutsam. Guardini schrieb das Buch «Vorschule des Betens», das bei den Lesern den Eindruck erweckte, er müsse ein großer Beter sein, worauf er erwähnte, er habe es geschrieben, weil er es gerade nicht sei und er es selbst immer noch lernen müsse. Mit diesem Eingeständnis hat er zugleich seine Demut bezeugt, die zum echt religiösen Menschen gehört und vom Christentum nicht ablösbar ist.

Das bleibende Ergebnis von Guardinis liturgischen Bemühungen besteht im Vermögen, den Menschen den Sinn für das symbolische Denken wieder geöffnet zu haben. «Ein Symbol entsteht, wenn etwas Innerliches, Geistiges seinen Ausdruck im Äußerlichen, Körperlichen findet.»[12] Der symbolische Ausdruck darf jedoch nicht willkürlich sein; er muß vielmehr aus lebendiger Wesensnotwendigkeit hervorgehen und so klar sein, daß die Ausdrucksform nicht auch irgend etwas anderes bedeuten kann. «Es darf nicht nur einmalige seelische Inhalte ausdrücken, sondern muß etwas über die Seele überhaupt, über das Menschenleben an sich sagen.»[13] Daß der Mensch wieder symbolfähig werde, war eines der tiefsten Anliegen Guardinis. Diese Möglichkeit ist in der Neuzeit weitgehend verlorengegangen. An die Stelle der Symbole sind Begriffe und Abstraktionen getreten; damit ist auch Guardinis Einstellung zu den Dingen untergraben worden. Wer verstanden hat, daß menschliche Haltung immer auch eine symbolische Haltung ist, der gewinnt wieder die Möglichkeit, «die Botschaft der Dinge zu hören und im Dienst an ihnen sein eigenes Wesen auszudrücken»[14]. Diese Einsichten haben nichts an Aktualität eingebüßt; sie gehören zu der Voraussetzung des religiösen Lebens.

Guardinis Denken umfaßte von Anfang an noch einen dritten Kreis: seine religionsphilosophische Bemühung. In seiner Haltung war Guardini kein Theologe im strengen Sinn des Wortes. Er schrieb auch keine systematischen Lehrbücher, in die höchstens Fachleute gelegentlich hineinblicken. Sein Denken kam aus dem Leben und führte ins Leben. Er nannte sein erstes religionsphilosophisches Werk «Der Gegensatz», das sein ureigenstes Anliegen enthielt, das freilich von der jungen Generation nicht verstanden und deswegen wenig beachtet wurde. Für den Verfasser aber war die Gegensätzlichkeit ein Grundzug des Lebens. Schon Jesus Sirach hat die Polarität klassisch formuliert: «Gleichermaßen betrachte alle Werke des Höchsten: immer sind es zwei, eines das Gegenteil vom andern.»[15] Diesem Buch folgten später noch weitere religionsphilosophische Schriften: «Welt und Person», ein Versuch zur christlichen Lehre vom Menschen, «Freiheit – Gnade – Schicksal», drei Kapitel zur Deutung des Daseins. Es waren stets Gelegenheitsschriften, in der philosophischen Haltung anti-kantianisch und anti-hegelianisch. Guardini war überhaupt kein Kathederphilosoph, und er rekapitulierte auf seinem Lehrstuhl keine Philosophiegeschichte. Die Fachmänner haben stets ihre Vorbehalte gegen diesen Außenseiter angemeldet, ihm aber doch die Anerkennung nicht versagen können. Beim Antritt seiner «Professur für katholische Weltanschauung» in Berlin – die Fakultät machte den «Gastprofessor» nie zu ihrem Mitglied, was der protestantischen Universität nicht zum Ruhm gereicht – riet ihm Max Scheler, dort nicht systematische Theologie zu dozieren: «Sie müßten tun, was im Wort Weltanschauung liegt: die Welt betrachten, die Dinge, den Menschen, die Werke, aber als verantwortungsbewußter Christ, und auf wissenschaftlicher Ebene sagen, was Sie sehen.»[16] Guardini befolgte den Rat, freilich auf seine eigene, souveräne Weise. Er war entschlossen, als Schauender standzuhalten gegen die Welt, standzuhalten im Glauben, bei Christus zu bleiben und zum geistigen Geschehen vom christlichen Standpunkt aus Stellung zu nehmen.

Aus diesem inneren Auftrag heraus sind die Monographien über Dostojewski, Pascal, Augustin, Sokrates, Hölderlin, Rilke hervorgegangen, die seinen Namen bekannt gemacht haben. Sie sind mit ihren Darlegungen weder Theologie noch Literaturwissenschaft, weil sie aus einer wirklichen Begegnung mit diesen Gestalten herausgewachsen sind. Auch in ihnen spürt man das von Guardini einst geschaute Licht, das wie ein geheimer Zauber über diesen Büchern liegt.

Guardini handhabt in seinen Monographien meisterhaft die Kunst der Interpretation, er kennt vor allem die Methode des Hinführens zu einer Gestalt. Er war ein begnadeter Interpret. Seine Deutungen sind auch heute noch aller Erwägungen wert. Der Text nimmt bei ihm manchmal eine geradezu leuchtende Farbe an und erschließt dem Leser ganz neue Gesichtspunkte. Nach Helmut Kuhn «besteht die Schönheit jener Interpretationen Guardinis an der Peripherie des Christlichen in der Verbindung von zwei selten geeinten Eigenschaften, der Treue einfühlender Nachzeichnung und der hohen Besonnenheit, die das entfaltete Bild an seinen Ort stellt»[17]. Guardini lehrt den Leser so zu lesen, daß dieser sich durch die Dichter und Denker wieder angesprochen fühlt, ohne ihren oft zauberhaften Worten zu verfallen. Die Monographien von Guardini zu lesen bedeutet Gewinn, weil ihnen eine größere Tiefe eigen ist als vielen literarischen Abhandlungen.

Eine Frage ist freilich an dieser Stelle nicht zu umgehen. So hervorragend Guardinis Interpretation war, mit seiner irenischen Haltung ist seine Entscheidung nicht von gleicher Stärke. Unbequemen Stellen, Gedanken, die sich nicht ohne weiteres in seine Deutung einfügen, geht er gerne mit wenigen Worten aus dem Weg. Dostojewskis «Großinquisitor», der doch einen offenkundigen, wenn auch zum Teil ungerechten Angriff auf die katholische Kirche darstellt, bricht er die Spitze ab, indem er die Erzählung primär als eine bloße Selbst-Enthüllung Iwans versteht, was ihre

Bedeutung wesentlich abschwächt. Von Pascals Kampf gegen die Jesuiten sagt er nur, Pascal habe sich dabei heiß gelaufen und den Humor verloren[18], während er doch die damaligen Vertreter des Ordens – nicht seinen Stifter! – verdientermaßen in ihrem unverantwortlichen Anpassungschristentum anprangerte. Guardini ist dort ausgewichen, wo er hätte Stellung beziehen sollen. Auch auf Hölderlins Christus-Verständnis ist er wenig unvoreingenommen eingetreten, ebenso auf seine Beziehung zu Hegel. Beide Wahrnehmungen werden mit der Bemerkung auf die Seite geschoben, daß »auf diesem Weg die eigentliche Substanz des Christlichen zerrinnt»[19]. Erst in seinem Rilkebuch sprach er offen aus, daß dieser Weg in die Irre führe. Auch gegen Thomas Manns Josephsroman machte er viele Notizen, zu deren Auswertung er nicht mehr gekommen ist.

Es wäre voreilig, ob dieser Einwände Guardinis Verdienste zu übersehen. Er hat mit seinen Monographien viele Menschen, die sich noch im Vorhof aufhalten und nie daran denken, eine Heiligenbiographie auch nur in die Hände zu nehmen, angesprochen. Es ist eine plumpe Verdächtigung, Guardini zu bezichtigen, er habe mit diesen Arbeiten die Menschen fangen wollen. Vielmehr hielt er es für eine christliche Pflicht, an denen, die draußen stehen, nicht achtlos vorüberzugehen; mit dem modernen Menschen wollte er ins Gespräch kommen, dachte er doch an deren Heimholung ins Christliche. Diesem Ziel dienen seine Monographien, und unter diesem Aspekt sind sie zu lesen. Guardinis Anliegen behält seine Bedeutung, es darf nur nicht.in konfessionell engherziger Weise verstanden werden, als gelte es Konvertiten zu machen, sondern es muß christlich in Beziehung zum Evangelium gesehen werden. Der heutige Mensch ist eine entwurzelte Existenz. Er bedarf dringend einer neuen, metaphysisch verankerten Heimat; wo soll er sie finden, wenn nicht im Christentum? Mit der Heimholung ins Christliche ist eine neue Einwurzelung gemeint. Freilich hat Guardini mit seinen Ausführungen das vorgesteckte Ziel nicht erreicht; der Strom der Zeit lief in der entgegengesetzten Richtung und war stärker als die Kraft eines einzelnen Menschen. Man darf das Scheitern nicht mit lobenden Worten verdecken. Es liegt auch bei Guardini ein Drama vor, und seine Gestalt gewinnt an Eindrücklichkeit, wenn es wahrgenommen wird. Die Heimholung des Menschen ist ein schönes, ein zu schönes Ziel, das aus verschiedenen Gründen nicht gelingen konnte. Er hat sich die Verwirklichung vorschnell und zu geradlinig gedacht, vielleicht auch zu direkt. Sie vollzieht sich höchstens durch erschütternde Ereignisse, durch Leid und durch Erleuchtung. Wir Christen sind nicht fähig, die Welt heimzuholen – dies hat Gott durch seinen Sohn getan, als er die Welt am Kreuz mit sich versöhnte –, unsere Aufgabe ist, uns selbst endlich einmal heimzuholen. Trotzdem bleiben Guardinis Monographien aktuell, weil sie bedeutsame Werte in sich schließen. Wir tun gut daran, wieder nach ihnen zu greifen, um uns durch ihre hohe Kunst der inhaltlichen und nicht bloß formalistischen Interpretation belehren zu lassen.

Doch wäre es falsch, würde man in den Monographien die Hauptleistung von Guardini sehen. Sie sind Vorübungen zur richtigen Erfassung der Person Christi, die Guardinis ganzes Denken und Sein in Anspruch genommen hat. Diese Feststellung ist die endgültige Widerlegung des Geredes vom Ästheten Guardini, denn ein bloß ästhetischer Mensch ist nie am Kreuz interessiert. Guardini versuchte in verschiedenen Schriften Christus darzustellen: «Das Wesen des Christentums», «Jesus Christus», «Geistliches Wort», «Das Bild von Jesus dem Christus im Neuen Testament» und so weiter. Guardini ist in all diesen Werken unablässig um die Gestalt Christi gekreist und damit um den Mittelpunkt alles Lebens. Der Höhepunkt dieser Arbeiten bildet sein Buch «Der Herr», ein Band, der den Menschen gewidmet ist, die unterwegs sind, und der das ganze Leben des Gottessohnes behandelt. Dieses kostbare Buch bringt den Text des Neuen Testamentes zum Sprechen; es hat noch nichts von seinem Glanz verloren. «Der Herr» ist eines der wenigen Christusbücher, das man mit gutem Gewissen empfehlen kann. Diese Christus-Predigten waren während des Krieges für viele die geistige Nahrung. Walter Dirks gestand offen: «Wir lebten während der Nazi-Zeit aus diesem Buch.»[20] Wer vermittelt in der Gegenwart dem suchenden Menschen eine ähnlich nahrhafte Speise? Sicher nicht die Wühlmäuse, die mit ihren auflösenden Tendenzen das christliche Gebäude zu untergraben versuchen.

Man hat gegen Guardinis neutestamentliche Schriften eingewendet, sie würden die historisch-kritischen Arbeiten der neutestamentlichen Wissenschaft ignorieren und sie für die katholischen Kreise blockieren[21]. Der Einwand ist richtig, erfordert aber eine andere Bewertung. Die historisch-kritische Arbeit darf nicht zum voraus als eine ungläubige Einstellung verdächtigt werden, doch kommt ihr eine untergeordnete Bedeutung zu. Ihre rationale Methode kann dem überrationalen Stoff nicht gerecht werden, wenn sie zur Hauptsache erhoben wird, führt sie vom Thema weg. Jedenfalls vermochte sie die Gestalt Christi nicht neu zu erhellen, weil ihrer Arbeit die Kraft zu einer ganzheitlichen Schau fehlt. Guardini polemisierte nie gegen die bibelkritische Arbeit, doch ging er stillschweigend über sie hinweg. Es lag ihm an einer pneumatischen Auslegung, denn er versuchte stets zu der zentralen Mitte vorzudringen und biblische Ausführungen auch biblisch zu verstehen. Von seiner Exegese ging deshalb nicht die geringste Verwirrung aus. Guardini war sich auch über die Unzulänglichkeit aller psychologischen Betrachtung klar. Es gibt keine Psychologie Jesu, erklärte er kategorisch, zumal alle Eigenschaften und Wesenszüge von Jesu Gestalt ins Unbegreifliche gehen. Er fand die göttliche Härte der Existenz Jesu erschreckend und war der Meinung, man komme ihr mit Begriffen wie Güte oder Warmherzigkeit nicht nahe. Für Guardini gab es kein Christentum ohne Christus, und der Erlöser selbst gehörte in seine Verkündigung. Es gibt keine christliche Wahrheit, die von ihm abgelöst werden könnte. Christus ist in erster Linie nicht eine Lehre, sondern eine Wirklichkeit, die aus seiner beständig sich erneuernden Gegenwart lebt. «Man kann nur eines tun: immer wieder stehen bleiben vor einer Begebenheit, vor einem Wort, vor einer Tat, lauschen, uns belehren lassen, anbeten und gehorchen.»[22] Für Guardini läßt sich das Ewige Wort nicht adäquat in menschliche Worte und Begriffe umsetzen. Bei ihm liegt die Bemühung um ein inneres Verstehen durch Meditation vor, das dem Neuen Testament viel mehr entspricht. Horchend und gehorchend betrachtet er eine Aussage oder eine Tat Jesu und dringt von daher immer weiter vor. Er versuchte dem Geheimnis der Daseinsgestalt Jesu Christi näher und näher zu kommen, und nie war er ihr nahe genug. Guardini leistete Johannes-Arbeit: er bereitete dem Herrn den Weg zum heutigen Menschen, denn vielen hat er einen neuen Zugang zu den Evangelien eröffnet, eine Tat, die ihm unvergessen bleibt.

Das stärkere Eingehen auf die Christus-Gestalt fiel zeitlich mit der Herrschaft des Nationalsozialismus zusammen. Sie kostete Guardini die Professur und belegte ihn mit einem Schreibverbot. Doch hat der Nationalsozialismus weder sein Werk zerbrochen, noch eine tiefe Verstörung seiner Person bewirkt. Solche unhaltbare Behauptungen gingen darauf hinaus, Guardini in den Hintergrund zu schieben. Wohl aber hat die Machtergreifung des Nationalsozialismus eine erneute Besinnung veranlaßt. Sie war naheliegend; aber unverständlich daran bleibt, daß nicht mehr Menschen davon ergriffen wurden. Guardini empfand nun die Schwierigkeiten der modernen Situation viel schärfer als früher. Sie ließen sich nicht mit einfachen Mitteln meistern. Keine Stunde war Guardini für die nationalsozialistische Ideologie anfällig, aber sie nötigte ihn, die christliche Lage neu zu überprüfen. Allezeit ist der Mensch gehalten, die Probleme neu durchzudenken und sich nicht vorzeitig mit seiner Ansicht zufriedenzugeben.

Dieser Aufgabe diente das Buch «Das Ende der Neuzeit», das einer Bestandsaufnahme der gegenwärtigen Situation gleichkommt. In dieser Schrift sah Guardini die moderne Lage in einem sehr ernsten Licht. Er stellte fest, daß die Ideen, die das neuzeitliche Bewußtsein eigentlich gestaltet hatten, langsam, aber unaufhaltsam verblaßten. Er wies das neue Bewußtsein im Verhältnis des Menschen zur Natur nach, in der die Beziehung, die Goethe besaß, abgelöst und durch das Gefühl von dem Unvertrauten und Gefährlichen, dem Fremden und Unansprechbaren ersetzt wurde. Man begrüßte bis dahin die Technik unter dem Aspekt ihres Nutzens für die Wohlfahrt des Menschen, während nun ihre Verwüstung und Skrupellosigkeit in Erscheinung tritt. Das Persönlichkeitsideal als ein von Gott angesprochenes Wesen löst sich auf, indem die Menschen als Objekte und Träger bloßer Funktionen behandelt werden, wodurch der Mensch den Es-Mächten verfällt. Diese Entwicklung war nur möglich, weil die Neuzeit den Menschen falsch gesehen hat. «All das Furchtbare ist doch nicht vom Himmel gefallen – sagen wir richtiger, aus der Hölle heraufgestiegen! All die unfaßlichen Systeme der Entehrung und Zerstörung sind doch nicht ersonnen worden, nachdem vorher alles in Ordnung war. Ungeheuerlichkeiten von solcher Bewußtheit gehen doch nicht nur auf Rechnung entarteter Einzelner oder kleiner Gruppen, sondern kommen aus Verstörungen und Vergiftungen, die seit langem am Werk sind.»[23]

Guardini deutete den Charakter des kommenden Weltbildes nur notdürftig an. Er stand der Zukunft nicht völlig hoffnungslos gegenüber, wohl aber war er sich über die Schwächung des religiösen Organes klar und wußte, daß dadurch das Leben zu einem Motor ohne Öl wird. Das heraufsteigende Heidentum läßt sich nicht mit dem antiken Heidentum vergleichen. Das Gute an der Entwicklung ist, daß dem Christen bewußt wird, daß er aus der Säkularisation, den Halbheiten und Vermengungen heraustreten muß. Was nicht ganz echt ist, wird unweigerlich zugrunde gehen.

Guardinis Analyse der Neuzeit ist wertvoll, vielleicht aber hat er die Dinge in einer zu kurzen Perspektive gesehen. Gegen die Überschrift seines Buches ist ein Fragezeichen anzubringen, denn wir sind noch nicht am Ende der Neuzeit angelangt, sondern sind noch mitten drin. Wäre das Ende wirklich erreicht, könnten wir auch mit einem neuen Anfang beginnen, wovon jedoch keine Rede ist. Aus der End-Situation, der wir entgegentreiben, ergeben sich neue Probleme.

Die Heimholung ins Christliche erscheint in einem andern Licht. Sie kann nicht in einer einfachen Rückführung bestehen, vor allem nicht, wenn das Menschliche in Gefahr ist. Zwischen dem Christlichen und dem Menschlichen besteht eine oft nicht leicht zu bewältigende Spannung. Gewiß darf das Christliche nicht durch das Menschliche befreit werden, sondern umgekehrt, das Menschliche wird durch das Christliche erlöst. Aber dies wird kaum geschehen, wenn das rein Menschliche sich in völliger Auflösung befindet und in Gefahr ist, ins Tierische abzusinken. Dies aber ist die Signatur der heutigen Zeit.

Aus dieser Überlegung richtete Guardini seine Aufmerksamkeit auf die Rettung des Menschlichen, gab er doch seiner letzten Aufsatzsammlung den Titel «Die Sorge um den Menschen». Schon die Überschrift ist bezeichnend. Guardini schaute nach dem Zweiten Weltkrieg ängstlich und beklommen in die Gegenwart. Dies war keine Altershypochondrie, die die neuen Verhältnisse nicht mehr begreift. Wer sich unvoreingenommen der heutigen Zeit stellt, erschrickt, weil der Mensch unmittelbar gefährdet ist. Längst hatte sich Guardini gefragt, ob die Sinnlinie der Wissenschaft mit jener der menschlichen Wohlfahrt gleichlaufe. Der moderne Mensch gerät in eine immer größere Isolierung, wobei sich die Öffentlichkeit zunehmend in seinen Privatbereich hineindrängt. Die offene oder getarnte Totalisierung des Lebens, verbunden mit einer überhandnehmenden Staatsapparatur zeigt die Bedrohung des Menschen auf eine akute Weise. Guardini war nicht gewillt, bei einer bloßen Bestandsaufnahme stehen zu bleiben, sondern sann als Christ unablässig über eine wirksame Hilfe nach. Er entwickelte kein Programm; er war klug genug zu wissen, daß mit Programmen niemandem geholfen ist, aber er wies darauf hin, daß das kulturelle Leben eines kontemplativen Elementes bedarf, das in den letzten Jahren verlorengegangen ist. Nur im meditativen Denken kann es zu einer Besinnung kommen. Auch trat er für eine neue Askese ein, wobei er unter dem Wort eine Selbstzucht verstand, ohne die der Mensch auf die Dauer nicht existieren kann. «Der Mensch muß wieder absolute Positionen beziehen lernen; sich wieder fähig machen, in Dingen des kulturellen Lebens ein wirkliches Urteil zu bilden und es aufrecht zu halten; Stellung zu nehmen und sie durchzukämpfen.»[24] Guardini kämpfte nicht für Reformen, sondern für eine neue Basis.

Guardinis Ausführungen verloren sich nicht im Allgemeinen und Unbestimmten. Er bezog zu ganz konkreten Fragen unmißverständlich Stellung. Zwei Beispiele mögen darlegen, wie Guardini sich der Zeit erneut gestellt hat:

Zunächst das Thema «Verantwortung». Unter diesem Titel erschien Guardinis Beitrag zur jüdischen Frage. Er hat diesen wertvollen Vortrag um die Mitte unseres Jahrhunderts vor der Studentenschaft in Tübingen gehalten. Zwar übernahm er den Auftrag nicht gerne, weil er fürchtete, in den politischen Sog hineingezogen zu werden, in dem die entscheidenden Fragen gerne verzerrt werden. Die Universität war für ihn der Ort, geistige Probleme sachlich und ernst zu besprechen. Guardini ging von der Feststellung aus, daß eine große Zahl von Menschen, die keine Schuld auf sich geladen hatten, wegen einer bloßen Theorie um Ehre, Eigentum und Leben gebracht worden sind. Es läßt sich nicht bestreiten, daß solche Dinge geschehen sind. Guardini fragte deshalb eindringlich: «Wo war damals das Gewissen?» Er kann sich das furchtbare Geschehen nur durch «die Einheit von Unmenschlichkeit und Maschine» erklären[25]. Bedeutsam ist namentlich seine Einsicht: «Es ist beunruhigend, wie sehr man in anderen europäischen Ländern und außerhalb Europas geneigt ist, sich vor dieser Gefahr immun zu fühlen und das, was in Deutschland geschehen ist, als ein bloß deutsches Unrecht und Unheil anzusehen. Das könnte zur Blindheit werden und eine Staatshaltung entstehen lassen, die scheinbar demokra-

tisch, in Wahrheit aber doch totalitär wäre.»[26] Guardini
war tief beunruhigt, daß das Geschehen den Menschen
so wenig beschäftigt, daß es wie ein stummer Block in
seinem Gemüt sitzt, und er ihm ratlos gegenüber steht.
Statt von Kollektivschuld zu reden, betont Guardini die
Solidarität des Einzelnen mit seinem Volke und aller Einzelnen in diesem Volke untereinander. «Das muß geschehen, weil Unrecht nicht stehenbleiben darf. Es muß aufgearbeitet werden.»[27]
Ferner fing er an, über das Machtproblem nachzudenken,
das in unserer Zeit im Vordergrund steht. Ihm widmete
er eine eigene Schrift: «Die Macht, Versuch einer Wegweisung.» Die Macht ist fragwürdig, und das Verhältnis des
heutigen Menschen zu ihr ist falsch. Es geht nicht um
die Steigerung, sondern um die Bändigung der Macht, um
ihren richtigen Gebrauch. Guardini sah die Verbindung
der Macht mit dem Versucherischen. «Worum es sich aber
in Wahrheit handelt, ist nicht ‹das Dämonische›, sondern
Satan; und wer Satan ist, sagt in zuständiger Weise nur
die Offenbarung.»[28]
Mit all diesen Gedanken ist Guardini ganz ins Aktuelle
vorgestoßen. Dies haben auch die Zuhörer seiner Predigten
in der Ludwigskirche gespürt, die ganz still und innerlich
stark ergriffen seinen Ausführungen lauschten. Man nannte Guardini schon «einen Charismatiker der seelsorgerlichen Anrede», und nach seiner Aussage ist es «der Sinn
des Menschen, lebendige Grenze zu sein und dieses Leben
der Grenze auf sich zu nehmen und durchzutragen»[29]. Unter diesem Aspekt ist er selbst zu begreifen.
Seine Worte über die Bedrohung des Menschen verdienen
alle Aufmerksamkeit und dürfen nicht im Lärm des Tages
verhallen. An Dringlichkeit haben sie nicht das geringste
eingebüßt. Guardini bleibt ein bedeutsamer Mann, über

den die Akten nicht geschlossen sind. Wir haben ihn im gegenwärtigen Geisteskampf bitter nötig, und es lohnt sich immer, sich in seine Bücher zu vertiefen, weil sie eine christliche Substanz enthalten und wegweisend sind. Diese Stimme darf in unserer Mitte nicht verstummen, denn sie stammt aus einer augustinischen Geistigkeit. Guardini strebte nach einer klaren Haltung, nach der Ehrfurcht vor der inneren Ordnung der Dinge. «Das Schwere leichtzumachen – aber ohne daß ihm sein Ernst, seine Gefahr, seine Herrlichkeit genommen würde –, das Lastende zu freiem Stehen zu bringen, das Stockende zu federndem Schreiten» – wollte er und war dabei erfüllt von einem «Wissen um die Wahrheit und zugleich ein Wissen um die Inkommensurabilität der eigenen Kraft ihr gegenüber; eine Erkenntnis der eigenen Ungemäßheit, aus der aber nicht Skepsis, sondern höchste Zuversicht hervorgeht»[30].

Die Bedeutung von Guardinis letzter Phase wird nicht beeinträchtigt durch einige seiner fragwürdigen Aussagen. Sie sind durch die schwere Krankheit bedingt, die mit unsäglichen Schmerzen über den alten Mann hereingebrochen war. Er hatte ein furchtbares Leiden zu bestehen, zu dem noch die seelische Belastung seines schwindenden Einflusses hinzukam. Die Krankheit hatte naheliegenderweise tiefe Spuren in seinem Denken hinterlassen. Einige Aussagen aus jener Zeit brachten ihn in den Ruf eines Unruhe stiftenden Geistes, eine Auffassung, die sich auf das Wort von ihm beruft: «Wir glauben in der Kirche zu stehen mit aller die Seligkeit des Geborgenseins ahnenden Fülle. Wir stehen aber auch in ihr mit aller für die Haltung der Kirche mitverantwortlichen Unruhe. Und diese Unruhe kann uns niemand nehmen.»[31] Man liebt es, an die Äußerungen des kranken Guardini zu erinnern: «Wir werden vom Richter oder seinem Engel nicht nur befragt, sondern wir werden dann die große, die einmalige Chance haben, selber Fragen zu stellen, mit dem Recht auf eine volle und wahre Antwort. Romano Guardini zweifelte nicht daran, daß er sie vernehmen werde; aber er bestand auch darauf, daß er sie bisher nicht vernommen habe, weder vom Lehramt noch vom Evangelium, weder von der scharfsinnigsten Theologie noch in der sublimen Erfahrung des eigenen Herzens: Die Antwort auf die Frage, warum Gott, um alles ins Heil zu bringen, den schrecklichen Umweg über das Leid der Schuldigen und der Unschuldigen gewählt habe.»[32] Auch über die Liturgie äußerte der alte Guardini aufsehenerregende Bedenken: «Ist vielleicht der liturgische Akt und mit ihm überhaupt das, was ‹Liturgie› heißt, so sehr historisch gebunden – antik oder mittelalterlich –, daß man sie der Ehrlichkeit wegen ganz aufgeben müßte? Sollte man sich vielleicht zu der Einsicht durchringen, der Mensch des industriellen Zeitalters, der Technik und der durch sie bedingten psychologisch-soziologischen Strukturen sei zum liturgischen Akt einfach nicht mehr fähig?»[33] Die Frage wurde Guardini negativ angerechnet; er schwächte sie im mündlichen Gespräch ab, wohl mit Recht, denn sie paßte auch nicht zu seinen früheren Aussagen. Ebensogut hätte er fragen können, ob dem modernen Menschen noch die Einehe mit ihrer Treue zugemutet werden dürfe. Das sind falsche Fragen. Er hätte höchstens so fragen dürfen, wenn er zugleich die Frage eindeutig verneint hätte. Gewiß ist es gut, sich selbst immer wieder kritisch zu prüfen, aber der Mensch des industriellen Zeitalters ist selbst ein fragwürdiger Begriff, der nicht zur Norm erhoben werden darf. Der Sturmwind der Zeit hat dem alten Guardini offenbar mächtig um die Ohren geblasen. Er war in eine Krise geraten, in der sich das Verklärungslicht verdunkelte.

Es ist zwar die Frage zu erheben, ob die «revolutionäre Absicht»[34] wirklich von Guardini stammt oder ob sie ihm von seinen teilweise nach links abgerutschten Schülern unterschoben worden ist. Die von gewissen Schülern gemachten Aussagen sind wahrscheinlich doch gefärbt. In seiner letzten Zeit schlossen seine Anhänger einen Kordon um Guardini, den zu durchbrechen er nicht mehr die Kraft hatte.

Die von einem dumpfen Grollen begleiteten Äußerungen des alten Guardini beseitigen das allzu glatte Bild, das man sich von ihm gemacht hatte. Die Stilisierung entsprach nur dem äußeren Anschein, nicht der inneren Wirklichkeit. Wäre Guardini nur jene harmonisch-abgeklärte Gestalt gewesen, hätte er die jungen Menschen gar nicht anzusprechen vermocht. Sie spürten, daß in ihm eine verborgene Unruhe brodelte, wenn er auch stets um die Ruhe wußte, die über den Menschen liegt. Seine Fragen waren von der geheimen Antwort getragen. Nie arbeitete er dem Bodenlosen in die Hände, kannte er doch das Wort von Aristoteles: «Man muß doch irgendwo stehen bleiben.»[35] Alle untergrabenden, auflösenden Tendenzen lagen Guardini fern. Er war ein Mann, der einen festen Boden unter den Füßen hatte, der trotz allen Anfechtungen vom Glauben getragen war, und für den die eigentlichen Fundamente nie im Zweifel standen. Ihm waren Engel noch Boten und Heilige bedeutsame Erscheinungen. Er hatte keinen Anteil am gegenwärtigen Verfall der Christenheit, der oft beschönigend «Wandlungen der Kirche» genannt wird. Es hieße sowohl das Gedächtnis wie das Vermächtnis Guardinis gründlich verfälschen, wollte man dies nicht klar aussprechen. Der angefochtene Mann hat sich immer wieder zum Glauben hindurchgerungen, was das aus dem Nachlaß überlieferte trinitarische Gebet eindrucksvoll beweist, von dem nur die Anfangsworte zitiert werden sollen:

Lebendiger Gott.

Wir glauben an Dich.

Lehr uns die Stunde verstehen, in der es ist,
als habest Du uns verlassen.

Du, dessen Treue die Ewigkeit ist,
Als seiest Du nicht.

Du, der uns seinen Namen genannt:
Der da ist.

Lebendiger Gott, wir glauben an Dich.

Gib uns Stärke auszuharren,
Wenn alles wesenlos wird.

Zu Beginn der vorliegenden Ausführungen erwähnte ich
Guardinis Erlebnis der Engadiner Landschaft mit ihren
Lichtwirkungen. Den Abschluß bildet eine autobiographische Mitteilung, die Guardini anläßlich eines Rückblickes
auf seine Lebensstationen erzählte. Guardini stand einmal
am Odeonsplatz in München und hielt nach einem Taxi
Ausschau. «Plötzlich steht da einer, nein, ein Privatwagen.
Der Mann am Steuer steigt aus und sagt: ‹Wollen Sie
nicht Platz nehmen?› Ich kenne ihn nicht und frage: ‹Ja,
wie? Wieso sind Sie hier und laden mich ein?› Darauf
er: ‹Sie wissen doch, der unsichtbare Fahrplan!› Ich bin
eingestiegen, wurde hingebracht, wohin ich wollte.»[36]

Zerstreut wie Guardini war, hat er sich beim Aussteigen
wohl bedankt, aber vergessen, um den Namen zu bitten.
Er verspann sich in das Wort «der unsichtbare Fahrplan»,
der in allem Wirrwarr bestehen bleibt. Auf ihn kommt
es an, das wußte Guardini ganz klar. Er selbst war ebenfalls wie ein Wagen, der nach einem unsichtbaren Fahrplan
unerwartet an unserer Seite steht. Wir dürfen einsteigen,
Platz nehmen, und er fährt uns nicht irgendwo hin, sondern jenem Ziel entgegen, an das wir kommen sollten.

DAS LIED DES HEIMKEHRERS:
PETER WUST

Die Kindheit eines Menschen schließt immer ein Geheimnis in sich. Peter Wusts Jugenderinnerungen schildern den Traum einer Kindheit, der ihn durch das ganze Leben begleitet hat. «All diesen Schollen- und Erdgeruch trage ich dann mitten in den Hörsaal hinein», schrieb er einem Freund[1]. Nie verließ ihn die Sehnsucht nach dem verlorenen Paradies der Kindheit. In den verklärten Schilderungen seiner Jugendzeit gibt es eine Szene von besonderer Eindrücklichkeit: Am letzten Tag zu Hause, bevor er nach Trier ins Gymnasium abreiste, «schaute ihm die Mutter noch einmal schluchzend in die Augen und sagte: ‹Lieber Junge, willst du nun wirklich gehen? Noch ist es Zeit zu überlegen. Vielleicht bleibst du doch besser bei uns daheim, denn wer weiß, ob du nicht auf diesen hohen Schulen noch deinen Glauben verlierst und damit den letzten Halt in dieser Welt?› Ich schwieg eine ganze kurze Weile – es war ein atembeklemmendes Schweigen für alle –, und dann sagte ich fest und entschieden: ‹Liebe, gute Mutter, ich kann nicht anders. Ich muß gehen.»[2] Der Knabe hat dem mütterlichen Wunsch nicht entsprochen, er ist gegangen, und der bedeutsame Augenblick hat weitgehend über sein Schicksal entschieden.
Peter Wust dachte später viel über diese «Minute des Lebens» [Guggenheim] nach, die er sich dahin erklärte, daß ihn der Dämon des Geistes aus dem Kinderparadies hinausgetrieben habe. Manchmal gewinnt man den Eindruck,

Wust habe den knabenhaften Entscheid bereut, fragte er sich doch mehrfach, ob er nicht viel glücklicher gelebt hätte, wenn er zu Hause geblieben wäre. Das war wohl eine Täuschung. Es scheint undenkbar, daß der begabte Jüngling sein ganzes Leben lang mit dem Knecht den Acker gepflügt hätte oder gleich dem Vater als hausierender Siebmacher durch die Lande gewandert wäre. Bei seiner geistigen Veranlagung wäre er dabei unglücklich geworden, und stets hätte ihn das Gefühl geplagt, um das Leben geprellt worden zu sein. Der Junge hat auf die letzten mütterlichen Worte richtig geantwortet; er mußte gehen, er ist auch gegangen und hat sich sehr weit von der häuslichen Welt entfernt.

Freilich war auch die Warnung der Mutter teilweise berechtigt, denn Peter Wust verlor auf den hohen Schulen den Glauben. Wie dies im einzelnen vor sich gegangen ist, bleibt im Dunkeln. Er deutete seinen Abfall öfters, wenn auch nur notdürftig an und verschleierte den Vorgang mehr, als ihn zu erhellen. Gelegentlich schrieb er in Briefen, daß seine Gymnasiallehrer wohl katholisch, aber nicht gläubig waren – welch abnorme Situation! – und in einem säkularisierten Humanismus dahin lebten. «Sehr bald färbte das auf mich ab. Als Unterprimaner schon war ich so weit, daß mir der Glaube an Christus gleichgültig geworden war. Das Priesterideal war ganz dahin. Goethe war mein Leitstern geworden.»[3] Nach seinem Erinnerungsbuch litt er im bischöflichen Konvikt in Tier nicht unter der strengen Zucht. Das Einengende der Erziehungsanstalt kam ihm zunächst nicht zum Bewußtsein, da er seiner Herkunft nach an ein viel unfreieres Dasein gewohnt war.

Warum verließ Wust das Konvikt vor Abschluß der Maturität? Es war weniger das Konvikt als das Gymnasium, das ihn zur Abwanderung von der Kirche veranlaßte. Wust brachte die beiden Welten nicht zusammen, und der Zwiespalt zwischen Glauben und Wissen veranlaßte ihn, das Christentum preiszugeben, ein Vorgang, der sich bei vielen jungen Menschen ereignet. Die Unruhe des Herzens trieb ihn aus der Kirche hinaus und hinein in eine unbekannte Geisteswelt. Verführerisch lachte sie ihm entgegen, lockte und verlockte ihn, bis er ihrem einladenden Ruf nicht mehr zu widerstehen vermochte und sich ungestüm in ihre Arme warf. Er stürzte sich nicht in ein modernes, ungebundenes Leben hinein, suchte keine erotischen Abenteuer; insofern ist die Befürchtung seiner Mutter, er verliere noch den «letzten Halt in dieser Welt», nicht eingetreten. Die Wollust des Wissensdurstes und die Erkenntnisleidenschaft waren mächtiger als er und hatten ihn übermannt. Seine Sehnsucht galt den Büchern; ihretwegen brach er alle Brücken hinter sich ab und tauchte in jugendlichem Freiheitsüberschwang in das moderne Geistesleben ein. Er begann seine Universitätstudien in Berlin und entfernte sich mit Riesenschritten von der ländlichen Herkunft, die er später beinahe dichterisch besang. Das süße Gift der Skepsis wirkte berauschend auf ihn, und der freie Humanismus schien ihm viel einleuchtender zu sein als das überlieferte Credo der Kirche. Zwar hörte er sein Gewissen, aber er übertönte es, denn die Anziehungskraft der Klassiker war zu groß, und der deutsche Idealismus wirkte auf ihn wie ein Narkotikum. Bedenkenlos gab er sich dem geistigen Reichtum der Denker und Dichter hin. Wust nahm die moderne Welt in sich auf und genoß sie in vollen Zügen. Man darf in diesem Weg nicht nur das Negative sehen. Wust hat dadurch auch einen großen Reichtum des Geistes in sich aufgenommen, von dem er im bischöflichen Konvikt nie etwas erfahren hatte. Entschlossen bejahte er das Schicksal des

Parzifal-Typus, er verstand sich selbst als solcher. Die eingeschlagene Odyssee entsprach dem Wesen des jungen Menschen, wenn er auch in den Augen seiner Eltern ein verabscheuungswürdiger Abtrünniger geworden war.

Der Ausbruch aus dem heimatlich-katholischen Gehäuse endigte jedoch mit einer furchtbaren Enttäuschung. Die Grundlagen der modernen Geistigkeit waren nicht tragfähig. Hatte Wust zu früh aufgegeben? Hätte er länger durchhalten sollen? War es Schwäche, als er klein beigab? Nein, denn sein schweres Enttäuschungserlebnis fiel mit dem Schicksal seines geliebten Volkes zusammen. Der Donnerschlag, der ihn zur Besinnung brachte, kam zunächst von außen, durch die politische Entwicklung seines Landes. Deutschland stand am Ende des Ersten Weltkrieges, den Wust mit brennendem Interesse verfolgt hatte. Das große Ringen auf den Schlachtfeldern entschied sich zu Ungunsten Deutschlands. Der nationale Zusammenbruch stürzte Wust in eine innere Verzweiflung, der er nicht Herr zu werden vermochte. Er begriff nicht, daß alle heroischen Anstrengungen vergeblich waren und nur ein grausiges Trümmerfeld übrigblieb. Ein solches Eingeständnis, vor zerstörten Hoffnungen zu stehen, fehlt der Gegenwart. Das ist mit eine der Ursachen, warum sie auch für Wust kein Verständnis aufbringt. Der heutige Christ rühmt sich gerne, die Scheuklappen abgelegt und sich der Welt zugewandt zu haben. Die Auflösung gaukelt ihm eine Befreiung vor. Er durchschaut die neue Wendung nicht als eine getarnte Demontage. Wust dagegen erlebte beim ersten Zusammenbruch Deutschlands die zersetzenden Tendenzen und erkannte zugleich, daß der nivellierende Weg nicht weiterführe. Zu dieser Erkenntnis sind die maßgeblichen Kreise von heute, von wenigen Ausnahmen abgesehen, noch nicht gekommen.

Die Enttäuschung veranlaßte Wust, sich nach einer Neuorientierung umzusehen. Der schmächtige, sensible und nach Freundschaft hungernde Mann mußte sich in einem inneren Kampf von der skeptischen Denkweise befreien. Die Änderung reifte nur langsam, da man Überzeugungen nicht wie ein Hemd wechseln kann. Nach strengem Nachdenken tastete er sich Schritt für Schritt zum Urgrund zurück und erlebte an sich selbst, was er viel später in die Worte zusammenfaßte: «Der Mensch wird manchmal erst in der Gottesferne fähig, die Gottnähe in ihrer eigentlichen Bedeutung zu werten und zu verstehen.»[4] Langsam begriff er die Pflicht, das Wesentliche zu finden. Die Stationen seiner Heimkehr erschließen sich allerdings nur dem Leser richtig, der bereit ist, sie teilnehmend mitzugehen.

Die erste Station war ein eingehendes Gespräch mit Ernst Troeltsch, an den er sich in seinem seelischen Schmerz über die Niederlage Deutschlands wandte. Bezeichnenderweise suchte er in seiner Geistesnot einen evangelischen Theologen auf, einem katholischen hätte er in seiner damaligen Verfassung keinen Glauben geschenkt. Troeltsch hatte in die philosophische Fakultät hinübergewechselt. Sein Hauptwerk «Die Soziallehren der christlichen Kirchen» hatte ihm eine gewisse Berühmtheit eingetragen, und er beschäftigte sich mit dem «Historismus und seinen Problemen», die er jedoch nicht zu bewältigen vermochte. Wie ein Seismograph reagierte er auf die Zeit und bemerkte schon damals: «Es wackelt alles.»[5] Er versuchte, sich durch die Schilderung der großen Zusammenhänge der Geschichte über seinen resignierten Relativismus hinwegzuhelfen. Seine einstige Lieblingsschülerin, Gertrud von le Fort, zeichnete in ihrem Roman «Der Kranz der Engel» ein sympathisches Bild von Troeltsch. Die Dichterin stellte ihn in der «Abendröte des Christentums» dar, wohl wissend, «daß man mit der Aufopferung Gottes auch die Welt opfert, daß der Verrat an der Religion den Verrat an der Kultur nach sich zieht, nach sich ziehen muß. Die abendländische Kultur wird genauso lange leben wie die abendländische Religion lebt. Nicht jene trägt diese, sondern diese jene.»[6] Wust führte im Oktober 1918 ein ernsthaftes Gespräch unter vier Augen mit Troeltsch, der dem niedergeschlagenen Wust sagte: «Die äußere Niederlage, die wir jetzt erleben, braucht Sie nicht zur Verzweiflung zu führen. Denn diese äußere Niederlage ist nur die konsequente Folge jener inneren Niederlage, die wir bereits seit dem Tode Hegels dauernd erleiden, insofern wir den großen alten Väterglauben an die souveräne Macht des Geistes aufgegeben haben. Sie sind noch jung. Wenn Sie etwas für die Kräfteerneuerung unseres Volkes tun wollen, dann kehren Sie zurück zum uralten Glauben der Väter und setzen Sie sich in der Philosophie ein für die Wiederkehr der Metaphysik gegen alle müde Skepsis einer in sich unfruchtbaren Erkenntnistheorie.»[7] Eine denkwürdige Äußerung aus dem Munde eines Menschen, der die moderne Geistigkeit am eigenen Leibe erfahren hatte. Es gibt kaum ein bedeutungsschwereres Wort von Troeltsch. Es hat denn auch Wust wie ein Blitzstrahl getroffen und dem Abtrünnigen den ersten Anstoß zur Umkehr gegeben. Hätte Troeltsch anders antworten sollen? Das wird man schwerlich behaupten können.

Der die kritische Analyse ausübende Troeltsch gab dem verzweifelten Wust eine dreifache Erkenntnis mit auf den Weg. Zunächst betonte er den Zusammenhang von innerer und äußerer Niederlage. Troeltsch war unsicher gegenüber den letzten Fragen, doch als die Fassadenkultur des wilhelminischen Zeitalters krachend zusammenstürzte, gab er mit scharf beobachtendem Blick dem ratlosen Wust den richtigen Hinweis, nämlich die Kräfteerneuerung seines Volkes durch die Rückkehr zum alten Glauben der Väter einzuleiten. Es lohnt sich noch heute, über die Äußerung des Berliner Religionsphilosophen ernsthaft und lange nachzudenken, weil sie von einem Manne stammt, der früher von einer Flucht zu den religiösen Autoritäten nichts wissen wollte. Die Rückkehr zum uralten Glauben der Väter darf nur nicht als eine bloße Repristination mißverstanden werden, sie wäre sonst zum Scheitern verurteilt. Ferner legte er Wust nahe, sich in der Philosophie für eine Wiederkehr der Metaphysik einzusetzen, und damit hat er eine der zentralen Aufgaben des neuzeitlichen Menschen formuliert.

Jedenfalls brachte diese Antwort Wust zur Besinnung, indem sie ihm die Möglichkeit gab, die Niederlage von 1918 innerlich zu verarbeiten. Hierin unterschied er sich von der Generation von 1945, die den katastrophalen Zusammenbruch einfach mit dem Wirtschaftswunder zudeckte.

Die zweite Station auf seiner Heimkehr war die Begegnung mit Max Scheler in Köln. In ihm erkannte Wust einen Katholiken, der weder satt noch dünkelhaft, weder spießig noch intolerant war, sondern ein wirkliches Leben mit einer Fülle von Einsichten führte. Edith Stein schrieb über ihn: «Der erste Eindruck, den Scheler machte, war faszinierend. Nie wieder ist mir an einem Menschen so rein das Phänomen der Genialität entgegengetreten. Aus seinen großen, blauen Augen leuchtete der Glanz einer höheren Welt.»[8] Über sechs Jahre war Wust mit Scheler befreundet, er erlebte Stunden intensiver Aussprachen und schwerster Kämpfe. Leider gibt es noch keine Biographie über den bedeutenden Philosophen von Köln. Als reichveranlagter Mensch hatte er blendende und verführerische

Einfälle. In seinen Werken hatte er die Wendung zum Objektiven vollzogen, die Wust suchte, und die für ihn wegweisend wurde. Die allwöchentlichen Gespräche mit Scheler regten Wust ungemein an und halfen ihm bei seiner Neuorientierung. Wust stand noch immer auf keinem gesicherten Boden, denn ein Jahr nach seiner ersten Publikation erfaßte ihn eine Glaubenskrise, die ihn vor die Entscheidung stellte, «Credo oder Revolver», eine extreme Formulierung, in der seine Unausgeglichenheit deutlich wird[9]. Wust überwand sie mit Hilfe Schelers, was er ihm nie vergessen hat. Doch war der Kölner Philosoph ein in seinem Charakter nicht gefestigter Mann, ein Mensch, in dem es brodelte, der sich treiben ließ und sich selbst nicht in der Hand hatte. Sein törichter Wunsch, in Berlin die Dekadenz zu studieren, wurde ihm zum Verhängnis. Er war den Vitalstürmen nicht gewachsen, und sie trieben ihn weit weg vom Christentum. Scheler selbst beschönigte sein Versagen mit den geistreichen Worten, man könne von einem Wegweiser nicht verlangen, daß er den Weg selbst gehe. Mit derartigen Äußerungen überspielte er seine Niederlage, während sie ihn in Wirklichkeit zur tragischen Gestalt machte. Wust hat die letzte Wendung Schelers, die der eigenen Rückwanderung direkt entgegengesetzt war, unendlich bedauert. Aber eine innere Stimme gebot ihm, gerade jetzt Scheler nicht zu verlassen, weil der unglückliche Mensch in dieser Situation mehr als je der Männer bedurfte, die ihn liebten. Wust bewertete Schelers Abfall als den stärksten Verlust, den die christliche Philosophie in den letzten Jahren erlitten habe. Nach dem plötzlichen Tod Max Schelers sprach Wust nur Gutes über den unglücklichen Mann. Zurückgekehrt vom Besuch an seinem Grabe schrieb Wust: «Er liegt so ganz heimlich in einer stillen Ecke, wo ihn die gute Mutter Natur gleichsam in ihren Arm genommen hat ... Mich überrieselte ein furchtbarer Schauer, als ich an dieses Grab trat, in dem er ruht, der ewig Ruhelose, der Stürmer und Dränger. Ich hätte die Erde aufwühlen mögen, um zu ihm hinabzudringen, um seinen toten Körper zu rütteln, um seinen Mund von dem Schweigen des Todes zu entsiegeln. Max Scheler, so wollte ich hinabrufen, Max Scheler, so einsam ruhst Du nun hier? Und so schweigsam, Du, der Du immer so redselig warst von allen letzten Dingen? Unheimlich, ganz unheimlich war diese Stille des Todes für mich. Unheimlich das stille Fortweben der Natur über diesem Grab. Kleine Tierchen kletterten über die welken Kränze, Ameisen und Käferchen aller Art, und in den Zweigen summte es leise, das Lebendige. Doch er gab keine Antwort mehr...»[10]

Scheler hat Troeltschs Anstoß ausgeweitet; die endgültige Heimkehr aber gelang Wust nur durch ein konkretes Erlebnis. In seinen Büchern sprach er nicht davon, weil er seine religiösen Erlebnisse nicht preisgeben wollte. Einigen Freunden gegenüber aber deutete er das Vorkommnis vorsichtig an, so daß jede bloße Vermutung ausgeschlossen ist. An einem Dezemberabend des Jahres 1922 konnte sich Wust bei der Niederschrift einer Arbeit der Tränen nicht mehr erwehren, plötzlich umflutete ihn ein äußerlich wahrnehmbares, helles Licht. «Das Eis der Erstarrung war gebrochen: der Föhn der Gnade hatte aufgetaut. Ich war wie verwandelt ... Seit jenem Abend war alle Skepsis wie weggeblasen ... ich hatte nie mehr eine Versuchung gegen den Glauben erlebt.»[11] Das Ereignis ist von entscheidender Bedeutung und wichtiger als die intellektuellen Gespräche mit Troeltsch und Scheler. Wust wurde ein Zeichen von der göttlichen Welt gegeben, so konkret, anschaulich und unmittelbar, daß es ihn für immer erleuchtete. Die mystischen Erfahrungen im Verborgenen vermögen allein ein Menschenleben in der Tiefe umzugestalten. Es gehört zur Tragik vieler Christen, über die geheimnisvollen Zeichen allzu schnell hinwegzugehen. Wust dagegen stellte das Erlebnis nicht wieder in Frage. Dank dem Licht hatte Wust seinen Standort erreicht. Er hat ihn nie mehr verlassen. Das Bild der kleinen Thérèse von Lisieux in seinem Zimmer war dafür nur das äußere Zeichen. Alle Entwurzelung hatte er überwunden; er blieb fortan der religiös hungernde Mensch, der nur von Christi Worten gesättigt wird. Wust war wieder schlicht und fromm geworden und hat dadurch die zweite Naivität erreicht, die im Wort «Einfalt» angedeutet ist.

Eine letzte Station auf dem Weg der Heimkehr war seine Reise nach Paris, deren Bedeutung er in einem Brief dahin zusammenfaßte: «Überhaupt – Paris war die große Etappe in meinem Leben. Erst dort habe ich alle deutsche Gnosis und Grübelei, alle Sektiererei des bloßen ‹Denkens über› abgestreift und habe mich mitten in die ewigen Realitäten hineinversetzt – nein, von Ihnen allen habe ich mich hineinversetzen lassen, weil – das ist mir nun offenbar – Gott es so wollte. Durch die gläubige Seele Frankreichs, Altfrankreichs, mit seinen Kathedralen und Heiligen, bin ich neugetauft worden.»[12] Er lernte bei dieser Gelegenheit einige französische Katholiken kennen, die auf ihn einen nachhaltigen Eindruck machten, weil ihnen eine viel wärmere Religiosität eigen war als den Deutschen. In Paris kam ihm der wichtige Gedanke, «daß wir jetzt kräftig in Europa kämpfen müssen für die geistige Bewegung der Christophilen», die allein den «großen Plan einer Rechristianisierung Europas durchzuführen» imstande sind[13]. Wusts Plan fand im «kälteren Deutschland» [Leporello] kein Echo, und doch umreißt er den weiteren Auftrag der heutigen Christophilen. «Brannte nicht unser Herz in uns, da er auf dem Weg mit uns redete», kann man auf diese Perspektive nur antworten. Wusts «Rechenschaftsbericht» wies auf die religiöse Begegnung zwischen Deutschland und Frankreich hin, die jedoch verpaßt wurde.

Wahrscheinlich sah Wust seine neugewonnenen französischen Freunde in einem zu idealen Licht, wie dies gerne geschieht, wenn man neue Menschen kennenlernt. Seine Annahme, daß die französischen Katholiken «so stolz die voltairianische Umwallung des Liberalismus durchbrochen haben und ein ganz neues Zeitalter heraufzuführen im Begriff stehen», hat sich nicht erfüllt[14]. Die katholische Renaissance ist in Frankreich gescheitert, bevor sie richtig begonnen hatte – darüber ist bei Bernanos das Nötige nachzulesen –, ein entchristlichtes Volk wird nicht durch einige neugegründete kirchliche Blätter wieder zum Glauben zurückgeführt. Die Erneuerung blieb in Frankreich auf einen kleinen Kreis beschränkt, und die Masse verharrte in Gleichgültigkeit. Trotzdem war Wusts Begegnung mit dem französischen Katholizismus nicht umsonst, löste sie doch das christliche Problem aus dem nationalen, konfessionellen Rahmen heraus und verwies es in den allgemeinen christlichen Aspekt, der allein dem christophilen Menschen entspricht. Die geistige Elite Frankreichs war viel lebendiger geworden, nachdem sie die Überschwemmung durch den öden Laizismus überwunden hatte. Die französischen Katholiken haben in ihrer Kompromißlosigkeit den Christen ein entscheidendes Wort zu sagen. Bedeutsam ist das siebzehnte Jahrhundert, das die unchristlichen Religionskriege hinter sich gebracht hatte und noch nicht unter den flachen Aufklärungsideen des achtzehnten Jahrhunderts litt. Henry Brémond vermittelt in seinem mehrbändigen Werk eine Vorstellung vom Reichtum der französischen Mystik, auch wenn er sie zu elegant darstellt. Nicht weniger intensiv sind die Werke der französischen Katholiken unseres Jahrhunderts zu verarbeiten, man denke nur an Péguy, Bloy, Hello, Bernanos, Julien Green, weil sie in der gegenwärtigen Situation der Verwirrung dem Leser einen wirksamen Halt geben.

Wusts Rückkehr zum Glauben der Väter erfolgte weder aus kleinlauter Schwäche, noch war sie eine bloße Privatangelegenheit. Vielmehr war damit eine philosophische Flurbereinigung verbunden. Die Überlegungen Wusts waren immer geistig, nie politisch orientiert. Das ist ein großer Vorzug, weil auf geistigem Gebiet die wahre Not unserer Zeit liegt. Er bemühte sich, sein seelisches Geschehen denkerisch zu verarbeiten und es zugleich vom großen Zeitgeschehen her zu deuten. Seine Umkehr gewinnt dadurch eine über die persönliche Existenz hinausgehende Bedeutung. In seinen philosophischen Werken vertiefte er sich in das Denken früherer Philosophen, das er stets mit dem Suchen nach einer Sinnerfüllung der Gegenwart verband. «Philosoph sein heißt zurückkehren zu den ewigen Ursprüngen, an denen das Volk immer wohnt, weil es immer am Ziel ist, soweit es wenigstens unberührt geblieben ist von den Giften einer eingebildeten Bildung, die aus entarteter Geistigkeit stammen.»[15] Wust bekannte sich auch nach seiner Rückwanderung nicht einfach zum Thomismus, der für die katholische Geisteswelt im Laufe der Zeit zu einem sanften Ruhekissen geworden war, ähnlich wie Luther für den Protestantismus. Bei seiner «Wendung zum Objekt» war es ihm allezeit um Auseinandersetzung, um Verknüpfung von Altem und Neuem, um selbständige Aneignung zu tun. «Man kann das Denken Wusts nur verstehen, wenn man ihn an diesen beiden Fronten sieht, im Kampf sowohl für als auch gegen die Scholastik.»[16]

In ihm lebte ein «Glaube an den Logos des Daseins», er suchte nach substanzieller Kost, nach Bauernbrot, wie er sich ausdrückte[17]. Er wollte nichts mehr wissen von der müden Dekadenz und der frechen Schauspielerei der modernen Zeit, sondern bemühte sich inmitten des Verfalles um einen neuen Anfang.

Gleich in seinem philosophischen Erstlingswerk «Die Auferstehung der Metaphysik» befreite er sich vom Neukantianismus, der die Philosophie auf die steril gewordenen Probleme der Erkenntnistheorie reduzierte. So vollzog er mit kühnem Schwung die Hinwendung zu den großen Themata der abendländischen Metaphysik. Die Irrwege neuzeitlicher Philosophie überwindend, fühlte er sich an der eigentlichen Zeitenwende stehend: «Wir sind an einer Weltwende angekommen, wie wir sie wohl seit Jahrhunderten nicht mehr gesehen haben.»[18] Das Buch ist mit einem unverkennbaren Schwung geschrieben und bezeugt eine gründliche Kenntnis der gesamten zeitgenössischen Philosophie. Wust fühlte sich wieder als ein Teil des Ganzen und schrieb aus einer «Weltverbundenheit und Weltergriffenheit» heraus[19]. Mit der Rückwanderung verband er keinen Verzicht auf das Denken; er vollbrachte kein unehrliches Sacrificium intellectus. Ihm bedeutete die «Umkehr eine Absage an die triumphierende Vernunft, die alles aus sich erzeugen zu können glaubt, und eine Hinwendung zur beschauenden und demütig verehrenden Vernunft, eine Umkehr also vom Vernunftstolz zur Demut und zur schweigend anerkennenden Ehrfurcht»[20]. Auferstehung der Metaphysik hieß für Wust nicht Preisgabe des Denkens, wohl aber setzte er an die Stelle des unterminierenden das ehrfürchtige Denken, das zu einer sich erneuernden Wandlung führt.

In seinem zweiten Buch «Naivität und Pietät» setzte Wust

diese Linie fort und erkannte die menschliche Weisheit als sekundäre Naivität. «Einfalt – was ist das doch für eine tiefsinnige Begriffsprägung der Sprache, die schon metaphysikgesättigt aus den Tiefen unseres Geistes heraufquillt! Einfalt haben, was bedeutet es anders als ohne Falte sein, unverbogen, nicht zerrissen, ganz gesund, in schönstem Einklang sein mit dem ganzen harmonischen Zusammenspiel der Natur?»[21] Wust wollte mit seinem Buch den Leser zu «Staunen und Ehrfurcht» hinführen, die er als die Uraffekte des Geistes erfaßte[22]. Doch bleibt es fraglich, ob dieses Ziel durch eine philosophische Terminologie erreicht wird. Die Einfalt ist eine religiöse Haltung und setzt den Glauben voraus; sie steht am Ende und nicht am Anfang des Weges des heutigen Christen.

Im umfangreichen Werk «Die Dialektik des Geistes» nahm er wiederum das Thema seines Lebens auf. Er begann mit einem Bilde. Das Meer, das so ruhig daliegt und dann plötzlich durch einen Sturm aufgewühlt werden kann, wurde ihm zum Sinnbild der menschlichen Geistesunruhe. Wenn wir hier nicht auf alle Werke Wusts eingehen können, so ist doch sein letztes Buch «Ungewißheit und Wagnis» noch besonders zu betrachten, weil es ihn mehr als zehn Jahre tief beunruhigte und er es «in besonderer Weise ein Stück Lebensbeichte» nannte[23]. Er stand zu diesem Buch bis zuletzt, während er, auf seinem Krankenlager, seine übrigen Publikationen Spreu schalt, denen das Wesentliche mangele. Natürlich ist diese ungerechte Verkennung ein Ausdruck seiner Krankheit. In «Ungewißheit und Wagnis» wird der Mensch als der ewige Glückssucher, der unermüdliche Wahrheitssucher und der nie zur Ruhe gelangende Gottsucher erfaßt[24]. Für Wust gab es Sicherheit nur in der Unsicherheit, und für ihn war der Mensch «ein Wesen der Spannung und Gefährlichkeit»[25]. Noch nicht die geringste Patina hat sich auf das letzte Werk von Wust gelegt, es ist so frisch wie am ersten Tage und spricht den philosophisch interessierten Menschen mit der gleichen Unmittelbarkeit an wie bei seinem Erscheinen.

Wusts Arbeit schließt ein mehrfaches Verdienst in sich. Einmal kann auf die philosophische Bemühung niemals verzichtet werden, weil der denkende Mensch ein Bedürfnis hat, sich philosophisch in der Welt zu orientieren. Aber die Philosophie darf kein unverbindliches Spiel treiben, das ohne Einfluß auf das Leben bleibt. Dem deutschen Idealismus kann man bei allem Respekt den Vorwurf nicht ersparen, die alltägliche Realität übersehen zu haben. Nicht so bei Wust, denn von seiner Philosophie gingen klare Richtlinien aus, indem er in seiner geistigen Arbeit gegen eine zweifache Front kämpfte: er wollte seine Leser aufrütteln und sie zugleich wieder im wahren Sein verankern. Vorschnelle Lösungen lehnte er ab. Er rief vom Katheder aus den angehenden Geistlichen zu: «Meine Herren Theologen, versuchen Sie doch, mit Ihrer Wald- und Wiesentheologie die gestrandete Intelligenz Europas, etwa eines Max Scheler, zu überzeugen.»[26] Wust bemühte sich, seinen Zuhörern das Philosophieren und nicht ein System der Philosophie beizubringen.

Seine philosophischen Werke sind nicht ohne Echo geblieben. Die offiziellen Vertreter der Philosophie schoben sie zwar mit einer Höflichkeitsgeste auf die Seite; einige unabhängige Menschen wie Ernst Simon und Gabriel Marcel beschäftigten sich stark mit ihnen und haben sich eingehend darüber verbreitet. Natürlich blieben sie nicht von der Kritik verschont. Gegenwärtig bemängelt man «seine eigenwillige, sehr emotional gefärbte Sprache», die dem heutigen Menschen schon wieder fremd geworden sei, weil er eine sachlichere und nüchternere Einstellung einnehme[27]. Aber was ist damit gesagt? Doch wohl nichts anderes, als daß eine kühlere Haltung postuliert wird. Wust aber war allezeit innerlich aufs stärkste beteiligt. Man mag bei einer gefühlsbetonten Sprache fragen, ob sie echt ist oder nicht. Wenn sie ehrlich ist, kann nichts gegen sie eingewendet werden, es sei denn, man wolle der Unverbindlichkeit das Wort reden. Auch der Einwand, Wust habe die frühere Metaphysik nur neu formuliert, ist wenig stichhaltig, da dies beinahe von jeder Philosophie gesagt werden kann. Alle Lehrsysteme stehen auf den Schultern der Vorfahren und zehren von ihrem Erbe. Eine ganz neue Philosophie gibt es nicht.

Wusts Verdienst um die Philosophie besteht zunächst in der bewußten Seinsfreudigkeit. Ihre Voraussetzung ist Staunen und Ehrfurcht; beide Haltungen hat er sich zurückerobert. Wusts Philosophie lag eine eindeutige Seinsbejahung zugrunde, ohne die auf die Dauer der Mensch nicht leben kann. Sie hat nichts mit einem oberflächlichen Optimismus zu tun. Eine behauptete Sinnlosigkeit ist der Anfang vom Ende. Die Verneinungssucht schneidet dem Menschen die Luft ab. Pessimismus und Nihilismus sind immer Anzeichen des Verfalls. Das Urvertrauen ist Voraussetzung aller Lebensbemühungen, eine Überzeugung, aus der Wust lebte und die er in der eigenen Existenz verkörperte.

Beachtenswert ist, daß Wust sich der Grenze aller philosophischen Erörterungen bewußt geblieben ist. «Die Summe des Lebens durch die Vernunft dividiert, geht niemals ohne Rest auf», schrieb er[28]. In einem Brief an Karl Pfleger warf er die Frage auf: «Sollte es vielleicht doch so sein, daß ein alogischer Rest den eigentlichen Grundkern des Seins ausmacht?» Solche und ähnliche Äußerungen haben ihm gelegentlich den Vorwurf der unwissenschaftlichen

Philosophie eingetragen[30]. Wust ließ sich nicht irremachen, wußte er doch, daß die Wissenschaftlichkeit auch ein Götze sein kann. Beim «alogischen Rest» beginnt das tiefere Denken, und durch dieses wird der Mensch unmittelbar vor das letzte Geheimnis geführt. Von der Logistik allein lebt niemand. Das Leben ist ein unauslotbares Mysterium, und der Mensch ist dem Geheimnis verhaftet.

Wusts Bemühung ist als eine ausgesprochen religiöse Philosophie zu charakterisieren. Er bedurfte großen Mutes, weil das religiöse Bewußtsein in jenen Jahren arg darniederlag. Die Philosophen täuschen sich manchmal mit einer abstrakten Sprache über die eigentlichen Probleme hinweg. Sie prägen eigenwillige Termini, verstecken sie wie die Ostereier, lassen den Leser suchen, der hernach enttäuscht feststellt, daß damit gar nichts Ungewöhnliches gesagt wurde. Wust hielt diese intellektuelle Sprache dem Ernst der Situation nicht für angepaßt und war der Meinung, eine religiöse Philosophie müsse Verständnis und Klarheit verbreiten und dem Menschen ein Wegweiser sein. Seine religiöse Philosophie war nicht Existenzialismus, sondern war dem christlichen Realismus und der christlichen Anthropologie zugetan.

In Münster vertrat Wust mit allem Nachdruck die religiöse Philosophie. Nie bestieg er mit dem «Gefühl grenzenlosen Wohlbehagens» das Katheder, sondern stets sprach er still die Worte vor sich hin: «Veni creator spiritus.» Das lautlose Gebet wurde erhört; Wust war dem Wortsinn nach noch ein Professor, ein Bekenner, der eine bekennende Philosophie vortrug und dies in schwer bedrängter Zeit. Dies spürte auch die akademische Jugend, die darum auch nicht Skandal machte wie heutzutage, wo sie lediglich mit soziologischen und politologischen Behauptungen abgefüttert wird. Der Hörsaal Wusts gereicht der Geschichte der deut-

schen Universität zur Ehre, denn in ihm hat Wust in dunk-
ler Zeit den jungen Menschen eine feste Norm vermittelt.
Sollte dies alles überholt sein und uns nichts mehr bedeuten? Das Beste würde man vergessen, verschwände diese
Tatsache für immer aus dem Bewußtsein des Menschen.

Wust erlebte mit einer ungemein wachen Sensibilität die
geistige Situation der Gegenwart. Der moderne Mensch
ist ins seelische Elend geraten. Dies nicht einzugestehen,
würde ebenfalls an Blindheit grenzen. Der Mensch von
heute ist in seiner Lage alles andere als glücklich; kein
Sport, keine Mode, kein Komfort kann darüber hinweg-
täuschen. Wust hat dies deutlich ausgesprochen. Er sah
in Nietzsches «Zarathustra» eine «Schöpfung des verlasse-
nen, sich selbst überlassenen Menschen». Die Hauptschuld
daran trägt die Maßlosigkeit des Intellekts, schrieb er, und
der neuzeitliche Frevel besteht in der Wissensauflehnung
gegen die metaphysische Heiligkeit des Seins. Die Not
des modernen Geistes zeigt sich im Verfall aller Urprägun-
gen, denen die Philosophie nicht Einhalt zu gebieten vermochte. Auch die Kunst wurde vom Niedergang mitgeris-
sen: «Geister wie d'Annunzio, Paul Valéry, Thomas Mann
und zum Teil sogar auch Stefan George haben leider in
einem bloß buhlerischen Formstil mit der keuschen Gestalt
der Kunst zu leben versucht.»[32] Nur wenige erfaßten blitzartig, wohin die Neuzeit zu steuern im Begriffe war, «unter ihnen ein Geist von so großem Format wie Dostojewskij, dessen im Grunde pneumatologische Kunst und Metaphysik wie ein Anachronismus in unser geistentleertes
Zeitalter fiel»[33]. Wust hat in mehreren Abhandlungen die
moderne Situation analysiert. Es ist Werktag, ewiger, un-
unterbrochener Werktag geworden in unserem modernen
Dasein. Das ist das Ergebnis des «amerikanischen Demo-
kratismus und das untrüglichste Kennzeichen für die see-

lische Erstarrung des modernen Menschen»³⁴. Durch die deistische Bewegung kam es zum großen Abfall vom Christentum, der die gebildete Welt in den ödesten Naturalismus hineintrieb. Dabei verkannte Wust nicht, daß dieser Vorgang schon im Mittelalter mit der Dialektik der sic et non-Methode von Abälard begonnen hatte, gegen die sich Bernhard von Clairvaux nicht umsonst wehrte. Der moderne Mensch befindet sich in einer ausweglosen Sackgasse. Wust nannte sie eine Katastrophe und sprach sich darüber in seinen Aufsätzen klar aus.

Gelegentlich verfehlte Wust in seinen Ausführungen die Situation. Er wäre kein Mensch gewesen, hätte er nur unfehlbare Äußerungen getan. Dies galt besonders von seiner Studie über «Die Rückkehr des deutschen Katholizismus aus dem Ghetto». Wust litt unter dem Taufscheinkatholizismus, der ihn zu der Aussage veranlaßte: «Hier ist absolut keine starke religiöse Atmosphäre.»³⁵ Er wollte den lethargischen Katholizismus aus seiner Schläfrigkeit aufwecken: «Die Stunde des deutschen Katholizismus ist gekommen!» Der Aufruf hat einiges Aufsehen erregt und verlief zuletzt doch im Sande. Ganz im Widerspruch zu Wusts tiefstem Wesen war der Aufsatz zu sehr «große Trompete», zu stark frohlockend. Wer den Aufsatz heute liest, empfindet nicht nur den überaus raschen Wechsel der geschichtlichen Situation, sondern stellt ein an der Wirklichkeit vorübergehendes Wunschdenken fest. Es ist nicht so gekommen, wie er es sich gedacht hat. Er hat einige Symptome überbewertet. Die Nacht war keineswegs vergangen, der Nationalsozialismus hat Wusts Hoffnungen brutal zerstört. Heute ist die Situation total verändert, indem statt der großen Stunde des deutschen Katholizismus eine noch größere Verwirrung besteht, aus der sich noch kein Ausweg zeigt. Die religiösen Bestrebungen müssen auf ein tragfähigeres Fundament gegründet werden. Eine innere Erneuerung kann nicht befohlen, sondern nur erbetet werden. Auch darf sie sich nicht rasch nach außen ergießen. Vor allem geht es um eine stärkere Verbundenheit mit Gott und nicht bloß um konfessionelle Belange; ein tieferes Verständnis des Christlichen allein überwindet die auflösenden Tendenzen. Statt verhärtete Positionen zu verteidigen, gilt es, mit Verantwortung und Liebe über ein gemeinsames Verstehen der letzten Grundlagen der Bibel nachzudenken. Die Christenheit findet sich innerlich nur durch Demut und Opfer wieder.

Wilhelm Vernekohl, der sich um das Werk Wusts verdient gemacht hat, nannte in seinen «Biographischen Notizen» den Münsterer Philosophen «in erster Linie einen eschatologischen Denker»[36]. Der Begriff ‹Eschatologie› ist nicht mit Weltuntergang identisch, er kreist vielmehr um die letzten Dinge. Wust hatte ein Sensorium für apokalyptische Geschehnisse, die dem bürgerlichen Lebensgefühl entgegengesetzt sind. Schon der alte Knecht seines Vaters hatte es ihm in seiner Kindheit vermittelt. Wust hat festgestellt: «Das Barometer der Zeit steht auf Sturm.»[37] Er fühlte die herannahenden Entscheidungen und schrieb: «Was heute in Rußland ist, wird übermorgen vielleicht überall sein.»[38] Die Gefahr droht nicht einseitig von Osten. Der den Westen überflutende Amerikanismus bedeutet eine ähnliche Zerstörung der christlichen Substanz des Abendlandes. Als Wust über die Zukunft Europas um nähere Auskunft gebeten wurde, verbarg er sein Gesicht in den Händen und sagte unter Tränen: «Schreckliche Dämonen schleichen über die Welt, und niemand sieht sie. All dies wird in einem furchtbaren Untergang zugrunde gehen.»[39] Seine Sicht vom Ende der Kompromisse und von der bevorstehenden Entscheidung entspricht der heutigen

Situation. Wusts endgeschichtlich gerichtete Worte haben durch die Herrschaft und den Zusammenbruch des Nationalsozialismus eine erste Erfüllung erfahren. Weitere stehen aus und werden noch eintreffen. Die schrecklichen Dämonen schleichen gegenwärtig nicht nur über die Welt, sie sind auch in die Kirche eingedrungen und arbeiten dort als Wühlmäuse. Niemand sieht sie, meinte Wust, aber einige Menschen bemerken sie doch und ahnen von Tag zu Tag deutlicher, was auf dem Spiele steht, wenn die Kirche von innen her ausgehöhlt wird.

Am stärksten bewährte sich Wusts Philosophie auf seinem Krankenlager. Ein furchtbares Krebsleiden hatte ihn heimgesucht. Die Krankheit hob seine Existenz auf eine noch höhere Ebene, auf der er das philosophische Gebiet endgültig überschritt. Mannhaft hat er seine schwere Erkrankung ertragen und damit gezeigt, daß er seine Religionsphilosophie lebte und nicht nur lehrte. Als die Ärzte im Operationssaal ihre letzten Vorbereitungen trafen, und die Schwestern eilig vorüber huschten, richtete sich Wust nochmals auf und sprach zu den Umstehenden: «Ich habe meine Knie nicht vor Baal gebeugt.» Man hält unwillkürlich inne, weil man spürt, daß Wust diese Worte angesichts des Todes gesprochen hat. Hier sieht man dem Philosophen ins Herz hinein. Mit dem Wort «Baal» meinte er den Nationalsozialismus; man darf die Aussage aber, ohne ihr Gewalt anzutun, in einem weiteren Sinne interpretieren und darunter den Zeitgeist überhaupt verstehen. Wer darf von sich sagen, vor dem gefräßigen Moloch die Knie nicht gebeugt und sich dem atemlosen Trend nicht verschrieben zu haben? In der Karwoche verzichtete Wust trotz seiner Qualen auf alle schmerzbetäubenden Mittel, um mit dem Herrn zu leiden. Karl Pfleger stellte eine tiefsinnige «Meditation über das Sterben Peter Wusts» an, weil der Philosoph den Tod «als eine wesentliche Angelegenheit des Menschen ansah»[40].

Aus dieser schweren Situation auf dem Krankenlager ist das berühmte «Abschiedswort» an seine Studenten und Studentinnen hervorgegangen. Voller Dankbarkeit schrieb er, daß er die Wahrheit auch in gefahrvollen Situationen vor aller Öffentlichkeit bekennen durfte, weil er «auf die Gnade hin alles gewagt habe». «Und wenn Sie mich nun noch fragen sollten, bevor ich jetzt gehe und endgültig gehe, ob ich nicht einen Zauberschlüssel kenne, der einem das letzte Tor zur Weisheit des Lebens erschließen könne, dann würde ich Ihnen antworten: ‹Jawohl.› – Und zwar ist dieser Zauberschlüssel nicht die Reflexion, wie Sie es von einem Philosophen vielleicht erwarten möchten, sondern das Gebet. Das Gebet, als letzte Hingabe gefaßt, macht still, macht kindlich, macht objektiv. Ein Mensch wächst für mich in dem Maße immer tiefer hinein in den Raum der Humanität – nicht des Humanismus –, wie er zu beten imstande ist, wofern nur das rechte Beten gemeint ist. Gebet kennzeichnet alle letzte ‹Humilitas› des Geistes. Die großen Dinge des Daseins werden nur den betenden Geistern geschenkt. Beten lernen aber kann man am besten im Leiden.»[41] Ein derartiges Wort, das man bei keinem der neuzeitlichen Philosophen findet, erhellt blitzartig die ganz andere Atmosphäre, in der sich Peter Wust befand. Noch vor dreißig Jahren sprachen Professoren und Studenten in diesem Ton miteinander. Man stelle den Vergleich mit heute selbst her. Vieles hat sich geändert, doch müßte man sich eines selbstgerechten Pharisäismus bezichtigen, wollte man alle Schuld hierfür einseitig der verführten, demonstrierenden Jugend zuschieben.

Das Abschiedswort legt den Akzent auf das Gebet. Forschen ohne Beten führt ins Verderben; wertmäßig stellte er das Beten hoch über das Forschen. Was man kaum in einer Philosophie zu hören bekommt, das hat Wust klar ausgesprochen: «Von diesen Kämpfen mit mir selbst her habe ich es erst gelernt, daß alle Einsicht in die letzten Regionen nur im Gebet erfleht, erbettelt, herabgerufen werden kann. Es ist so: unsere Vernunft muß als arme Bettlerin vor den mächtigen Pforten des Geheimnisses stehen und warten, warten, bis uns diese Tore durch eine huldvolle Hand aufgetan werden. Das Gebet erst macht unsere Seele still, still und immer stiller, bis sie dann, wenn alle ihre titanischen Subjektstürme sich gelegt haben, im reinen Abendfrieden auf einmal gewahrt, wie die Dinge ihre ganzen scharfen Konturen erhalten.»[42]

Peter Wust wurde wunschgemäß auf dem kleinen Friedhof in Mecklenbeck beigesetzt. Auf der Grabplatte stehen die Worte:

Aus dem Wirklichkeitstraum
Durch Ungewißheit und Wagnis
In den Wirklichkeitsraum
Der Geborgenheit in Gott.

Wer sie liest, fühlt sich verpflichtet, über diesen Mann und sein Schicksal eingehend nachzudenken. Das Vorwort zu «Gestalten und Gedanken» gibt die beste Anleitung hierzu: «Es sollte auf dem Hintergrunde eines brüchigen Zeitalters das Seelendrama einer kleinen dörfischen Einzelexistenz dargestellt werden. Wie dieser an sich unbedeutende Einzelmensch als ein ‹verlorener Sohn› die friedlich umhegte kleine Welt seiner Dorfheimat verläßt, um den Lockungen des Geistes da draußen in der Welt zu folgen, darüber jedoch allen festen Grund und Boden unter den Füßen verliert, bis er sich wieder auf Herkunft und Heimat besinnt – das sollte symbolisch sein für den Gesamtzustand der europäischen Welt.»[43] Peter Wust schrieb «im eigentlichsten Sinn ein Preislied zu Ehren des verlorenen Sohnes»[44]. Sein Leben und Denken hat gleichnishafte Bedeutung und ist ein Spiegelbild, in dem wir uns selbst sehen.

Nicht nur Wust ist aus dem Vaterhaus ausgezogen, sondern die ganze Zeit, und insbesondere unsere Generation hat den gleichen Schritt getan. Es wäre falsch, sie deswegen zu verurteilen, da der Ausbruch-Prozeß eine erschütternde Tragik in sich schließt. Seit Jahrzehnten sind die Menschen nur darauf bedacht, ihre religiöse Heimat zu verlassen. Mannigfache Gründe haben sie dazu bewogen: Die Lockungen des modernen Lebens mit seinen technischen Erfindungen, naturwissenschaftliche Erkenntnisse, neuzeitliche Lebensformen und so weiter. Der Ausbruch wurde ihnen erleichtert durch die Enge des konfessionellen Vaterhauses, in dem allzu viele verstaubte Gegenstände aufgestapelt waren, mit denen sie nichts mehr anzufangen wußten. Es würde wenig Wahrhaftigkeit verraten, diese Unzulänglichkeiten der früheren Lebensweise zu bestreiten.

Wust hat diese Not nicht nur existenziell empfunden, sondern hat unablässig nach einem Ausweg gesucht und ihn denn auch in der Rückwanderung gefunden. Als er sich zur Umkehr entschloß, fühlte er sich durch Kleists «Marionettentheater» bestätigt. Er schrieb: «Man muß still werden, um das erhabene Schweigen Gottes mitten im Schlachtenlärm der Geschichte wahrnehmen zu können.»[45] Trotzdem erhebt sich die Frage: Warum hat seine Rückwanderung auf die Zeitgenossen keinen stärkeren Eindruck gemacht? Wust hat die moderne Geistigkeit nicht einfach verflucht, im Gegenteil, er hat das Wertvolle an ihr durchaus behalten. Auch hielt er sich nach seiner Rückwanderung nicht für den glücklich besitzenden Menschen, hat er doch in geistiger Beziehung nie Fett angesetzt. Die ewige Geistesunruhe des Menschenherzens ist in ihm lebendig geblieben. War die Zeit nicht reif für seinen Ruf? Hätte er die Verirrungen der Christenheit mehr zugeben sollen, da dieses Eingeständnis notwendig ist? Europa ist weitgehend entchristlicht, eine Tatsache, die zu bezweifeln einer erneuten Verkennung der gegenwärtigen Lage gleichkäme. Zwar gibt es noch einfache Leute, die mit innerer Herzenskraft glauben; aber die Intellektuellen, das Bürgertum, die Arbeiterschaft sind abgefallen, und diese Apostasie ist nicht leicht rückgängig zu machen. Ein Volk, das das Christentum preisgegeben hat, ist schwerer für das Evangelium zu gewinnen als die Heiden, welche es gar nicht gekannt haben. Darum kommt eine bloße Wiederherstellung der früheren Zustände nicht in Frage. Es gibt keine Repristination des Mittelalters. Alles Rückkehr-Denken ist utopisch.

Aber es gibt eine Heimkehr, was etwas grundsätzlich anderes ist. Odysseus' Symbol ist zeitlos. Man muß die schreckliche Wand des Skeptizismus durchstoßen, damit ein neuer Anfang gemacht werden kann. Die Christen vertragen gegenwärtig keine feste Speise, sondern nur Milch; das will besagen, sie müssen wieder die elementaren Grundbegriffe lernen. Es kommt zunächst nicht auf eine große Menge an, sondern auf Einzelne, die bald da und bald dort den Ruf vernehmen und wieder von vorn anfangen. Es gilt, sich auf den Ursprung und auf die Urkräfte zu besinnen. Doch die Christen schaffen es nicht selbst, weil die gestellte Aufgabe das menschliche Können überschreitet. Ein Höherer wird die Wende vollbringen, über deren Art und Weise noch keine Aussage möglich ist.

Karl Pfleger nannte Wust «einen Heimkehrdenker»[46] und erfaßte damit sein tiefstes Wesen. Peter Wust ist vom Dorf ausgegangen, das er seine «erste Universität» nannte und hat noch viel später gezehrt von dem, «was mir in jenen stillen Stunden geschenkt worden ist, wenn ich als Kind die Kühe hütete»[47]. Sein Sinnen und Trachten ging dahin: Heimkehr, Heimkehr in den Frieden seines Dorfes und in die Frömmigkeit seiner Herkunft. Noch im letzten Lebensjahr schrieb er seinem Sohn: «Ich habe Heimweh, ein brennendes Heimweh nach den Tiefen der Ewigkeit.»[48] Zeitlebens fühlte sich Wust «auf dem Weg als ein armer Wanderer, der nach Hause strebt»[49] und hat das Lied von der Heimkehr ergreifend gesungen. Es ist das tiefste Lied unserer Zeit, weil es die geheimste Sehnsucht ausspricht. Wer es zu Ende singt, für den geht der Wunsch der Mutter an den fortziehenden Knaben: «bleib bei uns daheim» – in einer höheren Form in Erfüllung. Der Mensch ist dann inmitten allen Trubels in seiner göttlichen Heimat zu Hause, ist wieder im ewigen Hause daheim und bleibt mit Wust immer daheim.

DIE ZEIT, FÜR DIE ICH GEBOREN BIN:
REINHOLD SCHNEIDER

Der Maler Ewald Vetter porträtierte Reinhold Schneider; er stellte den Dichter dar, wie er mit beiden Händen sein Antlitz bedeckte[1]. Das Gemälde entspricht nicht den üblichen Vorstellungen, da man das Gesicht von Reinhold Schneider nicht zu sehen bekommt, das uns doch vor allem interessiert hätte. Wer sich über die Physiognomie Reinhold Schneiders klarwerden möchte, kommt nicht auf seine Rechnung. Trotzdem hat Vetter mit seinem ungewöhnlichen Bild Reinhold Schneider im Wesentlichen erfaßt. Das Gemälde zeigt den Schmerz und den von der Verzweiflung geschüttelten Menschen, der sein tränenüberströmtes Antlitz in seinen Händen verbirgt. Das Porträt weist auf den seelisch aufgewühlten und bedrängten Dichter viel elementarer hin als alle Fotos zusammen, die oft gar nicht der Wahrheit entsprechen.
Unwillkürlich denkt man bei dem erwähnten Gemälde an Reinhold Schneiders Novelle «Vor dem Grauen». Er schrieb sie zu Beginn des Jahres 1939 in Paris, als ihn das Gefühl des Kommenden furchtbar bedrückte. In der Novelle erzählt er von einem französischen Edelmann, der sich von einem kunstliebenden Abbé die Kirchen Roms erklären läßt und bei dieser Gelegenheit auf den Bettler Benedikt Labre stößt, einen der unscheinbarsten Heiligen der Christenheit. Der Edelmann kommt mit dem in Lumpen gehüllten Labre in ein Gespräch, in dessen Verlauf der sonst schweigsame Bettler zu ihm sagt: «Ich weiß nicht,

was kommt! Ich fühle nur, daß die Menschen nicht richtig leben; daß etwas unausdenkbar Furchtbares geschehen ist und noch jeden Tag und jede Stunde geschieht und daß dieses Furchtbare, das noch verborgen ist, einmal offenbar werden muß ... Darauf kommt es doch an, was sich in den Seelen der Menschen verändert; und wer das nicht spürt, der weiß durchaus nichts von dem, was sich in seiner Zeit begibt. Und nun wollen die Menschen so leben, wie sie nicht werden leben können; und es gibt keine Lösung nach unserem Ermessen; nur ganz am Ende unseres Denkens — jenseits unseres Denkens, ich weiß nicht, ob Sie das verstehen, und ich kann mich auch nicht ausdrükken —, da stehen Bilder, so ungeheuer, so entsetzlicher Art, daß das Blut gefrieren möchte in meinem Herzen, und es vergeht kein Tag, an dem sie nicht näher rücken ... Alle diese Schicksale laufen einer Wand entgegen, die undurchdringlich ist. Sie türmt sich immer höher vor uns auf. Hinter ihr bereitet sich etwas vor, das keinen Namen hat. Aber in dem, was sich vorbereitet, werden auch die Schicksale entschieden. Wie, das wissen wir nicht; aber es muß wohl kommen — soweit unser schwacher Verstand das Recht hat, von einem Müssen zu sprechen.»[2] Reinhold Schneider läßt den kaum beachteten Benedikt Labre eine unheimliche Zukunftsschau entwickeln, darob es dem Leser kalt über den Rücken läuft. Er erbebt innerlich. Die Ahnung beispiellosen Frevels und Leidens trieb den heiligen Bettler barfuß über alle Straßen Europas, weil er nicht imstande war, das Unaussprechliche abzuwehren. Die prophetische Vision ist eine dichterische Verarbeitung der heiligen Bettlerbotschaft, die von dem großen Feuer gesprochen hat, das kommen werde. Jetzt begreifen wir das Entsetzen Reinhold Schneiders, der sein Antlitz in beide Hände vergrub.

Das Gemälde wie auch die Novelle verbieten, über den Dichter im Tone einer geistreichen Plauderei zu schreiben. Über Reinhold Schneider gibt es schon eine ansehnliche Literatur, es sei nur an Hans Urs von Balthasars Monographie erinnert, die aber die letzte Phase des Dichters nicht mehr behandelt und deswegen der Ergänzung durch Josef Rasts Arbeit «Der Widerspruch» bedarf[3]. Reinhold Schneider ist nicht leicht zu begreifen; nach seiner eigenen Aussage «liegt das zum Teil an den vielen Paradoxien einer gleichzeitig konservativen und revolutionären Haltung»[4]. Das Geheimnis seiner Persönlichkeit läßt sich nicht erklären, sonst wäre es kein Geheimnis mehr. Ein Bekannter charakterisiert den Einunddreißigjährigen mit den Worten: «Die Bescheidenheit und Askese und Gediegenheit in Person, keiner Verführung durch Eitelkeit und Gewinnsucht fähig; durch echtes Verständnis der Zeit allen aktuellen Konjunkturschreibern weit voraus.»[5] Bei aller öffentlichen Anerkennung Reinhold Schneiders gibt es bei ihm eine bestürzende Betrachtung der Dinge, die man gewöhnlich nicht beachtet und auch nicht beachten will, weil diese den Menschen in seiner bequemen Daseinsauffassung allzu empfindlich stört. Aber gerade das dürfte das Bedeutsamste an ihm sein. Seine Ausführungen umschreiben die vordringlichsten Aufgaben in der gegenwärtigen Situation. Auf ihn selbst darf jene seltsame Äußerung angewendet werden: «Vielleicht sendet uns Gott Menschen ins Haus, die wir erst verstehen sollen, wenn sie gegangen sind.»[6] Das Verständnis ist uns erst nachträglich gekommen, jedenfalls bemühen wir uns leidenschaftlich darum, auch wenn wir damit nie ganz zu Ende gelangen.

Wir treiben keinen Reinhold-Schneider-Kult, weil jede bloße Schwärmerei für einen Dichter im Leeren zerrinnt. Sie wäre bei diesem Dichter weder angebracht, noch von ihm gebilligt. Vom Gewissen genötigt, mag man sich fragen, welche seiner Ausführungen für uns nicht mehr in Frage kommen, weil sie einfach nicht nachvollziehbar sind. Sein Bekenntnis zur Krone können wir kaum teilen, obwohl es nicht bloß romantisch begründet war: «Wenn wir das Reich wieder erleben und schaffen wollen, so müssen wir hinabsteigen in die Krypta: zu dem Anfänglichen, Unzerstörbaren; zu dem ersten Lebensgrund, aus dem die vergänglichen Formen hervorwachsen.»[7] Auch gegenüber seinen Schauspielen ist ein Fragezeichen angebracht, sind sie doch vorwiegend Lesedramen. Ebenso sind seine Urteile über Fichte, Schopenhauer und den Seelenschlaf der Diskussion unterworfen. Reinhold Schneider war nicht der vollendete Mensch, denn auch in seiner Entwicklung lagen die Akzente verschieden. Er selbst bezeichnete seine Arbeit nicht als ein unfehlbares «System, sondern als Weg», den wir mit ihm gehen[8]. Als Weggefährten wissen wir um seine einmalige Bedeutung für unsere Zeit, halten ihn für einen der scharfsichtigsten Menschen der letzten Jahre und bekennen uns gegenwärtig wie schon zu seinen Lebzeiten unverändert zu ihm. Er lebte seine christliche Existenz mit verantwortungsbewußtem Ernst und hat damit eine seltene Übereinstimmung von Leben und Werk dokumentiert.

Von seinem äußeren Leben sei nur erwähnt, daß es in zwei Epochen eingeteilt werden kann: zunächst in die der Potsdamer Zeit, die ihm als die Phase der Zurüstung viele Horizonte eröffnete und ihn mit der großen Welt in Berührung brachte. Dann in die Freiburger Zeit, die ihm die Entfaltung schenkte. Doch dürfen sie nicht in Gegensatz zueinander gerückt werden, denn aus der ersten wuchs der junge, aufbrechende Reinhold Schneider hervor, während in der zweiten der reife, abgeklärte Dichter sich zu Worte meldete. Im Portugal-Erlebnis erfuhr er den geistigen Durchbruch zu der Höhe der geschichtlichen Schau, die er zeitlebens zu halten vermochte. Dies alles erzählte er in seinem «Verhüllten Tag», die eine der selten geglückten Selbstdarstellungen ist, frei von jeder Selbstrechtfertigung.

Sucht man aber nach dem inneren Bild Reinhold Schneiders, ersteht es am besten in der Bezeichnung: ein «Ritter des Glaubens». Der Begriff stammt von Kierkegaard, der ihn im Hinblick auf Abrahams Ritt nach dem Berge Moria gebrauchte und der kraft des Absurden die unendliche Bewegung des Glaubens ausführte. Die Formulierung «Glaubensritter» darf mit dem nötigen Zartgeist verstanden auf Reinhold Schneider angewendet werden, wenn auch sein persönliches Drama damit zusammenhängt, daß er ein Ritter in einer unritterlichen Zeit war. Die Idee der christlichen Ritterschaft – Dürers Stich «Ritter, Tod und Teufel» stellt sie bildnerisch dar – hat ihn durch sein ganzes Leben hindurch begleitet; er verstand sie so: ein Unbedingtes in Zeit und Geschichte zu leben. Das Rittertum wechselt die Gestalt; wer aber wollte bezweifeln, daß es heute in modifizierter Weise notwendiger ist als je? Die Christenheit wird nie auf Menschen verzichten können, die ohne Vorbehalt und ohne Lohn dem Heiligen dienen in dieser Welt, die sich der Schwachen, Verfolgten, Gekränkten annehmen, die Geltung des Rechts erneuern, das Unrecht bestreiten. Der Glaubensritter Reinhold Schneider ist nicht stolz zu Roß und siegreich durchs Leben geritten. Das ist nur dem weltlichen Ritter möglich, und auch bei ihm ist es eine fragwürdige Sache. Der Ritter des Glaubens dagegen kann nur, wie Don Quijote, mit zerbrochener Lanze seine Heimfahrt antreten; wahrhaftig, Reinhold Schneider war der Ritter von der traurigen Gestalt.

Dem Glaubensritter entspricht einzig die Auffassung vom

Dichter, wie Reinhold Schneider sie bekundet hat. Jochen Klepper schrieb in seinem Tagebuch «Unter dem Schatten Deiner Flügel» von Reinhold Schneider: «Der einzige Dichter unter all den Schriftstellern, die ich kenne.»[9] Diesem Eindruck wird man bei längerem Nachdenken schwerlich die Zustimmung versagen können. Reinhold Schneider haftet nicht das geringste Gerüchlein eines Literaten an. Als wirklicher Dichter liebte er die deutsche Sprache und erwies sich in seinen Werken als ein Künstler, der die Landschaft der Ewigkeit gesehen hatte. Von literaturgeschichtlicher Seite wurde ihm denn auch das Zeugnis ausgestellt: «Unter den christlichen Dichtern unserer Gegenwart hat er die klarsten Züge und die sicherste Stimme. Von ihm darf in Wahrheit ausgesagt werden, daß er viel Helligkeit verbreitet hat, indem er das Ewige Licht durch die Welt trug.»[10] Bei Reinhold Schneider liegt wirklich religiöse Dichtung vor, und dann war noch etwas anderes da, etwas, das sich nur fühlen und kaum benennen läßt und das mit den Worten Leiden und Tränen für sein Volk angedeutet ist.

Reinhold Schneiders Dichtungen sind in ihrer Schönheit, Tiefe und Kraft von bleibendem Wert. Seine Sonette sind auch in die Schulbücher eingegangen. Aus ihrer Zahl sei nur das eine autobiographische Bekenntnis erwähnt:

«Als Gast nur lebend in dem eignen Leben,
Kehr ich als Gast in andrer Leben ein,
Bewegt von fremdem wie vom eignen Sein
Und froh, mit Freunden durch die Nacht zu streben.

Wohl bin dem Dunkeln ich anheimgegeben:
Von allen Häusern ist das letzte mein,
Wo Werk und Leben, schwer von Glück und Pein,
Wie dumpfe Schläge durch die Seele beben.

Doch bin ich frei, mein eigen Haus zu lassen,
Sobald im Fenster ich den klaren Schein
Des lang vertrauten Sternes wieder sehe;

Und ohne Glück im Halten und Erfassen,
Will ich ein Gast durchs ganze Leben sein,
Bis ich erlöst in meine Heimat gehe.»[11]

Seine Erzählungen knüpfen gerne an ein historisches Geschehen an, das er frei weiter dichtete und bei aller Tragik
voll geheimen Trostes zu gestalten wußte. Es sind Seelen-
geschichten, aus innerem Adel in gepflegter Sprache geschrieben. Einer der Höhepunkte von Reinhold Schneiders
Dichtung ist die Erzählung «Las Casas vor Karl V.», in
der er sich sowohl mit Las Casas als dem wehrlosen Mädchen Lucaja identifizierte.

Das Grauen und das Leid, vor dem der heilige Benedikt
Labre in Reinhold Schneiders Erzählung erschauderte, ist
die Grundlage unseres Deutungsversuches. Es war die Zeit,
in der der Nationalsozialismus seine entfesselte Dämonie
rücksichtslos austobte. Die Hybris endigte im Zweiten
Weltkrieg mit dem Sturz in den Abgrund. Den Höhepunkt
seiner Tätigkeit erreichte Reinhold Schneider während und
unmittelbar nach dem Ende des Zweiten Weltkrieges. In
jenen unsagbar düsteren Tagen, da zum Hunger, zur Kälte
noch die Obdachlosigkeit kam, starrten die Menschen ver-
störten Blickes fassungslos ins Nichts und konnten wegen
des unbeschreiblichen Elendes der Befreiung von einer
grauenhaften Tyrannei nicht froh werden. Reinhold
Schneider legte damals alle Pläne für ein neues dichterisches
Werk beiseite und schrieb kleine Schriftchen, mit denen
er den Menschen ein helfendes Wort zurufen wollte. Es
gibt Leute, die diese scheinbare Verzettelung seiner Ar-
beitskraft bedauerten und diese Blätter hochmütig «Trak-

tätchen» nannten. Ernsthaft betrachtet kann man sie nur mit Ehrfurcht in die Hände nehmen, und heute empfindet man sie beinahe als Reliquien. Reinhold Schneider verstand sich auf den öffentlichen Verbandplatz gerufen, wo er sich bemühte, religiöse Sanitätsdienste zu verrichten. Er scheute sich nicht, sein literarisches Ansehen aufs Spiel zu setzen. Es war ihm ernst mit seiner neuen Tätigkeit, und er hegte den «ganz tiefen Glauben, jetzt ist meine Zeit, die Zeit, für die ich geboren bin», angebrochen[12]. Diese Briefaussage umschreibt seine Sendung und enthüllt seinen innersten Gedanken. Während die Menschen gewöhnlich ihre Zeit verfehlen, weil sie in Blindheit an ihrer Bestimmung vorbeistürmen, erfaßte Reinhold Schneider die Zeit, für die er geboren war, im richtigen Augenblick; er hat seinen Kairos nicht verpaßt. Dieses Selbst-Verständnis verbietet uns, schnell über diese Periode seines Daseins hinwegzugleiten. Die jungen Menschen, die jene Zeit nicht oder nur als ganz kleine Kinder erlebt haben, können sich auch nicht annähernd eine Vorstellung von der Dunkelheit des damaligen Lebens machen, als dauernd Fliegeralarm ertönte, die nächtlichen Bombenangriffe erfolgten und nach den höllischen Bränden nackte Ruinen übrigblieben. Wer sich in die von Reinhold Schneider mit Käthe Kuhn und H. Gollwitzer herausgegebenen Abschiedsbriefe «Du hast mich heimgesucht bei Nacht» vertieft, fühlt etwas von dem seelisch fast nicht auszuhaltenden Druck, der auf den Menschen lastete. Eine undurchdringliche Finsternis ohne jeden Ausblick lagerte über Deutschland. In dieser allerschwersten Prüfungszeit griffen die seelisch verdurstenden Menschen nach Schneiders kleinen Schriften, diesem «Becher kalten Wassers», von dem im Evangelium einmal die Rede ist[13]. Sie wurden von den Soldaten an der Front gelesen, und die Angehörigen zu Hause waren für diese religiöse Nahrung nicht minder aufnahmebereit. Seine damals herausgegebenen Kleinschriften hatten den seltenen Vorzug, auch von ganz einfachen Leuten verstanden zu werden, sie dienten nicht einfach als unverbindliches Spiel für einige auserlesene Feinschmecker, die ein Monopol für die Literatur zu haben glauben.

Selten war es einem Dichter vergönnt, in einer der schwersten Stunden der Geschichte auf solche Weise zum Tröster seines Volkes zu werden. Er kannte in dieser trostlosen Zeit nur die eine Bemühung, in einer kleinen Schale Trost zu bringen. Mit begnadigter Kraft hat er dies getan und ist darob zum Confessor im Sinne der alten Kirche geworden. Man denkt dabei unwillkürlich an den Propheten Ezechiel, der seinem in babylonischer Gefangenschaft leidenden Volke die grandiose Vision von dem Felde voller Totengebeine vor Augen führte, die durch den Geist Gottes wieder zum Leben auferweckt wurden. Wahrhaftig, als ein Ezechiel redivivus trat damals Reinhold Schneider auf dem deutschen Verbandplatz aus seiner dichterischen Hülle heraus und half seinen Zeitgenossen zu überstehen. Echte Religiosität mündet, wenn sie ihrer Sendung treu bleibt, in Lobpreis und Seelsorge aus. Das ist ihre ureigenste Aufgabe. Das Bild von Reinhold Schneider als dem großen Therapeuten seines geschlagenen Volkes gehört in den Vordergrund.

Die in der Literaturgeschichte einzig dastehende Kunst, in schwerster Bedrohung die Wahrheit ins Bild zu fassen, drückt Reinhold Schneiders Dichtertum den Stempel der höheren Legitimation auf. In dieser Stunde fand sich die Dichtung wieder zu ihrer edelsten Aufgabe zurück und war Botin und Helferin geworden. Die aus letzter Tiefe kommenden Worte richteten die Menschen auf und halfen ihnen, das bedrückende Dasein zu ertragen. Es darf der

Ausdruck gewagt werden: In diesem Moment vermochte sich die ewige Poesie so stark zu verdichten, ja, zu verleiblichen, daß man geradezu von einer Inkarnation der Dichtung in der Person des Laientheologen reden kann. Diese Fleischwerdung der Dichtung in der allergrößten Not hat sich in der Geschichte nur ganz ausnahmsweise ereignet. Man liebt die Dichtung wegen ihrer richtunggebenden, helfenden Funktion, wenn sie auch nicht dem geoffenbarten Wort gleichzusetzen ist. Welch anderer Dichter hat zu jener Zeit diese ursprüngliche Aufgabe der wahren Poesie erfüllt? Vielleicht darf man noch die Namen Gertrud von le Fort und Werner Bergengruen, Jochen Klepper und Rudolf Alexander Schröder nennen.

Wie kam es nur, daß Deutschland diese Zeit und das, was Reinhold Schneider damals getan, so überaus schnell vergessen hat? Spricht es nicht gegen eine Generation, wenn sie über ihre schwersten Erlebnisse einfach hinweggleitet und sie so rasch wie möglich in den Strom der Lethe versenkt, statt sie lebendig zu erhalten, zumal jene Bedrohung sich jeden Augenblick aufs neue ereignen kann? Unter dem Versiegen der Erinnerungskraft verkümmert unsere beste Seelensubstanz, werden wir doch nie mehr Entscheidendes erleben, wenn wir die höchsten Werte nicht dauernd festzuhalten vermögen.

Nach Beendigung des Krieges schloß Reinhold Schneider seine religiösen Sanitätsdienste sachte ab. Ein anderer Ton erklang in seinen Ausführungen, und es begann für ihn eine neue Phase, für die er nicht weniger vorgesehen war als für die unmittelbar vorangegangene Zeit. Er selbst formulierte sie in einem Gespräch und meinte, «die Zeit bedürfe jetzt des kurzen, klaren, in sich geschlossenen Anrufes, des warnenden Rufes und der Besinnung, damit nicht alles von den stürzenden Mächten in den Abgrund gerissen werde»[14]. Als solcher Rufer und Mahner sähe er jetzt seine eigentliche, seine letzte Aufgabe. Nach ihm war der erlittene Verlust unermeßlich. «Das Antlitz Deutschlands, wie wir es liebten, ist ausgelöscht», bemerkte er und fügte hinzu: «Wir sind durch das Feuer gegangen, und wir sind nicht mehr, was wir waren.»[15] Er glitt nicht behende über die niederschmetternde Situation hinweg, und er sagte nicht, wir haben jetzt so große materielle Sorgen, daß uns keine Zeit für geistige Fragen bleibt. Mehr als die äußere Verwüstung gab ihm die innere Verstörtheit der Menschen zu schaffen. Reinhold Schneider wich dem Problem nicht aus, er machte sich keiner verhängnisvollen Verdrängung schuldig, sondern versuchte, dem Geschehen standzuhalten und sich über den Krieg und was dazu geführt hatte, klarzuwerden. Unmißverständlich sagte er: «Keine Not des äußeren Daseins darf die Wahrheit übertäuben, daß alles abhängt von der Wandlung des Herzens, welche Wandlung nur geschehen kann in der unbarmherzigen Begegnung mit uns selbst.»[16] Die Erinnerungen an die Untaten des Nationalsozialismus und des Krieges dürfen nicht verschwinden. Es ist nicht erlaubt, sie durch eine lautstarke Beschäftigung zu übertönen, sonst ereignen sich nur zu bald neue Fehlentscheidungen. Schneider wies darauf hin: «Vom ersten Krieg innerlich zerstörte Menschen sind für den zweiten die eigentlich verhängnisvollen Erscheinungen geworden.»[17] Die geistige Bewältigung des Geschehens ist eine schwere Arbeit, die nicht in wenigen Tagen und Wochen geleistet werden kann, aber «das bitterste Unglück wird vergeblich erduldet, wenn es nicht gedeutet, nicht auf das Tun des Menschen und Gottes Gerechtigkeit bezogen wird»[18]. Leider vereinfachen die Menschen die Probleme nicht nur, sie denken die Fragen des Lebens gewöhnlich auch nicht zu Ende. Die Notwendigkeit dieser Verarbeitung überfordert nicht den Menschen, wohl aber wird man mit ihr das ganze Leben nicht fertig. Nach Reinhold Schneider «haben wir nicht gebaut, wie wir hätten bauen müssen. Aber nun ist Er da und will bauen: wir stehen in der Gnadenstunde der tiefsten Nacht.»[19] Noch hatte der Dichter die Hoffnung auf das christliche Abendland nicht verloren, doch war es für ihn gewiß, «daß ein neuer großer Einsatz des Geistes geleistet werden muß. Denn der Geist oder Ungeist hat doch das Unheil verschuldet»[20]. Reinhold Schneider verarbeitete in dieser zweiten Phase das Nachkriegsgeschehen; seine diesbezüglichen Reflexionen sind hier wenigstens notdürftig anzudeuten.

Reinhold Schneider warf einmal die Schuldfrage auf. Er war sich dabei über die Unbeliebtheit dieses Problems klar und wußte, daß es namentlich ein der jungen Generation verhaßtes Wort war. Trotzdem rief er der Jugend zu: «Ihr könnt dem Wort ‹Schuld› nicht ausweichen; gestern war es von ungeheurem Gewicht; und dieses Gestern ragt in das Heute ... Es ist das Wort von der Schuld, das die Welt zu unserem Volke gesprochen hat, das Wort des Unheils und Heils, das eigentliche Wort dieser Zeit. An ihm scheiden sich die Geister. Da es nicht möglich ist, es auszusprechen, ohne ein klares Bekenntnis abzulegen, so bekennen wir: Ein Volk ist verantwortlich für seine Geschichte und schuldig an ihr.»[21] Nach Reinhold Schneiders Überzeugung kann der Mensch die Wahrheit nicht finden, ohne die Worte ‹mea culpa› zu sprechen. Napoleon soll einmal gesagt haben, «für die Kollektivverbrechen ist niemand haftbar», und der Dichter kommentierte diese Äußerung: «Wir denken nicht so –: es ist unser letzter Stolz, daß wir nicht so denken ... Es ist auch unser Stolz, uns, was die Schuld betrifft, vorerst auf uns selber zu beschränken und nicht etwa zu sagen, daß auch andere schuldig seien. Dieses ‹auch› ist ein kindisches Wort... Wer in die Zusammenhänge der Schuld gestellt ist und nicht sühnt, gibt seine Würde endgültig auf.»[22] Man darf diese Worte nicht als eine unerwünschte Predigt mißverstehen, denn bei Reinhold Schneider hatte das Wort ‹Schuld› seine tiefe metaphysische Bedeutung behalten, scheute er sich doch nicht, Calderons Wort zu zitieren:

«Denn des Menschen größte Schuld
Ist, daß er geboren ward.»[23]

Dieses Wort stimmt nicht mit dem Evangelium überein, aber es zeigt, bis zu welch dunklen Schächten Reinhold Schneiders Denken hinabstieg. Schon in «Las Casas vor Karl V.» taucht das Wort auf: «Aus aller Schuld kann Gnade werden; vielleicht ist darum so viel Schuld in der Welt.»[24] Auch in den geschichtlichen Werken spricht er von ihr; «Das Inselreich» ist vorwiegend vom Gedanken her konzipiert: Schuld ist mit Schuld verkettet. Die Schuldfrage ist eines der wichtigsten Probleme im Leben und muß ernst genommen werden. Der Laientheologe wollte die Schuld weder auf Deutschland, noch auf die Kriegsursache einschränken, denn ausdrücklich bemerkte er in den Worten zur Jahrhundertmitte: «Die große Möglichkeit, die das Unglück uns bot, war eine Gewissenserforschung der Deutschen, die den Anstoß hätte geben können und sollen zu einer Gewissenserforschung der Welt.»[25] Das letzte Wort der Schuldfrage liegt in der freiwilligen Sühne; sie allein ist fähig, die verhängte Situation von Grund aus zu verwandeln.

Mit nicht geringerer Leidenschaft forderte die Stimme Reinhold Schneiders ein neues Wahrheitsgefühl. Das moderne Leben ist durch die Lüge vergiftet. Sie ist in der

Politik, im Wirtschaftsleben, in der Beziehung der Geschlechter anzutreffen. Alles ist vom Teufel, der der Vater der Lüge ist, durchsetzt. Dies muß mit aller Schärfe ausgesprochen werden, und nicht die geringste Verkleinerung ist gestattet. Diese Gesinnung entlockte dem Dichter das bekannte Sonett: «Allein der Wahrheit Stimme will ich sein.» [26] Die Menschen sind vor die Aufgabe gestellt, sich neu und radikal auf die Wahrheit zu besinnen. Das redliche, einfache Wort muß wieder Einzug halten in unserem Dasein. Wahrheit um jeden Preis. Als wahre Menschen bekennen wir uns zur Wahrheit; nach Reinhold Schneider erkennen wir sie jedoch nur soweit, als wir sie zu vollziehen bereit sind.

Die Verarbeitung von Krieg und Nachkriegszeit gebietet uns, zu einem neuen Geschichtsbewußtsein hindurchzudringen. Bei dem in Bildern und nicht in Begriffen denkenden Reinhold Schneider lag eine Geschichtsvision vor, man möchte sagen, eine transzendierende Geschichtserfassung, die darauf bedacht war, «Symbole unserer geschichtlichen Existenz» zu vermitteln [27]. Er vergaß nicht, daß die Erhellung der Geschichte nur zur Hälfte eine wissenschaftliche Arbeit, zur andern Hälfte aber eine Kunst ist, die der Intuition, der Schau und der Darstellungsgabe bedarf. Seine hintergründige Geschichtsschau mündete immer in aktuelle Gegenwartsfragen ein, doch wäre es falsch, seine Sicht aus seiner schwermütigen Anlage abzuleiten. Gewiß war sein Lebensgefühl voller Trauer; er hat aber nie den Anspruch erhoben, das Ganze und das Umfassende des Lebens auszudrücken: «Es ist mir immer klarer geworden, daß über der Welt ein Licht ausgegossen ist, das ich nicht erreicht habe, vielleicht nicht erreichen kann.» [28] Er gab darüber in einem fingierten «Brief» ergreifende Auskunft. Seine Geschichtsauffassung war vom tragischen Bewußtsein erfüllt, das seinem Werk den erschütternden Akzent verleiht. Geschichte ist wahrhaftig Tragödie, da im historischen Prozeß nie das geschah, was immer hätte geschehen sollen. Er schreckte nicht ängstlich vor Deutungen zurück, sondern erlebte Geschichte als Überlieferung der Symbole. Sie war ihm Bild und Gleichnis, überwölbt von einer transzendierenden Anschauung. Reinhold Schneider wußte um die aufwühlende Tragödie der Kirchengeschichte, aber er dachte nicht daran, sie apologetisch abzuschwächen oder gar zu vertuschen, sondern legte ihre oft unbegreiflichen Verwicklungen wahrheitsgetreu dar. Für ihn waren Religion und Macht unvereinbar, eine Feststellung, die die ganze Geschichte des Christentums unter ein schweres Gerichtswort rückte. «Geschichte soll hier allein betrachtet werden von der Höhe des Glaubens aus» war sein Leitsatz, ein Gedanke, der zu einer Mahnung an das Gewissen der Nation wurde.

Reinhold Schneider huldigte keiner wissenschaftlichen Geschichtsauffassung, sondern begriff sie intuitiv. Seine Schau war lebendig, weil er am Innern der Geschichte teilnahm und sich stets vom Geschehen ergreifen ließ. Er hatte von den Dichtern gelernt, Geschichte zu sehen und Geschichte zu denken. Er schrieb, das Geschichtsbewußtsein umfasse «das sichtbare Geschehen ebenso wie das unsichtbare; sie [die Geschichte] spielt sich auf der Schaubühne ab, wo die Völker ihre Kämpfe austragen, und in den Kammern der Seele»[29]. Der Dichter empfand Geschichte als sein Schicksal, und viele seiner Publikationen standen in ihrem Dienst. Er dachte geschichtlich, aber er war nicht dem Historismus verfallen, der nur zum Relativismus und zur seelischen Müdigkeit führt. Sein Geschichtsbewußtsein ist vom Gefühl der Verantwortung getragen, das ihm auch den Sinn für das Mysterium der Geschichte eingab: «Geschichte ist Bildersprache, unerhörtes Gedicht; aber das Herz ist ihr nicht gewachsen» seufzte er[30].

Es ist einer unserer größten Fehler, daß wir nicht vermochten, der Jugend das Denken in geschichtlichen Dimensionen beizubringen. Nach dem Dafürhalten der jungen Leute beginnt die Weltgeschichte erst mit ihnen, während wir doch auf den Schultern unserer Vorfahren stehen, wenn wir ihnen auch oft untreu geworden sind. Eine geschichtslose Generation ist eine bodenlose Generation, denn ohne das abendländische Geschichtsbewußtsein sind wir Menschen ohne Väter, was soviel bedeutet wie seelisch heimatlos. Der scharfe Zusammenprall der Welt der Väter und der Welt der Söhne, den wir gegenwärtig erleben, ist nicht neu. Er hat sich auch früher ereignet, und die Erde ist deswegen nicht untergegangen. Was am gegenwärtigen Generationenkonflikt so tief beunruhigt, ist die Tatsache, daß Alt und Jung das gemeinsame Erbe des Abendlandes aus den Augen verloren haben, was bei den früheren Auseinandersetzungen nicht der Fall war. Beide Teile haben die tiefere Wurzel vergessen, sie kennen die unzerstörbare Mitte nicht mehr. Es ist töricht, über die heutige Jugend mißbilligend den Kopf zu schütteln, und noch törichter ist es, um ihre Gunst zu buhlen, indem man all ihren Albernheiten zustimmt. Wir haben vielmehr den jungen Leuten die abendländische Tradition wortlos und glaubwürdig vorzuleben.

Das abendländische Geschichtsbewußtsein allein genügt noch nicht. Nach Reinbold Schneider bedarf es unbedingt der christlichen Begründung, eine bei ihm ohne weiteres verständliche Auffassung. Wie wäre er sonst ein Ritter des Glaubens? Reinhold Schneider war ein religiöser Mensch, bevor er als bewußter Katholik fast täglich zur Messe ging, und er ist es auch geblieben, als ihn später schwere Anfechtungen des Glaubens heimsuchten. Nach seiner festen Überzeugung wird uns nur Christus in den kommenden Stürmen helfen. Reinhold Schneider war vor allem ein lebendiger Christ, und er ist es bis an sein Ende geblieben. Zwar fehlt uns in seinem Christentums-Verständnis eine wesentliche Komponente, die Freude, weil er beinahe einseitig den leidenden und kaum den auferstandenen Herrn betonte. Doch vertrat er ein Christentum von Format und wies immer wieder auf Christus hin: «Größer als jemals erscheint uns die Gestalt des Herrn über der Wüste der Jahrhunderte.» Wie er sagt, kann «Jesus Christus allein die Welt vor dem Sturz in den Abgrund bewahren; Menschen vermögen es nicht»[31]. Frei von jedem frömmelnden Ton, aus einer inneren Überzeugung, sprach er vom Gottessohn, der ihn bezwungen hatte. «Diese Gestalt ist da; sie kann nicht widerlegt werden, so wenig wie sie erfunden werden konnte ... Jesus Christus lehrte nicht; er war und ist die Lehre selbst; er hat nicht ein Gesetz erlassen, sondern ein Leben gestiftet: das Leben in ihm und mit ihm.»[32] Reinhold Schneider verstand seine Sendung in der Weise, daß er ein Christus-Zeugnis abzulegen habe. Es war alles andere als ein landläufiges Christentum, für das er sich einsetzte, es war vielmehr ein betont franziskanisches Evangeliumsverständnis, das Menschen und Tiere umfaßte und von dem er die beinahe bestürzenden Worte sagte: «Es ist unsere tiefste Sehnsucht, ganz arm zu sein; denn auf eine andere Weise können wir unsern Herrn und Heiland nicht erreichen ... Wir aber sind fast erstickt in den Gütern der Welt ... Immer größer wird die Gefahr, daß wir den Herrn verlieren ... Jetzt will die Nähe des Herrn noch einmal gewonnen werden; nur Bettler werden ihm, wenn sie zugleich fröhlich und demütig sind, ins Antlitz sehen.»[33] Reinhold

Schneider kämpfte für ein wehrloses Christentum, für eines, das allem Machtstreben entsagt und dessen Wahrheit sich nur in der Verwirklichung erschließt. Ein Christentum ohne Bedrängnis und ein Christentum, das nicht immerfort neu wird, zeigt nach seiner Meinung nur die Herrschaft Babylons an. «Das Christentum kann sich einzig und allein erneuern durch die Wendung zum Ursprung, dem immer neuen Aufbruch zu Christus, zum Kreuz.»[34] Unsere Generation geht nur durch ein neues Erleben der Christus-Realität einer Genesung entgegen. Ohne Erneuerung aus der Wurzel bleibt alles auf Sand gebaut. Von einem bloß psychologisch oder soziologisch aufgefaßten Christentum ist keine Hilfe zu erwarten. Wie der Laientheologe erklärt, «ist es vom Boden des historischen Kritizismus aus nicht gelungen, das Christentum zu erreichen»[35].

Stellen wir uns jedoch seine Auffassung vom Christentum der Agonie nicht zu einfach vor, denn sie enthält auch die beunruhigende Frage, «ob ein Christ nicht ein Ketzer sein kann; ob über christliche Substanz, in Verschmelzung mit der ketzerischen, nicht doch das Gewicht, die Intensität entscheidet»[36]. Seine Arbeiten führten ihn nach eigenem Geständnis immer wieder in die Nähe der Ketzer, zu solchen Menschen, die diesen Namen verdienten, und zu solchen, die ihn nicht verdienen. Die Ketzer bezahlten ihre Fragen stets mit schweren Leiden, aber die Christenheit hat ihre Fragen fast immer in den Wind geschlagen, während sie Reinhold Schneider mitten ins Herz trafen. Ihm selbst war es klargeworden, daß jeder, der es ernst meint, dem Vorwurf des Ketzers kaum entgehen kann.

Ein Teilaspekt von Reinhold Schneiders Antwort auf die vorliegende Thematik ist seine Sicht der geteilten Christenheit. In seiner bewußten Zugehörigkeit zur katholischen Kirche hat er unter der Spaltung der Christenheit gelitten, ein Leiden, das ihn von aller konfessionellen Befangenheit befreite. Er besaß ein einfühlendes Verständnis für andersdenkende Menschen, viele seiner besten Freunde waren evangelische Christen. «Ich fühle mich ganz fest in meiner Überzeugung, aber keineswegs imstande, den Gegner zu widerlegen; ich lebe ja auf beiden Seiten des Schlachtfeldes und verstehe, wie ich glaube, den Gegner nur allzu gut.»[37] Reinhold Schneider zog auch die Ostkirche in sein Denken ein; er liebte ihre Ikonen, den Protopopen Avvakum, die russischen Dichter, und nach seiner Auffassung gelingt die Versöhnung der Bekenntnisse nicht ohne Einbeziehung der orthodoxen Kirche. In einem unveröffentlichten Brief schrieb Reinhold Schneider über dieses ihm am Herzen liegende Thema: «Es bildet sich heute innerhalb des Christlichen eine Gruppe, die man nicht mehr mit den bisherigen Begriffen bezeichnen kann, das ist kein gewollter Vorgang, sondern einfach ein geistiges Ereignis unserer Zeit. Und die in diesem Sinne verbunden sind, können sich nicht verlieren, sie können sich auch nicht mißverstehen.»[38] Dabei gab sich Reinhold Schneider keiner Illusion hin: «Ich glaube nicht, daß das Kreuz der Spaltung vom deutschen Volke, der Welt genommen wird. Aber ich glaube an die Gnade des wirklich ergriffenen, des geachteten Kreuzes, an das Christentum derer, die wahrhaft leiden an der Zerrissenheit.»[33] Den Weg zur Überwindung der Spaltung suchte er in der Richtung: «Von der Wahrheit kann nichts geopfert werden. Aber nur die Liebe kann die Wahrheit verwalten ... Wo der Wille zum Einssein mächtiger als alles Persönliche ist, da kann Christus nicht ferne sein.»[40]

Der Dichter brachte die angedeuteten Einsichten in mannigfachen Schriften und Vorträgen den Menschen nahe und unternahm zu diesem Zweck viele Reisen, die seine

Kräfte überforderten. Im ersten Moment von Deutschlands Zusammenbruch glaubte er, «ein Volk zu sehen auf der Heimkehr zu Gott»[41]. Die Wahrnehmung traf nicht zu. Es kam in Deutschland das Wirtschaftswunder und verblendete die Menschen völlig. Sie brachten nach des Propheten Wort «dem Nichts Rauchopfer dar»[42]. Reinhold Schneider erhob die Frage: «Brennen nicht diese Rauchopfer des Nichts auf unseren Theatern, auf so vielen Altären der Kunst und Wissenschaft?»[43] Eine nihilistische Gesinnung nahm überhand und überschwemmte das ganze Abendland, das einem neuen Chaos entgegentaumelt, gegen das die ordnenden Gegenkräfte nicht aufkommen. Des Dichters Mahnung, ein Volk der «Beter und Büßer» zu werden, verhallte ungehört, ja, sie kehrte sich ins Gegenteil um: ein größerer Abfall als je riß fast alle mit. Was der Tröster sagte, schlürfte man begierig ein, den unbequemen Warner schob man widerwillig auf die Seite. Reinhold Schneider waren bittere Erfahrungen beschieden, die ihn schwer bedrückten. Die Enttäuschung war furchtbar; die dritte und letzte Phase seiner Spätzeit ist durch ein Erlöschen aller Lichter gekennzeichnet. Alle Leiden schienen umsonst gewesen zu sein, denn der Abfall vom Christentum dauerte fort und nahm groteske Formen an. Der geistige Zerfall auf allen Gebieten war nicht länger zu übersehen. Wiederum erhielt sein Buch «Las Casas vor Karl V.» symbolische Bedeutung. Unschwer sind die Worte des Mönchs an den Kaiser auf die Gegenwart zu übertragen: «Das Volk ist in Gefahr, seine Seele an irdische Mächte zu verkaufen ... dein Volk ist krank ... Zerbrich das Unrecht, in dem es erstickt ... Und was den Menschen als Torheit erscheint, das ist vielleicht die letzte Weisheit ...»[44]

Schroff brach der Gegensatz zwischen Reinhold Schneider und seinem Volk in der Frage der Wiederbewaffnung auf.

Der Dichter nahm unmißverständlich Stellung gegen die Wiederaufrüstung, denn nach seiner Überzeugung sollte Deutschland als Sühne für die Untaten des Nationalsozialismus für immer auf die Waffen verzichten. Diese Einstellung, politisch gesehen vielleicht utopisch, aber christlich betrachtet durchaus vertretbar, veranlaßte ihn, dem damaligen Regierungskurs zu widersprechen, worauf eine wahre Verleumdungskampagne gegen ihn einsetzte. Man disqualifizierte ihn groteskerweise als einen im Solde des Kommunismus stehenden Mann und forderte sogar seine Exkommunikation. Die schändliche Hetze hat den allzu weichen Dichter sehr getroffen, ihm aber zugleich eine ungewöhnliche Härte verliehen. Und dennoch befand er sich damals in der richtigeren Situation als da ihm das Ordensband «Pour le mérite» um den Hals gelegt, oder ihm die Urkunde mit der Verleihung des Ehrendoktors überreicht wurde. Jetzt widerfuhr dem Glaubensritter das Wort: «Selig seid ihr, wenn euch die Menschen um meinetwillen schmähen und verfolgen und reden allerlei Übles wider euch, so sie daran lügen.»[45] Im Feldzug des Hasses gegen Reinhold Schneider hat man die Wahrheit verletzt. Es gilt dies festzuhalten, mag die Erinnerung daran auch vielen Menschen unangenehm sein.

Wider Willen war Reinhold Schneider in die innere Emigration geraten, aus der ihn die Verleihung des Friedenspreises befreite. In seiner noch immer lesenswerten Festrede «Der Friede der Welt» macht er jedoch nicht das geringste Zugeständnis. Er wehrte sich gegen die Abstempelung, ein Pazifist zu sein – das wäre eine verkürzte Betrachtung –, aber er erachtete es als «besser, auf einem Narrenschiff zu reisen als auf einem Flugzeugträger». Seinen Zuhörern sagte er: «Wir sitzen neben dem verunglückten Wagen. Denken wir wirklich nach? Wir reparieren zu schnell. Und dann rasen wir weiter, auf der miserablen Straße mit der geflickten Achse.» Völker können nur von dem ihnen voranleuchtenden Bild leben, und das deutsche Volk «hat ein solches Bild nicht mehr ...» «Es könnte eine Gnade sein, daß uns Deutschen, uns allein, die nationale Geschichte in Scherben vor den Füßen liegt.»[46]

Doch war die Frankfurter Rede nur das letzte Zeichen vor seinem erschütternden Ende. Das sprechende Dokument des Ausganges ist Reinhold Schneiders letztes Buch «Winter in Wien». Viel wurde über dieses Buch gesprochen, und noch viel mehr wurde es mißverstanden. Daß sich in ihm ein ganz neuer Reinhold Schneider dokumentiere, können bloß Menschen behaupten, die den «Verhüllten Tag» nur oberflächlich gelesen haben, denn in ihm ist das posthum erschienene Werk schon völlig vorgebildet. Freilich wollte Reinhold Schneider absichtlich dem Heiligenbild, das sich viele Leute von ihm zurechtgelegt hatten, entgegentreten, darum sagte er: «Es werden sich alle verwundern, die es lesen.» Und gewiß ist es ein ungeordnetes Werk, ein Fragment, das unter anderem auch bedrückende Eintragungen aus dem Gebiet der Naturwissenschaft enthält. Den naturwissenschaftlichen Beobachtungen kommt der von Reinhold Schneider zugeschriebene Stellenwert nicht zu, aber sie verraten die innere Not, in der er damals lebte. Wer deswegen jedoch von einem Abfall des Dichters reden wollte, der «Wahrheiten geleugnet oder bis zum Verschwinden verdunkelte», oder ihn preist, «ein moderner Mensch geworden zu sein», geht am entscheidenden Problem vorbei[47]. So einfach liegen die Dinge bei ihm nicht, denn zuviel Elementares ist im «Winter in Wien» enthalten. Das Buch birgt eine unheimliche Untergangsprophetie, in der einzig die Stellung Reinhold Schneiders nicht völlig klar ist. Es ist nicht erlaubt, nur sein «Vaterunser» und den «Kreuz-

weg» zu betonen, denn das würde ihn zum Erbauungs-
schriftsteller stempeln. Das war er nicht. «Winter in Wien»,
gleichsam sein Testament, bildet die notwendige Ergänzung zu seinem schriftstellerischen Werk. Der Glaubensritter in ihm erlitt die schwerste Niederlage, die er selbst
andeutete: «Wollte ich, was sich in mir während dieses
Winters ereignet, im Gespräch mit dem Phänomen Wien
pathetisch ausdrücken, so müßte ich von einem inneren
Unfall sprechen, vom Einbruch der dunklen Wasser in einen leer gewordenen Raum, einem Einbruch also von unten
her.»[48] Er empfand ein tiefes Bedürfnis, für andere zu
beten, aber «für mich kann ich nicht beten; und des Vaters
Antlitz hat sich ganz verdunkelt»[49]. Aber mit seiner Erkenntnis, daß der Glaube nur noch in der Todesangst Christi lebt, ist er wiederum ganz mit dem Evangelium verbunden. Nach eigenem Zeugnis ist in Wien Unermeßliches
über ihn hinweggegangen, so daß er «einer zersplittern-
den Welt nur Splitter bringen kann»[50]. Die «Notizbücher»,
wie er das Werk selbst nannte, sind von einem angefoch-
tenen, lebensmüden und sich verlassen fühlenden Menschen
verfaßt. Ein solches Buch schreibt man nicht freiwillig,
es wird einem gleichsam diktiert. Aus diesem Grunde ist
der «Winter in Wien» neben Simone Weils «Das Unglück
und die Gottesliebe» und D. Bonhoeffers «Widerstand und
Ergebung» eines der erregendsten Dokumente der Nachkriegszeit. Die Existenz wird als Todeskampf aufgefaßt,
weshalb eine tiefe Beunruhigung von diesem Buche ausgeht. Er selbst war sich bewußt, daß dunkle Fragen darin
aufgeworfen werden; die religiöse und die philosophische
Problematik sind zu einer schweren Last geworden. «Vielleicht ist die Erkenntnis, daß etwas getan werden muß,
was nicht getan werden kann, der wesentliche Gehalt unserer Zeit: Wir sind dort, wo Geschichte, wo die gläubige

Existenz in der Geschichte ad absurdum geführt werden; wo eine seit Jahrtausenden bestehende und verschwiegene Problematik endlich durchbricht; wo der Kranke sich endlich seine Krankheit eingestehen muß.»[51] Während für Reinhold Schneider Christus stets der Herr der Geschichte war, vermochte er wegen der schwierigen Rätsel der Natur in diesem Buch nicht auch Christus als den Herrn des Kosmos zu schauen. Er ist an der Schöpfungsordnung irre geworden, aber wer will ihm daraus einen Vorwurf machen? Es ist die Grenze Reinhold Schneiders.

Da er absichtlich in einer «Theologia Tenebrarum» verharrte[52], ist es naheliegend, zur Deutung dieses bestürzenden Finales den Begriff der Tragik zu Hilfe zu nehmen, der in seinem Denken eine große Rolle gespielt und über den Bruno Scherer ein Studie geschrieben hat. «Es wäre ja falsch, das Tragische als ausweglos-heillos zu begreifen; vielmehr treibt die tragische Form aus ihrem tiefsten Wesen zur Transzendenz; nur in ihr kann die Melodie der Schmerzen ausschwingen.»[53] Keineswegs wäre das eine verfehlte Interpretation. Aber sie genügt nicht. Der Ausgang von Reinhold Schneiders Leben muß in endgeschichtlicher Perspektive gesehen werden. Das Land wird nach ihm erneut in die Schmelze gegeben: «Ich weiß nicht, was kommt; ich weiß nur, daß ein Ende da ist.»[54] Er war vom nahen Ende der Geschichte überzeugt und kam sich jetzt als Vorbote des Entsetzlichen vor. Einzig die eschatologische Sicht wird der Bedeutung Reinhold Schneiders gerecht.

Es war kein Zufall, daß Reinhold Schneider das Wiener Manuskript dem Verleger abgab und wenige Tage danach auf der Straße hinfiel, ein Sturz, der am Ostersonntag seinen Tod herbeiführte; seine letzte Phase brach dadurch unvollendet ab. Im unmittelbar darauffolgenden Sterben liegt ein tiefer Sinn verborgen, der nach einer Deutung verlangt. Schon früh wurde der Opfergedanke für den Glaubensritter bedeutsam. Nach dem 20. Juli 1944 schrieb er: «Das Opfer ist alles», und auf die Frage, ob Rettung in der Zeit möglich sei, sagte er: «Die Antwort ist nur das Opfer.»[55] Reinhold Schneider hat sich demnach in «Winter in Wien» selbst geopfert. Dies ist die wahre Sicht von seinem Ende, die alle bloß literarische Bewertung hinter sich läßt. Reinhold Schneider war ein Geopferter; er hat sich in seiner Bemühung, seiner Zeit die Wahrheit erneut zu enthüllen, buchstäblich aufgerieben, alle seine Kräfte verausgabt und seine ohnehin geschwächte Gesundheit völlig untergraben. Der Sturz auf der Straße war nur der Schlußstrich unter seinen Opfergang. Dieser sich opfernde Mensch flüsterte uns zu: «Ihr gelangt auf keinem anderen Weg zu einem neuen Verhältnis zu Christus, und Ihr überwindet die in den Raum der Kirche eingedrungene Verwirrung auf keine andere Weise als nur durch das Opfer Eurer Person.» Das Opfer und das Gebet müssen an die erste Stelle gesetzt werden.

Unsere Ausführungen begannen mit dem Hinweis auf das Gemälde von Ewald Vetter. Am Schluß ist ein merkwürdiges Foto zu erwähnen. Reinhold Schneider wurde oft fotografiert, nicht gerade zu seiner Freude. Es gibt aber ein Foto von ihm, das sich im Band «Reinhold Schneider, Leben und Werk in Dokumenten» befindet, auf dem der Dichter beim Verlassen des Wohnhauses in Freiburg in dem Moment festgehalten ist, als er durch das Gartentor auf die Straße schreitet. Wie auf dem Gemälde von Vetter, sieht man auch hier nichts von seinem Antlitz, nur der Rücken deutet ein vorsichtiges Schreiten an. In dieser geheimnisvollen Weise ist Reinhold Schneider von uns gegangen.

Wohin ritt er mit seiner seltsamen Rosinante? Ins Dunkel hinaus, in die Ewigkeit hinüber und, um das Ende mit dem Anfang zu verbinden, sprach er dabei leise die Worte seines gedichteten Benedikt Labre als ein Vermächtnis vor sich hin: «Denn das Kreuz kommt, und wir sollen es annehmen; es kommt von allen Seiten auf uns zu, und es ist also eine Zeit der Gnade. Aber was sollen wir tun, wenn im innersten Herzen der Menschen nicht eine Sehnsucht erwacht und sie aufblicken läßt nach dem Heiligenbild, unter dem sie Tag für Tag und Stunde für Stunde vorübergehen? Dieses letzte, was den Blick des Menschen wendet, kann nicht von Menschen ausgehen. Und doch ist dies das wichtigste. Denn wohin die Augen gerichtet sind, dahin werden auch die Wege führen ... Gehen Sie mitten hinein! Retten werden Sie nichts. Denn der Herr rettet, nicht die Menschen. Werden Sie zum Zeugen, mitten im Feuer!»[56]

SUCHEN WIR GEMEINSAM DEN WEG:
MARTIN BUBER

Rabbi Chajim erzählte einmal eine Geschichte: «Es hat sich einst einer im tiefen Wald verirrt. Nach einer Zeit verirrte sich ein zweiter und traf auf den ersten. Ohne zu wissen, wie es dem ergangen war, fragte er ihn, auf welchem Weg man hinausgelange. ‹Den weiß ich nicht›, antwortete der erste, ‹aber ich kann dir die Wege zeigen, die nur noch tiefer ins Dickicht führen, und dann laß uns gemeinsam nach dem Wege suchen.› Gemeinde! so schloß der Rabbi seine Erzählung, suchen wir gemeinsam den Weg!»[1]

Die kleine Anekdote umreißt das zentrale Problem Martin Bubers. Allezeit dachte er an den Weg und schon früh erkannte er, daß der Weg von der Welt zu Gott führt und niemals umgekehrt. «Auf allen deinen Wegen erkenne den Herrn», heißt es in den Sprüchen Salomos[2]; aber, um der Aufforderung nachkommen zu können, muß man die Bedeutung des Weges erkannt haben. «Gott finden, heißt den Weg finden, der ohne Grenzen ist», war Martin Bubers Auffassung[3].

Die Menschen sind immer in Gefahr, sich mit ihren Worten im dunklen Wald zu verirren, sie kennen höchstens die noch tiefer in das Dickicht hineinführenden Pfade. Auch dem jungen Buber widerfuhr dieses Schicksal, weshalb es nicht angebracht ist, sich bei seinen ersten Publikationen länger aufzuhalten. Sie sind ohne Wegweisung aus den verwirrenden Strömungen der damaligen Zeit und besitzen höchstens biographischen Wert. In Hans Kohns Monographie findet sich eine ausführliche Schilderung dieser ganzen Phase. Bubers Sammlung «Ekstatische Konfessionen» und andere Veröffentlichungen von damals kann man heute nicht lesen, ohne zu empfinden, wie fern jene Zeit dem gegenwärtigen Lebensgefühl schon gerückt ist.

Buber merkte bald, daß er sich im tiefen Wald der Modernität verirrt hatte, wandte sich entschlossen von der Zeitströmung ab und sprach mit Rabbi Chajim, «suchen wir gemeinsam nach dem Weg». Seither lichtete sich für Buber der Pfad durch den dunklen Wald, denn er war zu einem vorbildlichen Wegsucher geworden, der, nach Margarete Susmans Worten, «es als eine unmittelbare Aufgabe erkannte, in dieses stürmische Treiben von innen her Festigkeit, Halt und Richtung zu bringen»[4]. Nachdem Buber den gemeinsamen Pfad gefunden hatte, verkörperte er jene evidente Wahrheit, jene unzerstörbare Kraft und jene innere Gewißheit, deren der heutige Mensch wieder bedarf, wenn er im Sturm der Zeit bestehen soll.

Buber wirkte stark auf die religionsphilosophische Diskussion ein. Zwar schrieb er: «Ich habe keine ‹Lehre›. Ich habe nur die Funktion, auf solche Wirklichkeiten hinzuzeigen. Wer eine Lehre von mir erwartet, die etwas anderes ist als eine Hinzeigung dieser Art, wird stets enttäuscht werden. Es will mir jedoch scheinen, daß es in unserer Weltstunde überhaupt nicht darauf ankommt, feste Lehre zu besitzen, sondern darauf, ewige Wirklichkeit zu erkennen und aus ihrer Kraft gegenwärtiger Wirklichkeit standzuhalten. Es ist in dieser Wüstennacht kein Weg zu zeigen; es ist zu helfen, mit bereiter Seele zu beharren, bis der Morgen dämmert und ein Weg sichtbar wird, wo niemand ihn ahnte.»[5] Dessen ungeachtet ist von Bubers Religionsphilosophie viel zu lernen, auch in pädagogischer und politischer Beziehung. Er hat sich tief mit dem neuzeitlichen Denken eingelassen, entsprechend einem Wort seines Freundes Franz Rosenzweig: «Die göttliche Wahrheit will mit beiden Händen, der der Philosophie und der der Theologie, angefleht werden. Wer sie mit dem doppelten Gebet des Gläubigen und des Ungläubigen anruft, dem wird sie sich nicht versagen.»[6]

Bubers Ausführungen in «Ich und Du» sind nicht frei von der dialektischen Methode, die damals Europa überflutete, angefangen vom dialektischen Materialismus des Marxismus bis hin zur dialektischen Theologie des Protestantismus. Echte Dialektik hat in der religionsphilosophischen Bemühung ihre Berechtigung. Schon Sokrates bediente sich ihrer und ebenso Pascal und Kierkegaard. Doch gilt es, zwischen Dialektik und Dialektik zu unterscheiden. Gefährlich ist sie immer dann, wenn sie nicht mit der nötigen Behutsamkeit ausgeübt wird. Sie gleitet dann leicht in ein Schaukelspiel ab, mit dem alles und darum auch nichts bewiesen werden kann. Sie sagt Ja und sagt Nein und schafft mit ihrer Rabulistik oft mehr Verwirrung als Klarheit. Darin liegt auch der Grund, weshalb man mit einem dialektisch geschulten Marxisten an kein Ziel kommt. Er treibt mit den Worten ein eitles Spiel, wobei der Begriff «Koexistenz» in politischer Beziehung das größte Narrenseil ist. Buber sah die Gefahr der Dialektik und bemühte sich auch, ihr zu entgehen – ob ihm dies immer gelungen ist, bleibe dahingestellt.

Martin Buber bezeugte in seinen religionsphilosophischen Schriften einen großen Mut. Er scheute sich nicht, C. G. Jung öffentlich entgegenzutreten. C. G. Jung erkannte die Einseitigkeit von Freuds Psychoanalyse, die ganz auf die sexuelle Komponente ausgerichtet ist, und ebenso bemerkte er die Bedeutung des Religiösen im Menschenleben. C.

G. Jung aber war als ressentimentgeladener Pfarrerssohn nicht der berufene Mann, die nötige Wendung herbeizuführen. Seiner Psychologisierung des Lebens sind viele Gebildete kritiklos erlegen. Der Strömung sich entgegenstemmend, erhob Buber gegen C. G. Jung den Vorwurf, «daß er in seiner Behandlung des Religiösen die Grenzen der Psychologie in den wesentlichsten Punkten mit souveräner Freiheit, aber zumeist ohne anzumerken oder gar zu begründen, daß er es tut, überschreitet»[7]. Buber sprach es unmißverständlich aus, daß die Psychoanalyse nur Schuldgefühle und keine wirkliche Schuld kenne, weil sie nie bis zur ontischen Wirklichkeit vorgestoßen ist. Er stellte die Frage ganz scharf: «Ist Gott lediglich ein psychisches Phänomen, oder existiert er auch unabhängig von der Psyche des Menschen?»[8] In der Auseinandersetzung mit dem alles überschwemmenden Psychologismus hat Buber eine bedeutsame Position vertreten, er hat tiefer gesehen als seine Gegner.

Den größten Widerhall fand Buber mit seiner Parole vom «dialogischen Leben», wodurch sein Entschluß, «suchen wir gemeinsam den Weg», höchst greifbare Gestalt annahm. Die Losung vom dialogischen Leben nahm ihm die Gegenwart ab. Offenbar entsprach sie einer Not der Zeit. Dialog wurde zu einer Parole, um nicht zu sagen zu einem Schlagwort. Von den Nachbetern vergröbert, verwechselte man ihn mit Diskussion und Podiumsgesprächen. Einen wirklichen Dialog zu führen, wie es Sokrates meisterhaft verstanden hat, ist wohl sehr schwer, denn gewöhnlich reden die Menschen aneinander hoffnungslos vorbei. Sie haben auch nicht die Gabe des Aufeinander-Hörens, sondern wollen nur immer ihre eigene Meinung an den Mann bringen. Deswegen sind auch die meisten Dialoge zum Scheitern verurteilt, und dies nicht erst heute, haben sie doch schon auf den alten Konzilen und in den Religionsgesprächen des sechzehnten Jahrhunderts nicht zum Ziel geführt. Bubers dialogisches Leben hat mit all diesen Modeerscheinungen nichts zu tun, denn seine Überlegung ging vielmehr von der Wahrnehmung aus, daß der Mensch ein monologisches Dasein führt, das die Not des modernen Menschen ausmacht. Er versucht, dieser Einsamkeit durch die Flucht ins Kollektive zu entrinnen. Das dialogische Leben ist eine Überwindung der egozentrischen Ichgefangenheit. Buber versuchte, das Eingesperrtsein aufzubrechen und den Menschen wieder einem Du entgegenzuführen, ein Tun, für das ihm viele Menschen danken.

Aber es ist bei Buber nicht eindeutig, mit wem sich sein Dialog abspielt: mit Gott, mit den andern Menschen oder mit beiden? Im tiefsten Grunde meinte Buber das Gespräch mit Gott, das als Gebet zu verstehen ist und allein den Menschen vor dem Versinken in die Verlassenheit zu bewahren vermag. Aber Buber dachte auch an das Gespräch mit den Mitmenschen, das gewiß ebenfalls wichtig ist und das seine Zeitgenossen vor allem aus seinen Ausführungen heraushörten. Daraus entstand eine gewisse Unklarheit, so daß Bubers Bemühungen in dieser Beziehung kein Gelingen beschieden war. Trotz seiner vehementen Betonung des dialogischen Verhaltens gelang es ihm nicht, mit seinem eigenen Volk in ein Gespräch zu kommen. Er selbst sah sich zu der Einsicht genötigt: «Während des Ersten Weltkrieges ist mir offenbar geworden, daß sich ein Prozeß vollzieht, den ich bis dahin nur geahnt hatte: die zunehmende Erschwerung des echten Gesprächs und besonders des echten Gesprächs zwischen Menschen verschiedener Art und Gesinnung. Der unmittelbare, rückhaltlose Dialog wird immer schwerer und seltener; immer unbarmherziger drohen die Abgründe zwischen Mensch und Mensch unüberbrückbar zu werden.»⁹ Auch wenn es Buber nicht gelungen ist, auf religionsphilosophischem Gebiet einen neuen Durchbruch herbeizuführen – wem war dies schon beschieden? –, so halte ich seine religiösen Bemühungen für viel fruchtbarer als diejenigen von Hermann Cohen, der das Judentum unter dem Gesichtspunkt «die Religion der Vernunft» zu verstehen versuchte, was doch schon im Ansatz verfehlt war. Männer wie Bloch, Adorno, Marcuse dürfen schon gar nicht mit Buber auf eine Ebene gestellt werden, denn sie haben mit ihrem entwurzelten Denken nur zur Verwirrung der Nachkriegszeit beigetragen und kein aufbauendes Wort gesagt. Ihnen gegenüber steht Martin Buber zusammen mit Leo Baeck wegweisend da.

Nach den Worten von Schestow «hat sich Buber die Aufgabe gesetzt, die jüdische Lehre von allen ihr anhaftenden Elementen des Phantastischen zu säubern, dabei aber die ganze Wucht und Spannung des jüdischen forschenden Denkens beizubehalten»¹⁰. Jedenfalls ist Bubers religionsphilosophische Bemühung ein Ausdruck seiner Wegsuche. Sie hat ihn nicht noch tiefer ins Dickicht hineingeführt – Scholems Behauptung, «Bubers Lehre ist religiöser Anarchismus», ist unhaltbar¹¹ – aber den wirklichen Weg hinaus findet man nicht durch abstraktes Denken, sondern allein durch ein ernsthaftes religiöses Ringen.

Tiefer an den Kern der Dinge brachte ihn der andere Problemkreis, den er selbst mit den Worten «der Jude und sein Judentum» umschrieb.

Er konnte sich mit der traditionellen Auffassung des Judentums nicht befreunden, denn nach seiner Meinung litt die rabbinische Überlieferung an einer Krankheit zum Tode. Die jüdische Orthodoxie schien ihm zu sehr erstarrt und das liberale Judentum zu entleert. Das assimilierte Judentum drohte immer mehr in Auflösung überzugehen.

Es war eine verzweifelte Situation, die Buber mit den Worten schilderte: «Es gab kein selbständiges, schöpferisches Denken: nur dem Grübeln über die Bücher des Gesetzes und die Tausende von Büchern der Deutung jener Deutungsbücher war die Mitteilung gewährt. Gewiß, es gab immer und immer wieder Ketzer; aber was konnte der Ketzer wider das Gesetz?»[12] Martin Buber gesellte sich, vom jüdischen Standpunkt aus gesehen, zu den Ketzern, wie einst Uriel da Costa; mit der Aufreißung dieses Horizontes wird sein Lebenswerk in eine neue Perspektive gerückt.

In dieser verhängten Situation suchte Buber den Weg, indem er sich auf das ursprüngliche Judentum besann. Er bemühte sich immer wieder, eignete sich eine große Kenntnis des Judentums an und erstrebte bewußt dessen Erneuerung. Sein Ziel ging dahin: eine schöpferische Verwandlung des Judentums herbeizuführen, eine neue Gestaltung, eine Reformation und nicht Reformen, wobei er bereit war, auf die historischen Formen zu verzichten[13]. Diesem Willen dienten seine «Reden über das Judentum», die damals die jüdische Jugend in Europa stark beeindruckten.

Es ist auch für einen Christen überaus lehrreich, Bubers Bestrebung zur Erneuerung des Judentums zu verfolgen. Sie weist viele Parallelen zu ähnlichen Versuchen innerhalb der Christenheit auf. Bedauerlich ist nur, daß die Christen davon kaum Kenntnis nehmen. Die Religionen leben offensichtlich aneinander vorbei, eine Tatsache, an der auch die Schlagworte von der jüdisch-christlichen Gemeinschaft nichts ändern. Obschon Bubers Wille zur Erneuerung ernst und ehrlich war, ist sie, aufs Ganze gesehen, nicht geglückt. Um diese Feststellung kommt man nicht herum, auch wenn man Buber noch so verehrt. Es ist immer schon aufgefallen, daß sein Einfluß auf christliche Menschen in Europa größer war als auf seine Glaubensgenossen in Israel. Buber hat auch mit seiner Forderung einer Verständigung der Israeli mit den Arabern nicht das Ohr der jungen Menschen in Israel erreicht.

Freilich war er am Mißlingen der Erneuerungsbestrebungen nicht unschuldig. Seine Losung war: «Nicht die Formen, sondern die Kräfte.»[15] Die Parole hat etwas Bestechendes an sich, aber sie ist trotzdem nicht richtig. Es gibt keine echten Kräfte außerhalb der Form. Kräfte und Formen dürfen keine Gegensätze sein. Auch hatte Buber eine starke Abneigung gegen das Gesetz, das er, ähnlich wie Spinoza, verkannte. Gewiß erlangte das Gesetz innerhalb des Judentums eine erdrückende Übermacht, die es bei den Propheten noch nicht hatte. Aber es gibt kein Judentum ohne das Gesetz, ist es doch sozusagen das Knochengerüst am jüdischen Leibe. Ohne die Gesetzestreue hätte das Judentum nicht zu überdauern vermocht. Buber hätte es einbeziehen müssen, es neu deuten sollen, ohne in die rabbinische Kasuistik abzustürzen. Ähnlich abgelehnt hat Buber auch die Synagoge. Ben-Chorin berichtete darüber in seinen Erinnerungen von «Bubers Fernbleiben vom synagogischen Gottesdienst»[15]. Er betrat in Jerusalem keine Synagoge, sondern pflegte oft am Sabbat eine halbe Stunde vor der Synagoge hin und her zu gehen, wenn er auf einen Besucher wartete. Wer sich aber vom synagogalen Leben selbst ausschließt, wird schwerlich eine Erneuerung des Judentums herbeiführen. Das Judentum schließt die Synagoge ein. Eine Wiedergeburt des Judentums, wobei das große Wort «Renaissance» sparsam verwendet werden sollte, kann nur von innen erfolgen. Buber war ein westlicher Mensch – es bleibt eine Frage, ob man in ihm mehr den Juden oder mehr den Deutschen sehen will –, er selbst führte einmal aus: «Mein Herz gehört zu jenen von Israel, in denen sich heute, den blind Bewahrenden und den blind Bestreitenden gleicherweise entrückt, das Ringen vollzieht, das der Erneuerung von Glaubensgestalt und Lebensgestalt vorausgeht.»[16] Er litt an der deutsch-jüdischen Gespaltenheit, aus der kein ganzheitliches Werk hervorgehen konnte, wie es doch die Erneuerung erfordert hätte.

Viele sahen in Buber den richtigen Partner für Gespräche zwischen Judentum und Christentum. Noch Hans Urs von Balthasar huldigte in seinem Buch «Einsame Zwiesprache» dieser Auffassung. Die Hoffnung dieser Leute war wohl naheliegend, bestand aber doch nicht zu Recht. Dahinter stand mehr oder weniger versteckt die Erwartung einer Konversion. Eine Werbung von Konvertiten belastet die menschliche Beziehung mehr als daß sie sie fördert. Die Warnung Jesu ist von zeitloser Gültigkeit: «Weh euch Schriftgelehrte und Pharisäer, ihr Heuchler, die ihr Land und Wasser umziehet, daß ihr einen Judengenossen machet; und wenn er's worden ist, machet ihr aus ihm ein Kind der Hölle, zwiefältig mehr, denn ihr seid!»[17] Seit der verbrecherischen Judenverfolgung durch den Nationalsozialismus ist die Judenmission diskreditiert und hat an Glaubwürdigkeit eingebüßt. Eine offene Begegnung, bereit zu nehmen und zu geben, müßte an die Stelle der Bekehrungssucht treten.

Buber war keineswegs auf dem Weg zum Christentum. Er las das Neue Testament als Jude, er las es nicht als Christ. Die Gespräche, die vor der Zeit des Nationalsozialismus im Frankfurter Lehrhaus zwischen Buber und Vertretern des Christentums geführt wurden, verliefen im Sande. Eine Annäherung hat nicht stattgefunden und, wie die Dinge damals lagen, war dies auch nicht möglich, denn dazu hätte es ganz anderer Vorarbeiten bedurft. Für Buber blieb Christus immer eine prophetische Gestalt unter andern prophetischen Gestalten, betrachtete er ihn doch nie als den Einzigartigen und Einmaligen und vor allem nicht als den Erlöser[18]. Er hielt schon die Personifizierung der messianischen Erwartung für einen Abweg. Gewiß singen auch die Christen in ihren Liedern von Jesus, der «unser Bruder geworden ist», aber das ist ein Dankesgesang für die an Weihnachten erfolgte Menschwerdung. Dahinter stand doch stets die Gottessohnschaft, die für Buber ganz unannehmbar war. In seinem Buch «Zwei Glaubensweisen» sprach er deutlich vom Unterschied zwischen Judentum und Christentum, weshalb es nicht gestattet ist zu tun, als hätte er diese Schrift gar nicht geschrieben.

Buber hat die Abneigung gegen das Christentum überwunden, die die Juden wegen der ihnen zuteil gewordenen Behandlung begreiflicherweise empfinden. Er hegte nicht das geringste Ressentiment, im Gegenteil, er betrachtete Jesus als eine urjüdische Erscheinung mit wirklicher messianischer Kraft begabt: «Seine Bedeutung für die Völkerwelt bleibt für mich der eigentliche Ernst der abendländischen Geschichte.» Buber gesteht: «Jesus habe ich von Jugend auf als meinen großen Bruder empfunden. Daß die Christenheit ihn als Gott und Erlöser angesehen hat und ansieht, ist mir immer als eine Tatsache von höchstem Ernst erschienen, die ich um seinet- und um meinetwillen zu begreifen suchen muß ... Mein eigenes brüderlich aufgeschlossenes Verhältnis zu ihm ist immer stärker und reiner geworden, und ich sehe ihn heute mit stärkerem und reinerem Blick als je.»[20] Er fühlte sich von der Bergpredigt unmittelbar angesprochen und bewertete sie als «ein jüdisches Bekenntnis im allerinnersten Sinn»[21]. Das sind sympathische Worte, über deren Tragweite man sich jedoch nicht täuschen darf. Sie bleiben innerhalb des jüdischen

Raumes und enthalten keine Annäherung an das Christentum. «Von den messianischen Gestalten der jüdischen Geschichte ist Jesus die erhabenste, die großartigste – aber der Messias ist er nicht.»[22] Bubers Worte über das Christentum können dem Christen indirekt als Impuls dienen, sich möglichst unvoreingenommen in das Alte Testament, in den Talmud, in die Kabbala zu vertiefen, wie es schon Christian Knorr von Rosenroth und Friedrich Oetinger getan haben. Von diesem unumgänglichen Studium dürfen wir uns nicht dispensieren, weil wir nur auf diesem Weg zu einem besseren gegenseitigen Verstehen gelangen. Wir sind in dieser Hinsicht über die allerersten Anfänge nicht hinausgelangt. Bubers Worte bleiben bedenkenswert: «Die Gottestore sind offen für alle. Der Christ braucht nicht durchs Judentum, der Jude nicht durchs Christentum zu gehen, um zu Gott zu kommen.»[23] Das Nebeneinander von Synagoge und Kirche gehört zu den Geheimnissen Gottes, die wir demütig annehmen sollen.

Zur Erneuerung des Judentums ist auch Bubers Übersetzung des Alten Testamentes zu zählen. Er begann sie zusammen mit Franz Rosenzweig, der sich von einem Intellektuellen zu einem geistigen Menschen hindurchgearbeitet hatte und nach einer jahrelangen vorbildlich ertragenen Lähmungskrankheit starb. Nach seinem Tode setzte Buber das Werk allein fort und vollendete es auch. Er hat dieser Arbeit viele Jahre gewidmet. Welcher Laie unter den Zeitgenossen hat dies getan? Vielleicht einzig noch der Dichter Paul Claudel. Eine konzentrierte Beschäftigung mit der Bibel bleibt nicht ohne Früchte, weil die Schrift auf den ernsthaften Leser zurückstrahlt, vorausgesetzt er verhält sich zu ihr nicht so ironisch wie Thomas Mann in seinem Josephsroman. Auch Buber wurde durch die ständige Lektüre des biblischen Textes ein anderer, denn ohne diese

Arbeit wäre er nicht zu jenem Weisen herangereift, der er geworden ist. Die Bibelübersetzung war Bubers Lebensarbeit, die er mit Hingabe und Liebe ausführte. Offensichtlich liegt ein tiefgehendes Schrifterlebnis zugrunde, das nur mit dem verhaltenen Jubel Jeremias' angedeutet werden kann: «Stellte dein Wort sich ein, so verschlang ich es.»[24] Es wird niemand bestreiten, daß es auch im Alten Testament bedenkliche Stellen gibt, aber aus den Unvollkommenheiten zu folgern, das Alte Testament sei als kanonische Urkunde nicht weiter zu konservieren, wie Adolf Harnack es tat, bedeutet geistigen Antisemitismus, der sich selber richtet und keiner ernsthaften Widerlegung bedarf. Es verrät keinen tiefen Blick, einiger Schlacken wegen die elementare Gottesleidenschaft zu verkennen, die durch dieses Buch braust. Das Alte Testament ist nicht bloß eines der mächtigsten Bücher der Weltliteratur, ihm hat die Kirche stets Offenbarungswert zuerkannt. Aus ihm spricht die ewige Stimme, die nicht zu überhören ist. Ihrer bedarf der Mensch, wenn er die Orientierung im Leben nicht verlieren will.

Gegen Bubers Bibelübertragung wurde oft der Einwand einer gewissen Gekünsteltheit erhoben. Er hat nicht nur seltene Worte verwendet, sondern viele neue Worte gebildet, die überaus hart klingen und, ungebräuchlich wie sie sind, sicher nie in die deutsche Sprache eingehen werden. Um der Ursprünglichkeit willen hat er den Worten das Äußerste abgefordert. Buber hat nicht, wie Faust, die Bibel «in sein geliebtes Deutsch übertragen», ein Ziel, das ihm gerade nicht vorschwebte. Die Bibel sollte nach seiner Meinung den palästinensischen Erdgeruch beibehalten. Der Leser muß spüren, daß er ein hebräisches und kein deutsches Buch in den Händen hält. Ein solches Übersetzungsziel hatte sich bis dahin noch niemand vorgenommen; es bleibt denn auch der Diskussion unterstellt. Ebenso wollte Buber jeden Anschein vermeiden, die Bibel der Vorstellungswelt des heutigen Menschen anzupassen, weshalb er die Sprache der Reklame und der Presse vermied. Jeder reißerische Jargon verbot sich schon aus Ehrfurcht vor dem göttlichen Wort. Jede fragwürdige Aktualität schloß er aus, er glättete nichts, machte das Schwere nicht leicht und nahm die geringe Eingängigkeit seiner Übertragung in Kauf. Die Gefahr der Geläufigkeit und die Macht der Gewohnheit bannend, drang er zu den tiefsten Tiefen des ewigen Buches vor. Buber war gewillt, den modernen Leser an die andersgeartete Welt der Schrift heranzuführen. Er beseitigte die Patina und holte das echte Bild wieder hervor. Er erfaßte die einzigartige Atmosphäre der Schrift. Religiös und künstlerisch gesehen, ist das seine bedeutsamste Leistung.

Durch ihren hebräischen Erdgeruch treten dem Leser die Bibelworte auf eine ganz neue Art entgegen. Er überfliegt sie nicht als Verse, die er schon zehnmal gelesen hat. Ihre fremdartige Neuheit nötigen ihn innezuhalten und über die beinahe unbekannten Worte erneut nachzudenken. Es wird etwas wie ein Ersteindruck erreicht. Gerade dies war die Absicht Bubers. Ob er das Ziel erreicht hat, ist natürlich eine Frage. Seine Übertragung ist zu wenig volkstümlich, so daß sie nie von breiten Kreisen benützt werden wird. Es ist sicher gut, daß es diese Übersetzung neben der Lutherbibel gibt. Die Lutherübersetzung ist ein gewaltiger Wurf, wie er im deutschen Sprachgebiet nicht seinesgleichen hat. An sich ist es nicht wünschbar, daß jeder Exeget meint, er müsse die Bibel neu übersetzen, zumal jede Übersetzung, gewollt oder ungewollt, auch immer einen Kommentar in sich schließt. Die allzu vielen Bibelübersetzungen verwirren die Menschen und machen sie unsicher. Aber eine von der hebräischen Atmosphäre erfüllte Übertragung des Alten Testamentes darf es nicht nur geben, sie muß sogar vorhanden sein.

Buber wies darauf hin, daß in der hebräischen Sprache das Wort «lesen» soviel wie ausrufen heiße. Konkret angewendet bedeutet das, daß seine Schriftübersetzung am besten laut gelesen wird. Sie ist weniger zur stillen Lektüre berechnet als zum Sprechen, zumal Buber auch bei der Interpunktion Rücksicht auf die Atmung des Lesers genommen hat. Bubers Schriftübertragung richtet sich, wie Kierkegaard es einmal für seine «Reden» formuliert hat, an jenen Leser, der willig und langsam liest, wiederholt liest und laut liest – um seiner selbst willen.

Zum Abschluß von Bubers Bibelübersetzung wurde in Jerusalem eine kleine Feier veranstaltet, an der Scholem einige den Übersetzer ehrende Worte sprach, die er unter dem Titel «An einem denkwürdigen Tage» veröffentlicht hat. Er schloß seine Ausführungen mit dem Hinweis, daß die Menschen, für die diese Übersetzung berechnet war – die deutschen Juden –, nicht mehr da sind und das Gastgeschenk zum «Grabmal einer in unsagbarem Grauen erloschenen Beziehung wurde»[25]. Das ist der Trauerschleier, der über Bubers Übertragung liegt, aber dies darf nicht das letzte Wort sein. Es wird immer wieder deutschsprechende Juden geben, die sich von der ewigen Stimme ansprechen lassen. Bubers Übersetzung hat auch für die Christen die Bedeutung eines wertvollen Versuches, der sie auffordert, das Wort neu zu hören und ihm zu gehorchen.

Mit seiner Übersetzungstätigkeit arbeitete Buber gleichzeitig eine Reihe von Monographien aus über Moses, das Königtum Gottes und so weiter, die zwar zu einigen Bedenken Anlaß bieten. Buber, der kein Theologe sein wollte, wagte in diesen Arbeiten nicht auf den wissenschaftlichen

Anspruch zu verzichten, obschon er wußte, daß man über Moses nicht mit den Methoden der Wissenschaft schreiben kann, und er der Theologie als Wissenschaft skeptisch gegenüberstand. Moses gehörte einer mythischen Welt an. Darüber wußte Buber Bescheid wie wenige seiner Zeit. Die mythisch geschaute Welt aber verlangt nach einem anderen Zugang und einer anderen Haltung, als sie die rationale Betrachtung der Wissenschaft zu eröffnen vermag. Zwischen ihnen klafft ein Abgrund und eine nicht zu überbrückende Sprachverschiedenheit. Da Buber dieser Verschiedenheit nicht Rechnung trug, sondern Bibelkritik mit gläubiger Hingabe an das Wort vereinigen wollte, erhält seine Darstellung ein zwielichtartiges Moment. Es fehlt die Eindeutigkeit, die zum Beispiel in Margarete Susmans «Deutung biblischer Gestalten» vorliegt.

Das größte und bleibende Verdienst Bubers in seiner Wegsuche ist seine Vermittlung des Chassidismus an die abendländische Geisteswelt. Vor Buber wußte kaum jemand im Westen etwas vom Chassidismus, jedenfalls verband sich mit ihm keine klare Anschauung. Die Arbeiten von Paul Leverstoff «Die religiöse Denkweise der Chassidim» [1918] und S. A. Horodezky «Religiöse Strömungen im Judentum» [1920] waren nicht dazu angetan, stärkere Eindrücke zu vermitteln. Auch Dubnows «Geschichte des Chassidismus» [1931] vermochte dies nicht entfernt. Alle diese Schriften waren mit zu geringer innerer Beteiligung geschrieben. Mit Buber wurde dies anders, denn bei ihm verschmolz sich der Chassidismus mit seinem deutschen Judentum zu einer eigentümlichen Mischung, wodurch er gerade für uns annehmbar wurde.

Um den Chassidismus besser zu verstehen, muß man etwas vom Ostjudentum wissen. Man unterschätzte es im allgemeinen, und selbst die westlichen Juden fühlten sich hoch erhaben über die Ostjuden und wünschten, nicht mit ihnen verwechselt zu werden. In Wirklichkeit verhielt es sich umgekehrt: das Westjudentum war infolge seiner Assimilierung verflacht, während die Ostjuden ihre religiöse Substanz behielten. Man darf sich nicht durch das oft unhygienische Aussehen der Ostjuden abschrecken lassen. Sie lebten in einer engen, in sich abgeschlossenen Welt ohne kulturelle Beziehungen; aber trotz der großen Armut waren sie an Seelentiefe dem aufgeklärten Judentum weit überlegen. Perez, Orabuena und Agnon vermitteln ein wirklichkeitsgetreues Bild der ostjüdischen Welt. Auch die frühe Malerei von Chagall gibt eine Anschauung vom Ostjudentum, wie es sich in der russischen Umgebung präsentierte. Der Chasidismus war hier beheimatet.

Martin Buber gab im Aufsatz: «Mein Weg zum Chassidismus» Auskunft über seine Begegnung mit ihm. Schon als Kind lernte er ihn bei seinem Großvater in Galizien kennen, geriet dann aber als Student in Wien in den Wirbel der abendländischen Auflösung, so daß der Chassidismus zunächst ohne Wirkung auf ihn blieb. Erst später fiel ihm ein chassidisches Büchlein in die Hände, in dem er las: «Er ergreife die Eigenschaft des Eifers gar sehr. Er erhebe sich im Eifer von seinem Schlaf, denn er ist geheiligt und ein andrer Mensch worden und ist würdig zu zeugen und ist worden nach der Eigenschaft des Heiligen, gesegnet sei er, als er seine Welt erzeugte.»[26] Im Nu wurde er von der chassidischen Seele überwältigt und sah nun seine Aufgabe darin, die zerstreuten Überlieferungen zu sammeln und sie dem heutigen Menschen zu übermitteln. Buber tat dies nicht als Gelehrter, da der Chassidismus keine wissenschaftliche Angelegenheit ist[27], sondern er bemühte sich um die religiöse Erfassung. Wenn deswegen einige Klüglinge die Nase rümpften und meinten, Bubers Bücher über den Chassidismus dienten mehr der Kontemplation als der Forschung, so hat ihn dies mit Recht nicht im geringsten irritiert. Nach der Überlieferung wird der Chassidismus kaum anders denn mit Hilfe der Legende erfaßt, wobei das Wort «legendär» nicht dem Wort «unwahr» gleichgesetzt werden darf. Dieses fatale Mißverständnis stammt aus der Geschichtswissenschaft des neunzehnten Jahrhunderts. Die Legende ist die der religiösen Botschaft entsprechende Form; für Buber gab es eine Verschmelzung von Legende und Leben. Die legendäre Wirklichkeit besitzt eine innere Wahrheit, die sich freilich nur dem seelisch aufgeschlossenen Menschen erschließt. Buber ließ die unfruchtbaren Streitigkeiten über den Chassidismus absichtlich fallen und schilderte ihn so, wie es ein künstlerisch empfindender Schriftsteller tun mußte. «Ich berichte nicht die Entwicklung und den Verfall der Sekte, ich beschreibe nicht ihre Gebräuche. Ich will nur das Verhältnis zu Gott und zur Welt mitteilen, das diese Menschen meinten, wollten und zu leben versuchten ... Im Chassidismus siegt für eine Weile das unterirdische Judentum über das offizielle.»[28] In seine ersten Publikationen über den Chassidismus «Die Geschichte des Rabbi Nachman», «Die Legende des Baalschem» und «Der große Maggid und seine Nachfolge» hat sich noch ein ästhetisches Element eingeschlichen, das er später bewußt ausmerzte. Gesammelt liegen sie im Werk «Die chassidischen Bücher» vor. Je länger und je tiefer Buber in den Chassidismus eindrang, um so mehr hatte er den Eindruck, seine Darstellung sei zu wenig schlicht. Er wollte nur die Anekdoten festhalten, die über den Baalschem und seine Schüler im Umlauf waren, daraus entstand schließlich das Buch «Die Erzählungen der Chassidim», ein geradezu wundersames Werk, auf das das Wort eines Rabbi angewendet werden darf: «Eine Geschichte soll man so erzählen, daß sie selber Hilfe sei.»[29] Man kann schwerlich in diesem Buch lesen, ohne die wirksame Hilfe für das eigene Leben zu spüren. Es ist eines der wertvollsten Werke unseres Jahrhunderts. Neben diesem grundlegenden Quellenmaterial versuchte Buber auch den Chassidismus zu deuten, namentlich in den beiden Schriften «Die chassidische Botschaft» und «Der Weg des Menschen nach der chassidischen Lehre». Es gebührt sich, zunächst die Erscheinung des Chassidismus phänomenologisch ins Auge zu fassen, so fragmentarisch dies auch in dieser Kürze geschehen kann, und seine Glaubensgestaltung möglichst unvoreingenommen wirken zu lassen.

Die Gründergestalt des Chassidismus ist der Baalschem, der vom Nebel der Zeit seltsam verhüllt ist und dessen hinreißende Größe man doch durch die wenigen Andeutungen hindurch spürt. Der Name «Baal-schem-tow» besagt soviel wie «Meister des guten Namens», zu dem das Volk unbedingtes Vertrauen haben kann. Er hat sich von den langweiligen Lehrbüchern abgewandt und in der freien Natur den ewigen Gott auf eine fühlbare Weise neu erlebt. «Wenn der Mensch gewürdigt wird, die Gesänge der Kräuter zu vernehmen, wie jedes Kraut sein Lied zu Gott spricht ohne alles fremde Wollen und Denken, wie schön und süß ist es, ihr Singen zu hören. Und daher ist es gar gut, in ihrer Mitte Gott zu dienen in einsamem Wandeln über das Feld hin zwischen den Gewächsen der Erde und seine Rede auszuschütten vor Gott in Wahrhaftigkeit. Alle Rede des Feldes geht dann in deine ein und steigert ihre Kraft. Du trinkst mit jedem Atemzug die Lüfte des Paradieses, und kehrst du heim, ist die Welt erneuert in deinen Augen.»[30] Der Baalschem pflegte mit den Tieren zu reden und verstand die Vogelsprache. Von ihm wird behauptet, er habe nicht vom Baum der Erkenntnis gegessen. Aus seinem Munde ist das Wort überliefert: «Ich bin auf diese Welt gekommen, um einen andern Weg zu zeigen, daß nämlich der Mensch sehe, diese drei Dinge sich zu erwerben: Liebe zu Gott, Liebe zu Israel und Liebe zur Lehre – und man braucht sich nicht zu kasteien.»[31] Hinter dem Baalschem stand ein starkes Gotterleben, so daß er sich verwunderte, daß sein Leib noch nicht zerbröckelt war aus Furcht vor seinem Schöpfer. Vom Baalschem haben sich einige Worte erhalten, die es wert sind, lange bedacht zu werden: «Was bedeutet das, was die Leute sagen: ‹Die Wahrheit geht über die ganze Welt?› Es bedeutet, daß sie von Ort zu Ort verstoßen wird und weiterwandern muß.»[32] Der Urheber des Chassidismus sah die Welt voll gewaltiger Lichter und Geheimnisse – und der Mensch verstellt sie sich mit seiner kleinen Hand. Das Lebendige des Göttlichen tritt einem beim Baalschem entgegen, er selbst fühlte sich denn auch nie am Ziel. Seinen Schülern sagte er in den Unterweisungen: «Mancher, der Gott zu haben sich bedünkt, weiß nichts von ihm. Manchem, der aus der Ferne nach ihm zu verlangen meint, ist er nah. Du aber denke immer, du stündest am Ufer des Jordans und seiest in das Land noch nicht eingegangen. Und hast du schon allerlei Gebote erfüllt, so wisse, du hast nichts getan.»[33] Es sind nicht allzu viele Worte von ihm überliefert, einige aber hat Buber unter dem Titel «Unterweisung im Umgang mit Gott» herausgegeben.

Die Größe des Baalschem zeigt sich unter anderem darin, daß sich ohne sein Zutun ein Kreis von Schülern um ihn versammelte. Die Schülerbeziehung spielt im Chassidismus eine große Rolle und läßt sich nicht mit dem Lehrer-Schüler-Verhältnis im Westen vergleichen. Die Schüler zogen zum Baalschem, blieben längere Zeit bei ihm und nahmen

seine Ausführungen ganz in sich auf. Sie vererbten sie weiter an ihre Schüler, so daß man von ganzen Schülerdynastien reden kann. Ohne sie wäre der Chassidismus nicht das geworden, was er geworden ist. Sein Zerfall hängt mit dem Versagen der letzten Schülergeneration zusammen. Unter den Schülern gab es auch Nachbeter des Baalschem – jede anbetende Schülereinstellung wirkt sich unfruchtbar aus –, aber es finden sich genügend bedeutende Gestalten. Nach ihrer Erkenntnis kann man den Weg – und immer geht es im Chassidismus um einen Weg – «aus keinem Buch und keinem Bericht, sondern allein von Person zu Person erfahren»[34]. Sie durften ohne Übertreibung sagen: «Bei unserm heiligen Rabbi war ein kleines Heiligtum, nichts fehlte uns, und wir spürten nicht die Not des Exils, nicht die Verfinsterung, die über allem liegt.»[35] Von den späteren Schülern sei nur Rabbi Sussja erwähnt, der chassidische Gottesnarr, dessen Person von einem einzigartigen Charme umflossen ist. Die Schüler wurden, wie der Baalschem selbst von den Chassidim, als Heilige verehrt. Darüber gibt es eine schöne Anekdote: «Es steht geschrieben: ‹Heilige Menschen sollt ihr mir sein!› Der Rabbi übertrug: ‹Menschlich heilig sollt ihr mir sein.›»[36]
Im Mittelpunkt des Chassidismus steht das unmittelbare Gotterlebnis, welches das ganze Leben durchtränkt. Für den Chassidismus war Gott ansprechbar, seine Anhänger wagten Du zum Ewigen zu sagen. Dieses Gottesverhältnis hat seinen schönsten Ausdruck im wundersamen Lied gefunden:
«Wo ich gehe – du!
Wo ich stehe – du!
Nur du, wieder du, immer du!
Du, du, du!

Ergeht's mir gut – du!
Wenn's weh mir tut – du!
Nur du, wieder du, immer du!
Du, du, du!
Himmel – du, Erde – du,
Oben – du, unten – du,
Wohin ich mich wende, an jedem Ende
Nur du, wieder du, immer du!
Du, du, du!»[37]

Statt Gott sagten die Chassidim auch Urlicht, das in die
Zaddikim einströmt und aus ihm wiederum in ihre Werke
ausströmt. Auch darüber gibt es überaus tiefsinnige Äußerungen: «Ehe die Seele in die Luft dieser Welt tritt, führt
man sie durch alle Welten. Zuletzt zeigt man ihr das Urlicht, das einst, als die Welt erschaffen wurde, alles erleuchtete, und das Gott dann, als der Mensch verdarb,
geborgen hat. Warum zeigt man der Seele dieses Licht?
Damit sie von Stund an Verlangen trage, es zu erreichen
und sich ihm im irdischen Leben Stufe um Stufe nähere.
Und die es erreichen, die Zaddikim, in sie geht das Licht
ein, aus ihnen hervor leuchtet es wieder in die Welt. Dazu
ist es einst geborgen worden.» Der östliche Chassidismus
war auch von der Kabbala befruchtet, und von dorther kam
seine Auffassung, in allen Dingen die verborgenen Gottes-
funken zu sehen, die mit der oberen Welt wieder in Verbindung gebracht werden müssen: «In allem, was in der
Welt ist, wohnen heilige Funken, kein Ding ist ihrer ledig.
Auch in den Handlungen des Menschen, ja sogar in der
Sünde, die ein Mensch tut, wohnen Funken der Herrlichkeit Gottes. Und was sind das für Funken, die in der
Sünde wohnen? Es ist die Umkehr. In der Stunde, wo
du ob der Sünde Umkehr tust, hebst du die Funken, die
in ihr waren, in die obere Welt.»[39] Nur dann kommt

es zu einer Erlösung der Schechina – der einwohnenden Gegenwart Gottes in der Welt –, die auf der Erde verbannt umherirrt und aus deren Verkennung das menschliche Leid entsteht. Diese Gedanken enthalten eine religiöse Erkenntnis, die viel zur Vertiefung des Lebens beiträgt.

Das Erleben des Göttlichen bewahrt den Menschen vor einer bloß intellektuellen Erfassung des Religiösen. Der Weg der Inbrunst gehört dazu. Eine unablässige Flamme brannte in den ersten Chassidim, und ihre Frömmigkeit durchdrang ihr ganzes Dasein. Ihre einzige wesentliche Absicht war, «Gottes Wirklichkeit zu suchen, die weder Maß noch Ende hat. Sie erlebten, daß man Gott auch mit dem Schlafe dienen kann»[40] und gedachten seiner noch beim Schmieren der Wagenräder[41]. «Gott wohnt, wo man ihn einläßt.»[42] Man sagte einmal zu Rabbi Jizchak Meir: «Ich gebe dir einen Gulden, wenn du mir sagst, wo Gott wohnt.» Er antwortete: «Und ich gebe dir zwei Gulden, wenn du mir sagen kannst, wo er nicht wohnt.»[43] Es gab nichts, was außerhalb ihrer Frömmigkeit war. Ihr Warten auf die Erlösung war ganz existenziell; sie spürten es an der Luft, daß sie noch nicht gekommen war.

Damit es möglich ist, Gott in der Weise zu erleben, muß der Mensch die Umkehr vollziehen. Sie ist eines der großen Themata des Chassidismus und ist identisch mit dem hebräischen Wort für Antwort. Das Wort «Umkehr» hat einen andern Klang als das Wort «Bekehrung». Die Chassidim verstanden die Umkehr ohne Bußermahnung; vielmehr behandelten sie die verirrten Menschen wie gute Freunde und versuchten den Sturm ihrer Herzen zu besänftigen. «Der Kern der Umkehr ist die Darbietung des Lebens», sagte Rabbi Schmelka, und Rabbi Israel von Rizin bezog sie auf die ganze Schöpfung: «Kehre um, Israel, bis zu dem Herrn, deinem Gott. Das ist zur ganzen Welt und zu allen Wesen des Himmels und der Erde gesagt. Denn alles Erschaffene, unten und oben, alle Diener des Höchsten, die Engel, die Seraphim, die himmlischen Tiere, die heiligen Räder, bis zum Throne Gottes selber, allen liegt es ob, umzukehren.»[44] Doch haben die Menschen keine Kraft, von sich aus umzukehren, nur Gott kann sie dazu veranlassen. Die Umkehr bedeutet nicht etwa ein reuiges Rückkehren zu einem früheren Sein, der Mensch befindet sich vielmehr jenseits der letzten Pforte und befindet sich im Glauben. Die Umkehr ist ein beständiges Streben und Nachjagen und Suchen nach Gott, und nie darf man stehen bleiben. Der Fromme lebt der Überzeugung, daß es nichts gibt, was der Umkehr widerstehen könnte.

Die Chassidim verbanden mit der Umkehr keine Askese. Es ist das Aufblühende an der chassidischen Bewegung, daß sie die Kasteiung bewußt verwarf. Der Baalschem lehrte: «Man braucht sich nicht zu kasteien», es gibt eine Liebe ohne Kasteiung, und man kann ein heiliges Leben in aller Leiblichkeit führen. Noch deutlicher sprach es Rabbi Schmelke aus: «Bis nun hatte ich meinen Leib kasteit, daß er die Seele ertragen könne. Jetzt aber habe ich gesehen und gelernt, daß die Seele den Leib ertragen kann und sich von ihm nicht abzuschneiden braucht.»[45] Der Chassidismus übersah keineswegs das Böse. Er wußte durchaus um den bösen Trieb. Nach seiner Lehre kann man die böse Lust nicht direkt bekämpfen, weil jede Bekämpfung sie auch wiederum stärkt. «Es gilt nicht, auf das Böse loszuschlagen, sondern sich auf die göttliche Urkraft zurückzuziehen und von da aus es zu umkreisen und zu beugen und in sein Gegenteil zu verkehren.»[46]

Mit der Zurückdrängung der Kasteiung lehnte der Chassid auch die Traurigkeit ab, die oft damit verbunden ist. Nicht daß dies eine neue Haltung wäre, denn Jesus Sirach schrieb schon:

«Gib dein Gemüt nicht dem Kummer hin
Und laß dich von Sorgen nicht zu Fall bringen.
Freude im Herzen ist des Mannes Leben,
Und ein fröhlicher Mensch verlängert seine Tage.
Sprich deinem Gemüte zu und ermuntere dein Herz,
aber den Ärger halte fern von dir.
Denn der Kummer hat viele getötet,
Und kein Nutzen ist in ihm.»[47]

Daß Traurigkeit nicht Ernst ist, wurde im Laufe der Zeit vergessen, bis die Chassidim wieder daran erinnerten. Die Schechina schwebt nicht über der Trübsal, vielmehr sind Sorge und Traurigkeit die Wurzeln der bösen Mächte. «Hüte dich über alles vor der Schwermut, denn sie ist schlimmer und verderblicher als die Sünde.»[48]

Gegenüber der Traurigkeit vertraten die Chassidim eine betonte Freude, die bei ihnen immer wieder durchbrach. Sie verlieh der chassidischen Bewegung die strahlende Kraft, der man sich nur schwer entziehen kann. Die Anhänger führten ein Leben in Begeisterung, in Freude und in Bejahung jeder Stunde des Lebens in der Welt, mochte sie sein, wie sie wollte. Das Leid muß in Freude verwandelt werden, und der Mensch hat sich in Gott zu freuen. «Alle Freuden stammen aus dem Paradies, auch der Scherz, wenn er in wahrer Freude gesprochen wird.»[49] Gott singt in den Menschen, und im Frommen ist die heilige Freude wach geworden. Auch die irdischen Freuden sind zu bejahen und zur Heiligkeit zu erheben. Es liegt im Beruf des Zaddik, den Menschen freizumachen.

Die Freude drückte sich bei den Chassidim im Tanz aus. «Eine Macht ging von dem Tanz aus, jeder Schritt war ein mächtiges Geheimnis. Ein unbekanntes Licht erfüllte

das Haus, und wer zusah, sah 'die Himmelsschar mittan-
zen.»[50] Seitdem David zum Ärger seiner Frau vor der
Bundeslade getanzt hatte, wurde wohl nie mehr aus religiöser Begeisterung so freudvoll getanzt wie bei den Chassidim. Im Tanz erhebt sich der Mensch über den Erdboden,
und sein entflammtes Antlitz deutet die ungewöhnlichsten
Dinge an, die in ihm vorgehen.

Natürlich spielt im Chassidismus auch das Gebet eine bedeutsame Rolle, das ohnehin ein Gradmesser für die Intensität der Religiosität ist. Sie sprachen frei und oft überaus
ergreifend mit dem Herrn der Welt: «Ich verstehe dich
nicht zu fragen, Herr der Welt, und wenn ich's verstünde,
ich brächte es doch nicht fertig. Wie könnte ich mich unterfangen, dich zu fragen, warum alles so geschieht, wie es
geschieht, warum wir aus einem Exil ins andre getrieben
werden, warum unsere Widersacher uns so peinigen dürfen!»[51] Sie baten Gott um Licht, daß sie zu ihm beten
konnten, und kam es vor, daß sich alle ihre Glieder ent-
zündeten gleich einem fließenden Feuer. Das Gebet glich
beinahe einer Bereitschaft zum Sterben, und zugleich fühlten sie in der Stunde des Gebetes nichts Trennendes mehr
zwischen Gott und sich. Durch das Gebet brachten sie ein
in Wundern verwobenes Leben zu, das sich aller vernünftigen Beurteilung entzieht. Die Macht des Gebetes war
unendlich groß bei ihnen. Wie der Chassidismus lehrt,
«muß der Mensch zu Gott schreien und ihn Vater nennen,
bis er sein Vater wird»[52]. «Beten heißt an Gott haften»[53]
und «Der Mensch soll in Gott hineingehen, daß Gott ihn
umgebe und sein Ort werde.»[54] Sie standen vor Gott wie
Botenknaben, beteten um die Erlösung Israels und warte-
ten, wohin sie gesandt würden. Seit der Zerstörung des
Tempels ist das Gebet an die Stelle des Opfers getreten;
sie strebten denn auch nach einer hohen Stufe: «Erst alle

geheime Weisheit gelernt haben und dann wie ein kleines Kind beten.»[55]

Noch eine ganze Reihe religiöser Phänomene sind im Chassidismus enthalten. Man staunt immer wieder über die grundlegend religiösen Einsichten. Einer der großen Vorzüge des Chassidismus liegt auch im Verzicht auf alle Polemik, hierin der Haltung des Franziskus ähnlich. Obschon sie von den Vertretern der Orthodoxie hart angefeindet wurden – sie wußten, «was von der Seite des Guten hervorgeht, kann nicht ohne Gegnerschaft geschehen» –, ließen sie sich nie in einen Streit ein, weil er doch zu nichts führt[56]. Die Angriffe rannen an ihnen wie Wasser am Felsen ab und hinderten sie nicht, ihr ganz dem Ewigen zugewandtes Leben in voller Freude weiter zu leben.

Will man den Chassidismus ganz kurz charakterisieren, so muß man von der jüdischen Mystik sprechen, die in ihm auf eine ganz ursprüngliche Art aufgebrochen ist. Der Chassidismus ist bestrebt, die Welt in Gott zu lieben. Er betrachtete die Welt nicht als ein bloßes Scheingebilde, sondern bemühte sich um eine unmittelbare Beziehung zu Gott, so daß Buber sagen durfte, in ihm habe für eine Weile das unterirdische über das offizielle Judentum gesiegt. Es war nicht das erste Mal, daß sich die Mystik innerhalb des Judentums regte. Schon die Kabbala war eine stark mystische Bewegung, und Scholems Buch «Die jüdische Mystik in ihren Hauptströmungen» zeigt, wie sehr sie dem Judentum im Blute lag. Im Chassidismus ist sie mit neuer Kraft aufgebrochen und hat eine Größe erreicht, die vorbehaltlose Anerkennung verdient. Sie vermittelte den armen Ostjuden in Polen und in der Ukraine, die in ihren düsteren Ghettos lebten und immer wieder von grauenhaften Pogromen heimgesucht wurden, eine Hoffnung, die ihnen das Dasein trotzdem lebenswert machte. Es kann keine kleine Sache sein, die dazu imstande ist. Der Chassidismus leitete die Menschen nicht dazu an, die Welt zu fliehen, sondern sagte: «Was für eine gute und lichte Welt ist das doch, wenn man sich nicht an sie verliert, und was für eine finstere Welt ist das doch, wenn man sich an sie verliert!»[57] Er gab ihnen zugleich die Kraft, sich in dieser zwiespältigen Welt zu bewahren, nicht zu kapitulieren, nicht ein Schalksknecht zu werden, sondern allezeit die Liebe zu Gott hochzuhalten. Durch ihn gelangt das Licht in die untere Welt, die nicht im Finstern bleibt: «Auch die Völker der Erde glauben, daß zwei Welten sind; auf jener Welt, sagen sie. Der Unterschied ist dies: sie meinen, die zwei seien voneinander abgehoben und abgeschnitten, Israel aber bekennt, daß beide Welten im Grunde eine sind und daß sie eine werden sollen.»[58]

Man kann heutzutage über nichts schreiben, und wäre es das Schönste der Welt, ohne sich einer oft bösartigen, wenig erfreulichen Kritik auszusetzen. Auch Buber mußte sie über sich ergehen lassen. Leute, die der Ruhm Bubers nicht schlafen ließ, sagten, daß das, was Buber über den Chassidismus geschrieben habe, gar nicht Chassidismus sei, sondern Buberei. Er habe das gnostische Element im Chassidismus ignoriert, und sein methodisches Prinzip wurde in Frage gestellt. Auch habe er nur die schönen Seiten des Chassidismus angeführt und das ganze Geröll, das diese Bewegung mit sich geführt habe, auf die Seite geschoben. Die historische Betrachtung des Chassidismus ergebe ein anderes Bild. Nun, jede geschichtliche Bewegung weist auch unerfreuliche Begleiterscheinungen auf, das weiß ein jeder, und deshalb kommt ihnen keine entscheidende Bedeutung zu. Was dem Menschen hilft, sind nicht die Abfallprodukte, sondern die wertvollen, richtungweisenden

Worte der führenden Gestalten. Bubers Darstellung war richtig; wir haben genug mit dem Schlamm des Lebens zu tun und brauchen ihn nicht noch in den Büchern serviert zu bekommen.

Eine rein phänomenologische Darstellung des Chassidismus genügt nicht, mindestens müßte man fragen, was er für die abendländische Geistesgeschichte bedeute. Der religiöse Mensch wird von der Botschaft des Chassidismus ergriffen, und es ist ihm unmöglich, sich ihr zu entziehen. Er empfindet eine große Freude und spürt die Hilfe. Der Chassidismus ist ein starker Impuls beim Entschluß: Suchen wir gemeinsam den Weg! Es ist so viel Beglückendes in ihm, das auf die tiefste Sehnsucht des religiösen Menschen antwortet. Wir dürfen ihn nicht einfach hinnehmen und ihn gleichsam für uns beschlagnahmen; noch uneinsichtiger wäre es, ihm abzusagen und nichts mit ihm zu tun haben zu wollen, weil er nicht auf unserem Boden gewachsen ist. Beide Einstellungen verfehlen seinen Auftrag, den er auch an uns zu erfüllen hat.

Worin besteht aber nun der Unterschied zwischen dem Chassidismus und dem Christentum? Es scheint fast das Gleiche zu sein, und doch ist dies nicht der Fall. Denkt man sich die Gestalt Christi als den gekommenen Messias, wird die Verschiedenheit schon offenbar, aber die Frage ist bei der nahen Verwandtschaft der beiden Bewegungen durchaus verständlich. Der Chassidismus mutet oft wie ein Parallele an, nicht nur zum gleichzeitigen Pietismus Zinzendorfscher Prägung, sondern zum ursprünglichen Christentum. Es ist ein Grüßen von hüben und drüben, dem die Einsicht zugrunde liegt, daß alle Menschen Zugang zu Gott haben, wenn auch nicht für jeden die gleiche Tür offen ist; chassidisch ausgedrückt: «Was wäre das für ein Gott, dem man nur auf eine einzige Weise dienen könnte?«[59] Der Chassidismus lehnte es stets ab, alle Menschen mit gleichem Maß zu messen. Wenn Kirche und Synagoge in einer geheimnisvollen Verbindung stehen, so gilt diese Einsicht vor allem auch von Chassidismus und Christentum. Es gibt nicht nur ein Trennendes, sondern auch ein Verbindendes. Als religiöse Menschen haben wir das Gemeinsame stärker zu betonen, ohne damit eine diffuse Verschwommenheit zu befürworten.

Jedenfalls bekennen wir freudig, daß der Chassidismus für uns junge Menschen von damals ein großes Licht in der Wüste unserer Zeit war. Wir können an unsere reifere Jugendzeit nicht zurückdenken, ohne ein unendliches Dankbarkeitsgefühl gegenüber dem Chassidismus zu empfinden. Die religionsgeschichtliche Schule und die bibelkritische Einstellung gaben wohl unserem Denken Probleme auf, aber sie beide ließen das Herz leer ausgehen. Im Chassidismus dagegen begegnete uns wirkliche Religiosität und nicht intellektualistische Theologie, die glaubte, mit ihrer Wisserei über Gott verfügen zu können. Mit fieberhaftem Interesse griffen wir damals nach jeder Neuerscheinung Bubers über den Chassidismus, der uns immun machte gegen das Gift des Antisemitismus, das damals Europa überflutete. Der Chassidismus zeigte uns, was religiöses Leben ist, jedenfalls ist es nicht auf einen kurzen Gottesdienst beschränkt, sondern durchdringt das ganze Dasein.

Unsern Ausgangspunkt bildete jene Anekdote über die Verirrung im Wald, die dann zum Entschluß führte: «Laßt uns gemeinsam den Weg suchen.» Fragt man sich, warum vom Chassidismus nicht eine viel größere Wirkung ausgegangen sei, so gibt darauf die chassidische Anekdote die Antwort: «Rabbi Baruchs Enkel, der Knabe Jechiel, spielte einst mit einem andern Knaben Verstecken. Er verbarg sich gut und wartete, daß ihn sein Gefährte suche. Als er lange gewartet hatte, kam er aus dem Versteck; aber der andere war nirgends zu sehen. Nun merkte Jechiel, daß jener ihn von Anfang an nicht gesucht hatte. Darüber mußte er weinen, kam weinend in die Stube seines Großvaters gelaufen und beklagte sich über den bösen Spielgenossen. Da flossen Rabbi Baruch die Augen über, und er sagte: ‹So spricht Gott auch: Ich verberge mich, aber keiner will mich suchen.›»[60]

ERHELLTER SCHATTENRISS:
LEO SCHESTOW

I

Darf man ausnahmsweise einmal von einem persönlichen
Eindruck ausgehen? Als junger Mensch hörte ich Leo Schestow zu der Studentenschaft in Zürich reden. Er sprach
über «Offenbarungen des Todes», unterbrach in der Mitte
seinen Vortrag, trank ein wenig Wasser und sah sich dann,
am Pult stehen bleibend, mit verschränkten Armen seine
Zuhörerschaft genau an. Der Blick bleibt mir unvergeßlich
und veranlaßt mich, immer wieder nach Schestows Werken
zu greifen. Nach einigen Minuten sprach er weiter, doch
ist er mit seinem Thema nicht zu Ende gekommen. Wie
hätte er auch mit dem Todesproblem fertig werden können? Nur naive Menschen meinen genau zu wissen, was
Leben ist und was Tod. Schestow dagegen hatte gelernt,
in geistiger Anspannung auf die rätselhafte Sprache des
Todes zu hören: «Dort auf Erden war dies alles wichtig,
hier ist anderes erforderlich.»[1] Die heutige Generation
wird die ihn bewegenden Fragen so wenig lösen können
wie er, aus dem einfachen Grund, weil sie unlösbar sind.
Gerade aber weil sie unbeantwortbar sind, halten sie uns
in Atem und lassen uns nicht schlafen. Könnte man sie
einem positivistischen Ergebnis entgegenführen, so würden die Menschen sich keinen Deut mehr um sie kümmern
und in ihrer Endlichkeit versinken. Deshalb bedürfen sie
unbedingt der Ungewißheit, um geistig lebendig zu bleiben.

Es ist nicht leicht, Schestow näherzukommen. Mehrfach wurde er ganz falsch aufgefaßt. Man warf ihm vor, «er spreche immer von ein und demselben». Er erwiderte auf den Anwurf: «Das ist es ja eben, daß ich mich bemühe und besorgt bin, obwohl ich weiß, daß ich nichts erreichen werde und daß man auch ohne mich das vollbringen wird, was ich nicht zu vollbringen vermag.»[2] Schestow wiederholte mit einer Beharrlichkeit ohnegleichen dieselben Fragen, damit die schwerhörigen Menschen endlich einmal aufmerken, daß man ohne die «Fragen vom anderen Ufer» auf die Dauer nicht leben kann.

Schon Gorkis «Erinnerungen an Tolstoj» ergeben ein falsches Bild von Schestow. Danach hielt der Dichter von «Krieg und Frieden» Schestows Buch für «unterhaltlich. Es ist prahlerisch geschrieben, aber es ist gut und interessant. Ich liebe Zyniker, wenn sie aufrichtig sind», und Tolstoj fügte hinzu: «Was für ein kecker Friseur ... er ist modern, chic.»[3] Das Urteil besteht nicht zu Recht, denn Schestow rühmte weder sich selbst, noch war es ihm um den Zeitgeist zu tun. Bedauerlicherweise verkennen manchmal auch bedeutende Menschen eine Erscheinung.

Ein weiteres Fehlurteil geht dahin: «Schestow sucht sein Antlitz zu verbergen; was ihm aber im Grunde nicht recht gelingen will. Denn sein zutiefst rationalistischer Skeptizismus, der das Zentralgeheimnis des Christentums zu durchleuchten sucht und dadurch auflöst, kommt doch immer zum Durchbruch.»[4] Nun, Schestow hatte nichts zu verstecken, und die Unzulänglichkeit des rationalistischen Skeptizismus hat er tiefer eingesehen als seine Gegner. Zwar meinte auch Bulgakow, «daß unter dieser Hülle ein Herz voller Unruhe verborgen war, eine Seele, die ihr letztes Ziel nicht gefunden hatte»[5]. Das ist kein ernsthafter Einwand, denn wer könnte von sich sagen, er habe sein letztes Ziel erreicht? Es wäre unerträglich selbstgefällig, dies von sich zu behaupten; der Mensch scheitert immer und kommt nur als verlorener Sohn nach Hause.

Da Schestow sich in seinen Schriften sowohl der Paradoxie als der Ironie bediente – wenn auch bei weitem nicht so stark wie Rosanow –, gab er zu Mißverständnissen Anlaß. Deswegen gingen auch wohlmeinende Interpreten in die Irre: «Eine gewaltige Anstrengung zerstiebt in einer falschen Gattung.»[6] Die verkennenden Urteile mißachten die leisen Zwischentöne bei Schestow. Für den aufmerksamen Leser besteht kein Zweifel, daß Schestow niemals ein negativ gerichteter Geist war. Er ging einen verdunkelten Weg, der sich erst am Ende zu lichten begann.

Schestow ist nur aus dem russischen Geistesleben zu begreifen, zu dem nicht nur Solowjews Sophienlehre gehörte, sondern auch die verwirrenden Gedanken Mereschkowskys von der fleischlosen Heiligkeit und dem heiligen Fleisch und Berdiajews Philosophie vom religiösen Schöpfertum des Menschen. Ihnen schließt sich Schestow an, der schon «der bedeutendste Nachfolger Kierkegaards» genannt wurde[7]. Die russischen Religionsphilosophen führten damals zu elitäre Gespräche und übersahen das Herannahen der Revolution. In seinem Wesen und Sein ist das russische Geistesleben ganz anders als das westeuropäische, geschweige denn das amerikanische, eingestellt. «Rußland spürt gleichsam, daß die sinnlosen Schreie der Närrischen etwas durchaus nicht so Überflüssiges sind und das kümmerliche Dasein eines heimatlosen Strolches gar nichts so Widerliches ist. In der Tat, es wird einmal die Stunde kommen, da jedermann wird schreien müssen, wie der vollkommenste der Menschen am Kreuz schrie: Mein Gott, mein Gott, warum hast du mich verlassen! Und gewißlich wird ein jeder von uns seine angesammelten Reichtümer im Stiche lassen und wird wandern, wie die barfüßigen Pilger wandern»[8], schreibt Schestow über Rußland. Er selbst war ein geistiger Stranik; nach seiner Meinung kommt es auf die Abseitigen und Verborgenen an, und wer seinen Gedanken folgen will, der muß auf die Spuren im Schnee achten, sonst wird er nie ahnen, daß sein Denken eine Art von Passion war. Seine Fragen sind aus der russischen Erde hervorgewachsen, und auch für ihn gilt das Schillerwort: «Rußland wird nur durch Rußland überwunden.»[9]

Der Lebenslauf Schestows mutet wie ein Schattenriß an, der nur notdürftig erhellt werden kann. Einzig über den Weg seiner Schriften gelingt die neue Totenbeschwörung. Er war der Sohn eines wohlsituierten jüdischen Tuchfabrikanten in Kiew. Viele Künstler und Schriftsteller verkehrten im liberalen Elternhaus. Schestows Dissertation «Über die Lage der arbeitenden Klasse in Rußland» wurde von der Zensur abgelehnt. Der Dreißigjährige fuhr ins Ausland und heiratete eine christliche Medizinstudentin. Mit einem wahren Schrecken erlebte er die Revolution von 1905, löste sie doch in Kiew Pogrome aus, denen viele Juden zum Opfer fielen. In jenen Jahren trat Schestow zusammen mit Bulgakow und Berdiajew mutig den Atheisten entgegen und verteidigte die religiösen Werte. Damals erfuhr er am eigenen Leibe, daß es seelischer Erlebnisse bedarf, um die in einer Erstarrung erstorbene Seele des Menschen wieder zu erwecken und sich von der weltlichen Bezauberung frei zu machen. Nach der Revolution von 1917 gelang es dem politisch uninteressierten Schestow, Rußland zu verlassen. Er fuhr nach Paris, wo er in einer überaus einfachen Wohnung lebte, ganz auf die Niederschrift seiner Werke konzentriert. Obwohl seine integre, ungemein wahrheitsliebende Persönlichkeit auf die Menschen eine sichtliche Anziehung ausübte, fühlte er sich doch sehr einsam. Die wenigen Freunde liebten ihn wegen seiner Güte und Freiheit von aller Rivalität. Man schätzte seine Person, begriff aber kaum seine Gedanken. Doch ließ er sich dadurch nicht beirren, sondern bereitete sich auf die großen geistigen Auseinandersetzungen vor und vergaß dabei nicht, sich auf den letzten Kampf zu rüsten, der dem Menschen bevorsteht, ehe er diese Erde verläßt.

II

Schestow sprach in seinen Büchern höchst selten von sich. Aber seine aufwühlende philosophische Fragestellung konnte nur aus einer starken inneren Erschütterung hervorgehen. Schestow selbst machte über seine geistige Entwicklung einige Andeutungen: «Wie sonderbar es aber auch manchem erscheinen mag, so ist doch kein anderer als Shakespeare mein erster Lehrer der Philosophie gewesen. Von ihm vernahm ich das so rätselhafte und unfaßbare, zugleich aber so bedrohliche und beunruhigende Wort: ‹Die Zeit ist aus den Fugen.› Was kann man tun, was kann man unternehmen angesichts einer aus den Fugen geratenen Zeit, angesichts jener Schrecknisse des Daseins, die sich einem Menschen auftun, der zusammen mit der Zeit aus den Fugen geraten ist?»[10] Das ist kein nachträgliches Sichzurechtlegen von Schestow. Hamlets Wahnsinnsschrei warf ihn buchstäblich um, er konnte seinetwegen nicht mehr schlafen. Zunächst meinte Schestow, es sei seine Aufgabe, die Welt wieder einzurenken, dann begriff er, daß sie aus den Fugen bleiben muß, und daß es wirklich Hohn ist zu denken, man könne sie in eine geordnete Gesellschaft ummodeln. Schestow schrieb damals ein Buch über Shakespeare, in dem er auch mit der oberflächlichen Auffassung von Georg Brandes scharf abrechnete. Noch später schrieb er faszinierende Worte über Macbeth. Sein ganzes Leben lang beschäftigte er sich mit Shakespeare[11].

Schestow wandte seine Aufmerksamkeit den russischen Dichtern zu und meinte, «man müßte doch wohl sehr harmlos sein, um in Tolstojs Schriften nur das Dichterische zu sehen»[12]. Natürlich war das Dichterische auch da, es war sogar in erster Linie da und ist gar nicht zu übersehen. Aber das Dichterische allein erschöpft Tolstojs Bedeutung nicht. Neben und über dem Dichterischen ist eine gewöhnlich noch zu wenig beachtete Essenz vorhanden. Ohne die inhaltliche Substanz würde ein dichterisches Werk im Leeren hängen bleiben; die bloß formale Würdigung kann seiner nicht gerecht werden. «Krieg und Frieden» war für Schestow auch ein philosophisches Werk, dessen Resultat er in den einen Satz zusammenfaßte: «Die Summe, der in unserer Sprache vorhandenen abstrakten Begriffe reicht nicht hin, um das menschliche Leben wiederzugeben.»[13] Von Tolstoj zu sagen, er sei kein Philosoph, hieße die Philosophie einer ihrer bedeutendsten Vertreter berauben. Die Philosophie hat auf ihn einzugehen, wenn er auch zunächst seine Werke nicht in der Form von philosophischen Abhandlungen schrieb und er sich nicht über das Problem von Raum und Zeit ausbreitete. «Die eigentliche Philosophie muß dort beginnen, wo es sich um den Platz und die Bedeutung des Menschen in der Welt handelt, um seine Rechte und seine Rolle im All.»[14]

Obschon Tolstoj sich wenig verständnisvoll über Schestow ausgelassen hatte, fühlte er sich nicht im geringsten beleidigt und beschäftigte sich immer wieder neu mit dem christlichen Revolutionär. Jedenfalls rüttelte Tolstoj die Gewissen auf und nötigte die vom Fortschritt berauschten

Zeitgenossen, sich mit den Fragen des Glaubens auseinanderzusetzen. Der Taglöhner Christi, wie er schon genannt wurde, genoß zu seinen Lebzeiten Weltruhm, aber nach dem Ersten Weltkrieg wandte man sich plötzlich von ihm ab mit der Begründung, der unerträgliche Moralist habe das Christentum vorwiegend unter einem sittlichen Aspekt betrachtet und habe die mystische Bedeutung nicht erkannt. Den Rationalismus, der in so starkem Gegensatz zu seiner eminent dichterischen Begabung stand, bewertete man wie ein wucherndes Geschwür an seinem Herzen. Das alles ist wahr, und doch ist damit Tolstoj nicht im geringsten widerlegt. Bis dahin vermochte noch niemand den von tiefen Widersprüchen erfüllten Mann befriedigend zu erklären.

Schon früh beschäftigte sich Schestow mit Tolstojs Verhältnis zum Sterben. Er schilderte es überaus eindringlich in der Erzählung «Der Tod des Iwan Jljitsch». In dieser Novelle nahm Schestow «ein Fragezeichen wahr, gezeichnet mit so krasser schwarzer Farbe, daß es durch alle weiteren bunten Farbschichten seiner Predigt, durch die Tolstoj uns seine früheren Zweifel vergessen machen wollte, hindurchscheint»[15]. Schestow betrachtete das sterbende Leben, den Moment, da Leben und Tod ineinander fließen und der Mensch gleichsam in Stücke zerrissen wird. «Tolstoj hat sein ganzes Leben lang in seiner Seele irgend etwas gefühlt, was ihn aus der gemeinsamen Welt ausstieß.»[16] Dieses undefinierbare Etwas machte ihn zu einem Außenseiter, ja zu einem Ketzer der menschlichen Gesellschaft, wenn diese ihn auch durch ihre Ruhmesbezeugungen wieder in ihre Reihen zurückführen wollte.

Schestows Deutung stützte sich auf einige Veröffentlichungen aus dem Nachlaß. «Die Aufzeichnungen eines Wahnsinnigen», «Vater Sergius», «Nach dem Ball» bewertete er als Schlüssel zum Schaffen Tolstojs. Er durchschaute den naiven Tolstojanismus, den dessen Anhänger mit so viel Eifer propagierten, und blickte immer auf den dahinter stehenden Mann. «Uneingeweihten scheint häufig Tolstojs Werk verbrecherisch glaubenslästerlich. Er tritt mit Füßen, was den Menschen am teuersten ist. Er verletzt Heiliges, lockert die Grundlagen, vergiftet unschuldige Freuden. Er bringt Leiden und kann nur Leiden bringen.»[17] In seinem Ringen mit den schwierigen Problemen wußte Tolstoj, «daß es eine Antwort nicht gibt»[18], jedenfalls enthalten die theoretischen Schriften des Dichters keine Lösungen, eine Feststellung, die nichts mit Skeptizismus zu tun hat. Schestow hat den Lesern die Augen geöffnet für den verborgenen Tolstoj, der viel bedeutsamer ist als der bewunderte Dichter.

Neben Schestows Beschäftigung mit Tolstoj tritt die Auseinandersetzung mit Dostojewskij. Die ungewöhnliche Psychologie fiel ihm zuerst bei der Lektüre seiner Romane auf, aber Schestow bezeichnete den europäischen Psychologismus als «ein Werk von abtrünnig gewordenen Anhängern des Idealismus»[19]. Viel stärker richtete er seine Aufmerksamkeit auf die Unwetter in Dostojewskijs Seele, aus denen unheilschwanger die neuen Einsichten herausblitzten. In seiner Seele war etwas derart Furchtbares, Grauenhaftes, Elementares erwacht, daß es seine Kräfte überstieg[20]. Doch überforderte es nicht nur Dostojewskij, sondern auch Schestow. Aus dieser Überforderung sind die Widersprüche zu erklären, die sich in seiner Dostojewskij-Auffassung finden, so sehr er sich bemühte, sich über die Wurzeln des russischen Dichters klarzuwerden. Nach seiner Erkenntnis sind die «Aufzeichnungen aus einem Totenhaus» ein einzigartiges Werk Dostojewskijs voll majestätischer Ruhe und ungeheurer Spannung. «Dostojewskij sah plötzlich, daß Himmel und Zuchthauswände, Ideale und Ketten durchaus nichts Gegensätzliches sind, wie er früher wünschte und dachte, als er noch wünschte und dachte wie alle normalen Menschen. Nichts Gegensätzliches, sondern das Gleiche.»[21]

Das Verdienst von Schestows Dostojewskij-Deutung besteht in seiner Sicht des Kellerlochmenschen, den man, bis Schestow, keiner ernsthaften Überlegung würdigte. Schestow «sagte es geradeheraus: vor Dostojewskij hatte keiner gewagt, solche Gedanken auszusprechen. Eine große Verzweiflung war nötig, damit solche Gedanken im menschlichen Hirn entstanden.»[22] Schestow konnte sein Ohr vor dem herzzerreißenden, entsetzten Schreien eines Menschen nicht verschließen: «Hier ist Wirklichkeit, neue, unerhörte, nie geschaute oder besser gesagt: bislang nie zur Schau gestellte Wirklichkeit.»[23] Der russische Dichter, darob tief betroffen, fragte sich mit Schaudern: «Gibt es keinen andern Weg zur Wahrheit als durch Verbannung, Katakomben, Kellerschlupf ... Sind denn alle Wege zur Wahrheit unterirdisch? Und ist jede Tiefe – Kellerschlupf?»[24] Keineswegs bewertete Schestow den Kellerlochmenschen negativ; er unternahm sogar den «Versuch einer Rehabilitierung der Rechte des Kellerschlupfmenschen»[25]. Nach Schestow hat Dostojewskij in diesen Ausführungen seine eigene Geschichte erzählt. Der Kellerlochmensch merkte die Lüge in seinem Dasein; Entsetzen packte ihn, und er brach mit einem Schlag mit seiner ganzen Vergangenheit. «Was in der Seele des Kellerlochmenschen vorgeht, hat am wenigsten Ähnlichkeit mit ‹Denken› oder auch nur mit ‹Suchen›. Er ‹denkt› nicht, er läuft verzweifelt hin und her, pocht an, wo es sich gerade trifft, rennt gegen alle ihm im Wege stehenden Wände. In ihm finden ständig Explosionen statt, er wird weiß Gott wie hoch emporgeschleudert und dann ebenfalls weiß Gott in was für Abgründe und Tiefen hinabgestürzt.»[26]

Schestows Entdeckung war bedeutsam. Es ist fortan nicht erlaubt, die Philosophie von Dostojewskijs Kellerlochmenschen hervorzuheben, als hätte man sie ohne Schestow längst gekannt. Er hat als erster den Kellerlochmenschen ernst genommen und dabei begriffen, daß «bei Dostojewskij nicht die positiven Wissenschaften über der Metaphysik zu Gericht sitzen, sondern die Metaphysik über die positiven Wissenschaften»[27]. Der Kellerlochmensch enthält indirekt eine Anweisung, wie man den Ungläubigen zu begegnen hat. Anstatt sofort von Abfall oder Empörung zu sprechen, ist es notwendig, sich in das Nicht-Glauben-Können hineinzuversetzen, bevor man mit den Atheisten zu reden beginnt. Dazu sind Schestows Ausführungen über diese Thematik eine Hilfe, wenn auch der Unglaube nur durch die reale Existenz und nicht durch Worte überwunden werden kann.

Freilich hat Schestow seine Sicht des Kellerlochmenschen selbst verzerrt, indem er damit eine Abwertung der positiven Gestalten verband. Wie er meint, «fürchtete sich Dostojewskij selber vor dem Grauenerregenden, das sich ihm enthüllte und spannte alle Kräfte seiner Seele aufs äußerste an, um sich nur irgendwie davor zu schützen, sei es auch mit den ersten besten Idealen. Auf diese Weise sind die Gestalten eines Fürsten Myschkin, eines Aljoscha Karamasow entstanden.»[28] Schestow goß über die Gegenspieler des Nichts seinen ganzen Hohn aus, nannte Myschkin einen «Friedensengel», ein «kaltes, blutleeres Gespenst», einen «kümmerlichen Schatten» und eine «absolute Null»[29]. Bis zuletzt hat er an deren Verkennung festgehalten: «Der wirkliche Heilige ist der ewig zerrissene Kellerlochmensch, der Starez Sossima aber nur ein billiger Öldruck: blaue

Augen, sorgfältig gekämmter Bart und ein goldenes Reiflein um den Kopf.»[30] Diese Auffassung ist unhaltbar, weil sie mit Dostojewskijs eigenen Aussagen im Widerspruch steht. Schestow hat sich hier, trotz seines Scharfsinns, in der eigenen Schlinge verfangen. Das Fehlurteil über Dostojewskijs positive Gestalten haben schon Meier-Gräfe und Th. Kampmann gerügt[31].

Durch seine ungebändigte Paradoxie-Lust brachte sich Schestow um das wahre Dostojewskij-Verständnis: er rückte die negativen Gestalten nicht in das richtige Verhältnis zu den positiven und nahm die Dialektik nicht wahr, in der sie zueinander stehen. «Wer Dostojewskij näherkommen will, muß Stunden, Tage, Jahre in der Atmosphäre sich gegenseitig ausschließender Selbstevidenzen zubringen – eine andere Methode gibt es nicht.»[32] Dostojewskijs Ringen mit dem Atheismus endigte mit einem Sieg, weil seine positiven Gestalten auf die unheimlichen Fragen der Nihilisten eine überlegene Antwort zu geben wußten. Nur eine religiöse Deutung kann sich auf des Dichters eigene Worte berufen. Schestow vermittelte bedeutsame Einsichten über Dostojewskij, seine überspitzten Auffassungen aber können nicht übernommen werden.

Ungeachtet aller Vorbehalte gegenüber Schestows Interpretationen darf man das Eine nicht vergessen: er hat sich mit den Dichtern in ein ernsthaftes Gespräch eingelassen, wie es die Philosophen vor und nach ihm kaum zu tun pflegten. Die Dichter haben ein bedeutsames Wort zu sagen und dienen nicht nur der Unterhaltung. Sie haben die Vollendung einmal gesehen und gehören nicht zu jenen Männern, «die Heiliges wie ein Gewerbe betreiben»[33]. Intuitiv wie sie sind, erleben sie die Dinge in ihrer Beziehung zum Göttlichen. Der rein poetische Gesichtspunkt wird ihrer

Bedeutung nicht gerecht. Neben ihrer gestaltenden Formkraft steht die inhaltliche Aussage, die andere Perspektiven eröffnet. Um die Probleme in den dichterischen Werken wahrzunehmen, bedarf es allerdings der Fähigkeit, die schöne Literatur auch lesen zu können, was eine nicht leichte Kunst ist. Nach Schestow besteht aller Grund zur Annahme, daß der heutige Mensch schlecht liest, sogar sehr schlecht, und daß das schlechte Lesen ihm nicht wenige falsche Ideen eingebracht hat. Schestow selbst las überaus scharfäugig, ihn bewegte zuweilen «ein skizzenhafter Entwurf mehr als das vollendete Kunstwerk: der Mensch hat noch nicht die Zeit gefunden, seine Visionen den ‹allgemeinen› Forderungen anzupassen»[34]. Schestow dachte in Gestalten; nach ihm waren etliche Dichter im vergangenen Jahrhundert, was das Daseinsverständnis betrifft, den Schulphilosophen weit voraus, die gerne in erkenntnistheoretisch-abstrakten Überlegungen hängenbleiben, während in Schestows Perspektive bei den Dichtern die Welt wirklich aus den Fugen gegangen war. Durch das innere Gespräch mit den Dichtern bekam sein Denken den lebendigen Akzent. Die russische Religionsphilosophie ist eng mit der menschlichen Existenz verbunden. Freilich ist Schestow darob zuweilen zu einem Prediger geworden, der auf den Leser einredet; nie aber wurde er zu einem Literaturpapst, der selbstherrliche Urteile über die literarischen Schöpfungen fällte und die Dichter mit bloßen Schriftstellern verwechselte.

III

Im bereits erwähnten Geständnis über seine geistige Entwicklung fährt Schestow weiter: «Von Shakespeare warf ich mich auf Kant, der mit seiner ‹Kritik der praktischen Vernunft› und seinen berühmten Postulaten die durch seine Kritik der reinen Vernunft entdeckten Fugen des Seins mit einer unnachahmlichen Kunstfertigkeit zu verkitten suchte und für Jahrhunderte auch verkittet hat.»[35] Damit vollzog Schestow endgültig die Wendung zur Religionsphilosophie, die sein ureigenstes Gebiet war und die Liebe zu den Dichtern durchaus einschloß. Schestow war Philosoph, war es leidenschaftlich, denn für ihn war die Philosophie eine Lebensnotwendigkeit. Er beschäftigte sich mit ihr aus einem inneren Bedürfnis und nahm bis zu seinem Tode intensiv Anteil an ihr. Er stürzte sich auf die antiken und die neuzeitlichen Denker. Plato und Plotin, Spinoza und Pascal, Kant und Hegel, Kierkegaard und Nietzsche waren ihm ganz vertraut. Er verstand die Philosophiegeschichte als «ein Wandern durch die Menschenseelen»[36]. Philosophie war für Schestow eine Besinnung, die sich zu einem Kampf ohne Ende steigerte. Nicht zufällig liebte er Plotins Wort: «Ein gewaltiger und letzter Kampf steht den Seelen bevor.» Schestow war die verkörperte Unruhe und bewertete alle Selbstzufriedenheit als den Beginn der geistigen Zersetzung. Trotzdem war er kein verneinend eingestellter Mensch. Noch in den letzten Wochen seines Lebens schrieb er: «Nach meiner Ansicht muß man gegenwärtig den Geist aufs äußerste anspannen, um sich vom Albdruck der Gottlosigkeit und des Unglaubens zu befreien, die von der Menschheit Besitz ergriffen haben.»[37]

Bei der Wendung zur Philosophie schwebte Schestow die Aufgabe vor Augen, «den Lauf des Denkens zum Halten zu bringen, jenes Denkens, von dem es im russischen Volkslied heißt, daß es schneller sei als ein flinkes Roß»[38]. Schestow sagt, es gebe keinen widerlicheren und abstoßenderen Anblick als den eines Menschen, der sich einbildet, alles begriffen zu haben und auf alles eine Antwort zu wissen. Deswegen waren ihm die Philosophieschulen unerträglich, zumal er der Ansicht war, daß es «Dinge gibt, die man besser unerklärt, unverstanden läßt»³⁹. Schestow war bestrebt, die satten Menschen zu fragen, unbequeme Fragen zu stellen, Fragen, welche sie gerne voreilig übergehen. Hierin sah Buber sogar die eigentliche Bedeutung Schestows: «Er ist ein repräsentativer Denker unserer Epoche. Er ist ein fragender Denker. Schestow hat keine fertigen Antworten in seiner Tasche; aber er weiß, was heute und hier zu fragen ist; er lehrt uns fragen. Dabei scheut er sich nicht, zuweilen statt einer einzigen Antwort zwei zu finden, die einander widersprechen. Er hat selber darauf hingewiesen, daß er von solchen Widersprüchen offen zu reden pflegt. Damit lehrt er uns aber etwas für uns heutige Menschen sehr Wichtiges: daß man solche Widersprüche nicht vorzeitig – und das heißt: scheinbar – überwinden darf. Diese unerschrockene Redlichkeit seines Fragens ist es, die Schestow zu dem eminent religiösen Denker gemacht hat, der er ist.»⁴⁰ Wer davon ein wenig versteht – und wir Menschen verstehen immer nur ein ganz klein wenig – wird dessen inne werden, daß sich «die Geheimnisse des Seins geräuschlos nur jenem mitteilen, der zur rechten Zeit ganz Ohr zu sein versteht... Doch kann man dies alles nicht sehen – man kann es nur hören...»⁴¹ Diese ungewöhnlichen Worte aus dem Munde eines Philosophen verraten eine erste Spur im Schnee, und man erwartet ganz ungewohnte philosophische Überlegungen.

Wegen seiner unzünftlerischen Einstellung fühlte sich Schestow namentlich zu den philosophischen Außenseitern hingezogen. Nietzsche hat nach seinen Worten die Bilanz des europäischen Denkens gezogen, als er den tollen Menschen verkünden ließ: wir haben Gott getötet. Schestow erkannte wohl als erster im Atheismus Nietzsches ein verkapptes Streben nach Gott.

Der russische Denker liebte auch Spinoza, den er jedoch als einen Gegner betrachtete, mit dem er sich zeitlebens in Auseinandersetzung befand. Er verkleinerte ihn nie; obschon er seine Lehre als irrig ablehnte, schrieb er eine ergreifende Studie über dieses Stiefkind seiner Zeit.

Schestow hatte eine starke Beziehung zu Pascal, der abseits der breiten Straße der Philosophie seinen eigenen Weg ging. Schestows Aufsatz «Die Nacht zu Gethsemane» nimmt einen singulären Platz in der Pascal-Literatur ein. Er schrieb Pascals «hehres Antlitz» gleiche «dem eines Heiligenbildes, erleuchtet vom Schein eines ewigen Lämpchens, das noch lange, sehr lange brennen wird»[42]. Pascal war ein Denker ohne Milde und Rücksicht. Er anerkannte nur jene Menschen, die unter Tränen nach der Wahrheit suchten und um das auf der Philosophie lastende Verhängnis wußten.

Zunächst schwebte Schestow eine «Philosophie der Tragödie» vor; nicht zu verwechseln mit Bulgakows Anliegen «Die Tragödie der Philosophie». Der Bereich der Tragödie ist ein anderer als jener der Alltäglichkeit. Ein Mensch, der die Tragödie an sich erlebt hat, «beginnt anders zu denken, anders zu fühlen, anders zu wünschen. Alles, was andern Menschen teuer und wert ist, erscheint ihm überflüssig und fremd.»[43] Den Ausgangspunkt einer Philosophie der Tragödie bilden der Schrecken und das Leiden des menschlichen Lebens, vor allem das Erlebnis der Hoffnungslosigkeit. Schestow formuliert denn auch die entscheidende Frage dieser Philosophie wie folgt: Gibt es eine Hoffnung für die Menschen? Eine Philosophie der Tragödie darf sich auch nicht vor den Antinomien fürchten. Schestow war der Auffassung, «daß Widerspruchsfülle eines der Merkmale der Annäherung an die letzte Wahrheit ist; denn sie zeugt davon, daß der Mensch die Angst vor den üblichen Kriterien eingebüßt hat»[44]. Kann eine Philosophie der Tragödie in etwas anderem bestehen als in einer Philosophie der Katorga? Sie hascht auf alle Fälle nicht nach Popularität und Erfolg. Ihr ist die Meinung der Mehrheit gleichgültig, und sie weiß auch, daß keine soziale Umgestaltung die Tragödie aus dem Leben verbannen kann. «Ehrfurcht haben vor großem Unglück, vor großer Häßlichkeit, vor großem Mißtrauen – dies ist das letzte Wort der Philosophie der Tragödie.»[45]

Schestow nannte später sein Anliegen Existenzphilosophie, was nur eine Umschreibung für sein Verständnis der Tragödie ist. Seine Existenzphilosophie unterschied sich von dem, was man in Frankreich und Deutschland unter diesem Namen versteht. Er vertrat, entsprechend seiner Herkunft, eine russische Existenzphilosophie; er wollte nicht den Erkenntnisprozeß objektivieren und löste ihn auch nicht vom Subjekt der Erkenntnis ab, sondern verband ihn mit dem menschlichen Schicksal. Ein zur Schau getragener Atheismus lag ihm ganz fern. Seine Existenzphilosophie ist ein Wagnis auf Leben und Tod, das den Menschen aufwühlt. «Die Menschheit lebt nicht im Licht, sondern in der Finsternis, sie ist in eine ununterbrochene Nacht gehüllt. Nein, nicht in eine, auch nicht in zwei und auch nicht in zehn – in tausendundeine Nacht! Und die ›Geschichte‹ wird den ‹Menschen› nie zum Lichte führen.»[46] «Die Existenzphilosophie ist eine Philosophie de profundis. Sie fragt nicht, befragt nicht, sondern verkündet, indem sie das Denken mit einer der spekulativen Philosophie gänzlich fremden und unfaßbaren Dimension bereichert.»[47] Die Grundthese von Schestows Existenzphilosophie lautet: «Gott bedeutet, daß alles möglich ist»[48]; ihr Anfang ist nicht das griechische Staunen, sondern die Verzweiflung: Aus der Tiefe rufe ich, Herr, zu dir! Es bedeutet den größten Fehler unseres Denkens, daß dieses seine Fähigkeit eingebüßt hat «anzurufen», eine Einbuße, durch die jene Dimension verlorenging, die allein zur Wahrheit hinführt. Der Glaube fängt da an, wo das Denken aufhört, und der Glaube ist für Schestows russische Existenzphilosophie die conditio sine qua non, ist die Bereitschaft, sich den von Gott geoffenbarten Wahrheiten zu beugen. Es ist eine Frage, ob man diese Haltung noch mit dem Wort Existenzphilosophie umschreiben kann, oder ob da nicht ein ganz anderes Wort am Platze wäre.

Die Existenzphilosophie war für Schestow «eine religiöse Philosophie», ein Begriff, den er im Untertitel seines Werkes «Athen und Jerusalem» verwendete. Die Schaffung einer religiösen Philosophie war schon das Ziel Solowjews gewesen, den Schestow als einen der bezauberndsten, begabtesten und originellsten Russen des vergangenen Jahrhunderts betrachtete und dessen Anliegen er in stark veränderter Form wiederaufnahm. Die beiden Städtenamen Athen und Jerusalem dienten ihm als leicht verständliche Symbole für Vernunft und Glauben. Wohl setzte er als Motto das Wort des Tertullian seinem Werke voran: «Was haben Athen und Jerusalem miteinander zu tun?» Die Meinung des temperamentvollen Kirchenvaters ging dahin, daß natürlich die beiden nichts miteinander zu tun haben, weil sie in ihrem Wesen Gegensätze sind, und es zwischen ihnen keinen Frieden geben kann und darf. Aus Athen kommt die vernünftige Wahrheit und aus Jerusalem die Offenbarung. Aber für Schestow als Philosoph war und konnte die Frage nicht so leicht entschieden sein, denn der Titel seines Buches lautet: «Athen und Jerusalem.» Geht der Weg nach Jerusalem über Athen und haben die

Menschen recht, die Athen und Jerusalem nicht nur miteinander aussöhnen wollen, sondern auch von Jerusalem verlangen, daß es sich in Athen seine Rechtfertigung und seinen Segen hole? Für Schestow dagegen wurden, entsprechend seiner Denkweise, die beiden Städtenamen mehr und mehr zu einem Entweder-Oder, was seine religiöse Philosophie zu einer überaus erregenden Angelegenheit machte. «Die religiöse Philosophie ist eine unter maßlosen Spannungen, durch Abkehr vom Wissen durch den Glauben geborene Überwindung der falschen Angst vor dem unumschränkten Willen des Schöpfers, einer Angst, die unserem Urvater vom Versucher eingeflößt und an uns alle weitergegeben worden ist.»[49]

Ob Schestow von Philosophie der Tragödie, von Existenzphilosophie oder von religiöser Philosophie sprach, ihn beschäftigte im Grunde immer das gleiche Problem: Was ist die letzte Instanz im Leben? Der Philosoph antwortete auf diese zentrale Frage beinahe bedenkenlos: Die Vernunft. Schestow war freilich das Wort von Plato gut bekannt, daß es kein größeres Unglück für einen Menschen geben könne, als ein Verächter der Vernunft zu werden. Er hätte kein Philosoph sein müssen, wenn er nicht um die Größe der Vernunft gewußt hätte. Doch war es sein großes Anliegen, den Anspruch der Vernunft, letzte Instanz über alle Fragen des Lebens zu sein, nachzuprüfen. Mit einer Ausschließlichkeit ohnegleichen kreiste sein Denken um dieses Problem.

Je länger Schestow sich mit der Vernunft auseinandersetzte, desto erbitterter kämpfte er gegen den Vernunftanspruch und die mit ihr verbündete Wissenschaft. Die Vernunft tyrannisiert den Menschen, und die Logik ist nur ein Vorurteil. Sie hat die Erkenntnisfähigkeit des Menschen «von Grund aus verdorben, indem sie uns so zu denken lehrte, wie es die Interessen unseres irdischen Lebens verlangen»[50]. Vernunft und Logik versperren dem Menschen den Weg zu Gott. Unmißverständlich sagte Schestow: «Folglich muß man die intellektuelle Gewissenhaftigkeit zum Teufel schicken, um die Kantschen Postulate loszuwerden und mit Gott reden zu können, wie unsere Altvordern mit ihm sprachen.»[51] Der Anspruch der Wissenschaft, in den sich die Vernunft kleidete, führte Schestow zu einer Absage an den Verstand. Die wissenschaftliche Schulung des Verstandes lähmt die menschliche Kraft. Die Wissenschaft ist angeblich objektiv und leidenschaftslos, in Wirklichkeit ist sie das vor das Gericht der Vernunft gestellte Leben. Wegen des hohen Ansehens der Wissenschaft wird auch die Philosophie in eine nahe Beziehung zu ihr gebracht; man behauptet, sie würden im Verhältnis der Ergänzung zueinanderstehen. Schestow bestritt dies, im Grunde befehden sie sich, und er betrachtete es als seine Aufgabe, sie zu entzweien, anstatt zu versöhnen. «Je schärfer, je erbitterter die Feindschaft zwischen Philosophie und Wissenschaft sein wird, um so mehr wird die Menschheit dabei gewinnen.»[52] Dem Denken der Wissenschaft stellte Schestow das Denken aus dem Glauben gegenüber, das keine Begründungen kennt und zu dem der Mensch gewöhnlich erst unmittelbar vor dem Tode gelangt.

Vehement wehrte sich Schestow gegen die Identifizierung von Vernunft und Wahrheit. «Verzicht auf wissenschaftliches Wissen, um die Wahrheit zu fassen. Wahrheit und wissenschaftliches Wissen sind unvereinbar. Die Wahrheit verträgt nicht die Fesseln des Wissens, sie erstickt in den erdrückenden Umschlingungen der ‹Selbstevidenzen›, die unserem Wissen Gewißheit verleihen.»[53] Schon Pascal hat diese Welt nicht als das Land der Wahrheit bezeichnet, die nach ihm unerkannt unter den Menschen umherirrt. «Die Wahrheiten aber flackern nur für einen Augenblick auf und verlöschen sofort wieder, sie zittern und beben ständig wie das Laub einer Espe.»[54] Schestow murrte und knurrte gegen die Verstandesanbetung und erklärte, es «liegen die Quellen und Wurzeln des Lebens jenseits der Grenzen der Vernunft»[55]. Er formulierte hier ein sehr schroffes Entweder-Oder, das den innersten Kern seiner Philosophie enthält: «Gehorchst du der Vernunft, so erhältst du eine strenge Wissenschaft, entfernst dich aber unendlich weit von den Wurzeln der Dinge. Willst du aber die Wurzeln der Dinge, das heißt, gibst du zu, daß das Allerwertvollste sich dort befindet, wo diese tiefen Wurzeln verborgen liegen, so mußt du auf die Vernunft und auf die Hoffnung verzichten, jemals zu der vollen Gewißheit zu gelangen, daß das, was du für Wurzeln hältst, in der Tat Wurzeln sind.»[56] Durch diese Überlegungen ist Schestow dazu gekommen, dem «irrationalen Rest des Seins»[57] einen immer größeren Raum zu gewähren. Schestow erfaßte jene geheimnisvolle «Grenze, jenseits welcher der Mensch nicht mehr von den allgemeinen Regeln der Logik, sondern von etwas anderem gelenkt wird, wofür die Menschen noch keinen entsprechenden Namen gefunden haben und wahrscheinlich niemals finden werden»[58].

Schestows Überlegungen führten zu nichts Geringerem als zu einer Auflehnung der Philosophie gegen die Philosophie. Wenn ein unphilosophisch veranlagter Mensch das philosophische Denken langweilig und uninteressant findet, weil er den abstrakten Gedankengängen nicht zu folgen fähig ist, hat dies nichts zu bedeuten. Wenn aber ein eminent philosophisch begabter Mann wie Schestow gegen die Philosophie auftritt, ist dies ein erregendes und faszinierendes Drama. Ein von der Philosophie besessener

Mensch hat gespürt, wie man auf dem Weg der Philosophie nicht zum Ziele kommt, und wie sie den Menschen mit ihren logischen Schlußfolgerungen täuscht. Schestow hat mit einem wahren Ingrimm wider den philosophischen Stachel gelökt und seine Einstellung, mit der Philosophie gegen die Philosophie, läßt zum voraus auf ein außerordentliches Schicksal schließen, das an Pascal erinnert, der einmal gesagt hat: «Der Philosophie spotten, das wäre wahrhaft philosophieren.»[59] Man denkt dabei unwillkürlich an Franz Overbeck, der sich mit seinem Buch «Über die Christlichkeit der Theologie» ebenfalls als Theologe gegen die Theologie wandte und dafür von den Theologen ignoriert wurde. Sie wollten von solchem «seelenmörderischen» Kampf nichts wissen. Der Sinn für Außerordentliches kann jedoch einem derartigen Vorgehen nicht abgesprochen werden, weil es sich zu selten ereignet und dabei doch höchst bedeutsam ist. Die agonale Haltung der Philosophie gegen die Philosophie wählt man nicht aus eigenem Antrieb; sie wird einem Menschen von einer höheren Macht auferlegt. Dann allerdings muß er sie als sein schweres Schicksal auf sich nehmen und sie als willfähriges Werkzeug an sich selbst exemplifizieren.

IV

Schließlich gestand Schestow in seinen Bemerkungen über seine philosophische Entwicklung: «Aber Kant konnte mir meine Fragen nicht beantworten. Da wandten sich meine Blicke in eine andere Richtung – auf die Heilige Schrift.»[60] Eine höchst seltsame Äußerung aus dem Munde eines Philosophen. Daß ihr jeder konventionelle Ton fremd ist, braucht bei Schestow nicht noch gesagt zu werden. Schestow begann die Heilige Schrift zu lesen, und zwar «so zu lesen, wie sie in uralten Zeiten gelesen worden ist»[61]. Er kannte natürlich die Arbeiten der Bibelkritik, aber ihm kam es nicht darauf an, die Schrift philologisch zu zerpflücken. Nach Philo war niemand mehr bereit, die Bibel so aufzufassen, wie sie in Wirklichkeit war, sondern man erblickte in ihr gerne eine eigenartige Ausprägung der griechischen Philosophie, die dem natürlichen Denken nicht widerspricht. Schestow empfand Philos Auffassung als Verrat und machte einmal die Bemerkung: «Im Zuchthaus liest man die Bibel anders als in der Studierstube des Schriftstellers.»[62] Die geheimnisvollen, rätselhaften Worte der Schrift zogen Schestow an, weil sie ihm die Wahrheit vermittelten die er in der Wissenschaft umsonst zu finden hoffte. Er las das Evangelium weder als Predigt noch als Moral, sondern «als Unterpfand eines neuen Lebens»[63]. Die Wissenschaft hat die Worte des Evangeliums «nur sehr bedingt verstanden oder hat sie, wenn man schon ganz offen sein will, überhaupt nicht verstanden und sie mit der üblichen Ehrfurcht umgangen.»[64] Die Heilige Schrift spricht von einer unfaßbaren, mit allen Gepflogenheiten unseres Denkens im Widerspruch stehenden Wahrheit. Schestow stellte denn auch fest: «Prophetische Inspiration ist etwas ganz anderes als philosophische Untersuchung.»[65] Schestow schätzte die Heilige Schrift mehr und mehr: «Es wäre nicht schade, für einen einzigen Brief des Apostels Paulus oder für ein Kapitel aus dem Propheten Jesaia die theologische Literatur einer ganzen Generation späterer Epochen der Menschheit herzugeben.»[66] Wer die Bibel nicht selbst gelesen habe oder sie nur aus den Worten anderer kenne, ahne nicht einmal, was sie sagt. Obschon die Heilige Schrift das meistgelesene Buch der abendländischen Menschheit ist und in jedem ihrer

Worte als heilig gilt, verstehen die gebildeten und gelehrten Leute sie nicht, ja, sie sind, wie Schestow sagt, «organisch unfähig, sie zu verstehen»[67], weil ihre hellenische Bildung sie daran hindere, die flammenden und inspirierten Worte zu begreifen. Nach ihm sind gerade die geprüften Menschen der Wahrheit am nächsten. «Ich bin ausgeschüttet wie Wasser, alle meine Gebeine haben sich zertrennet; mein Herz ist in meinem Leibe wie zerschmolzen Wachs», bekennt der Psalmist[68]. Nach Schestow ist das keine bloß konventionelle Metapher, es sind die richtigen Worte für das religiöse Erleben. Wie sehr war Schestow von Hiob angetan, der sich von den vernünftigen Reden seiner Freunde nicht überzeugen ließ, sondern bei seinem Stöhnen und Sich-Auflehnen blieb, und gerade damit Gott am nächsten kam. In Schestows Werken finden sich viele Bemerkungen über Hiob, die zum besten gehören, was man über den Mann aus dem Lande Uz lesen kann.

Schestow wandte sich immer mehr der Heiligen Schrift zu, in der nach seiner Überzeugung die Offenbarung Gottes vorliegt. Er erhob die anklagende Frage: «Hat auch nur ein einziger Philosoph Gott anerkannt?»[69] Was die Philosophen Gott nannten, hat wenig mit Gott zu tun, zumal sie Gott zu beweisen versuchten und ein bewiesener Gott doch immer ein von der Vernunft abhängiger Gott ist. Der lebendige Gott kann doch niemals Gegenstand einer wissenschaftlichen Erkenntnis sein. Die Philosophen fragen nicht nach Gott, sie suchen das Gute, während Schestow überzeugt war: «Das Gute ist nicht Gott. Man muß das suchen, was höher ist als das Gute. Man muß Gott suchen.» Die Offenbarung steht im Gegensatz zu aller menschlichen Weisheit, ja sogar in einem Verhältnis der Unversöhnlichkeit. Das Wesen der Offenbarung hat niemand besser umschrieben als Tertullian, an dessen Wort Schestow mehrmals erinnert: «Gekreuzigt wurde der Sohn Gottes: es ist keine Schande – weil es Schande ist; und gestorben ist der Sohn Gottes, es ist durchaus glaubhaft, weil es ungereimt ist; und er wurde begraben und ist wieder auferstanden, es ist gewiß – weil es unmöglich ist.» Schestow meinte: «Niemand hat die Stimme Tertullians vernommen, nicht einmal er selbst.»[70] Die vielgenannte Hellenisierung des Christentums ist nichts anderes, als die für die Vernunft unannehmbare Offenbarung doch annehmbar zu machen, indem man sie als vernünftig ausweist, anstatt daß man ruhig feststellt: «Die Wahrheit der Offenbarung hat weder in ihrem Wesen noch hinsichtlich ihrer Quellen auch nur die geringste Ähnlichkeit mit der Vernunftwahrheit.»[71] Die Offenbarung tut sich dem Menschen, wie die Bibel sagt, nur unter Blitz und Donner kund, das ist ihre Sprache, die alle vernünftigen Gründe über den Haufen wirft. Spinoza hat sich darüber aufgehalten, daß Gott durch das Schmettern der Trompeten, durch Donner und Blitz wirkte, während Schestow den Donner Gottes als die wahre Antwort auf die menschliche Logik und die menschliche Weisheit empfand. Der aus der Schrift heraustönende Donner hat ihn ungemein stark beschäftigt, hat er doch in ihm jene Wahrheit festgestellt, die die Philosophie nie verstanden hat.

Die Offenbarung fordert den Glauben. Da für Schestow das auf Argumentation aufgebaute Wissen verdächtig geworden war, fesselte ihn die Haltung des Glaubens immer stärker. Sinn und Wesen des Glaubens bestehen darin, daß er ohne jede äußere Stütze auskommt. Um zum Glauben zu gelangen, muß man sich vom Wissen wie auch von den sittlichen Idealen freimachen, was jedoch dem Menschen nicht leichtfällt. Schestow zitierte Kierkegaard:

«Glauben bedeutet eben den Verstand verlieren, um Gott zu gewinnen.»[72] Der Glaube ist eine Vor- und eine Überlogik, die ganz anderer Art ist als die Logik der Gelehrten. Die Theologen, die Aristoteles oder Hegel zu Hilfe rufen, sind auf falschem Weg. Schestow wies dagegen öfters auf Luther hin, über den er ein bis heute nicht veröffentlichtes Buch geschrieben hat und den er als einen Vorläufer von Dostojewskij empfand. Schestow hat die Härte und die Strenge von Luthers Lehre begriffen und ebenso, daß dem Menschen nur in seltenen Augenblicken außergewöhnlichen seelischen Aufschwunges und äußerster Erschütterung zum Bewußtsein kommt, wie sehr jede Sicherheit und Geborgenheit, die er sich verschaffen kann, nur ein Tribut an seine Beschränktheit und Schwäche ist. Der Glaube sprengt alle Vernunftwahrheiten. Der Glaube ist seinem Wesen nach so beschaffen, daß er in einer Idee, einem Prinzip und in einer Behauptung nicht zum Ausdruck gelangt. Keine Form genügt ihm, in die ihn der Mensch zu bringen versucht, um ihn dem Nächsten mitzuteilen. «Niemand läßt sich davon überzeugen, das Wesen des Glaubens und seine größte, herrlichste Prärogative bestehe darin, daß er keiner Beweise bedarf und ‹jenseits› der Beweise lebt.»[73] Zum Glauben braucht es etwas anderes, etwas ganz anderes, etwas, das jegliches Verstehen ein für allemal ausschließt. Schestow hat mit seiner Glaubensbeschwörung viele Theologen beschämt, die sich ganz der Wissenschaft verkauft haben. Er aber wußte, worauf es ankommt: «Zu Gott kommt der Mensch nur dann, wenn Gott ihn ruft, wenn Gott ihn zu sich führt. Die letzte Wahrheit wird in tiefstem Geheimnis und in tiefster Einsamkeit geboren. Sie verlangt die Anwesenheit Unbefugter nicht nur nicht, sondern sie duldet sie nicht. Darum verträgt sie keine Beweise, und am meisten fürchtet sie das, was die gewöhnlichen empirischen Wahrheiten am Leben hält: die Anerkennung durch die Menschen und die endgültige Sanktion.»[74]

Schestow war ein jüdischer Denker. Aber er stellte das Judentum nicht zur Schau, und doch ist der Geist des Alten Testaments in ihn eingegangen. Noch zwei Jahre vor seinem Tode ging sein langgehegter Wunsch, Palästina, «das Land unserer Väter», zu besuchen, in Erfüllung. Schestow war auch imstande, das Neue Testament ganz unvoreingenommen anzuerkennen. «Mir erschienen die Gegensätze zwischen Altem und Neuem Testament stets nur als vermeintliche ... ‹Der Herr, unser Gott, ist ein einziger Gott› – diese frohe Botschaft, die ganz allein die Kraft gibt, dem Schrecken des Lebens ins Auge zu schauen, wird in beiden Testamenten verkündet.»[75] Diese Auffassung gab Anlaß zum Gerücht, Schestow sei zum Christentum übergetreten. Die Fama hat nicht recht, sie ist nur aus seinem schwach erhellten Schattenriß zu erklären. Schestow war kein Konvertit – seine Kinder aber ließ er nach dem Glauben seiner Gattin in der orthodoxen Kirche aufwachsen. Während seiner Krankheit lag eine russische Bibel auf dem Nachttisch. Als er im Jahre 1938 starb, ging eine Strahlungskraft von seinem Gesicht aus. Er hat das Geheimnis seiner Persönlichkeit mit sich in die Ewigkeit hinüber genommen. Obwohl er nie eine Synagoge betreten hatte, wurde er in Paris von einem Rabbiner begraben.

Schestow hat kein System hinterlassen, weil er ja gegen alle systematische Philosophie und Theologie höchst mißtrauisch war. Aber er war ein existenzieller Denker, der sich selbst zu den Rufern in der Wüste zählte. Er hat mit seinen Werken gerufen, gelangte aber schließlich zu der Einsicht, die der Dichter Tschechow in die Worte kleidete: «Man fühlt, daß die Menschen einen schlecht

hören, daß man lauter sprechen, schreien müßte. Zu schrei-
en indes ist widerlich. Und so spricht man immer leiser
und leiser, bald wird man überhaupt verstummen dürfen.»[76]

QUELLENNACHWEIS

VOM BLEIBENDEN IM WECHSEL DER ZEIT

[1] Brief vom 9. Januar 1771
[2] Brief vom 2. Februar 1774
[3] Acta: 5,9
[4] Ps 137, 5/6

[5] G. Bernanos: Das Haus der
Lebenden und der Toten,
1951, S. 28
[6] Martin Buber: Erzählungen
der Chassidim, 1949, S. 224

DIE STIMME EINES RUFENDEN: HERMANN KUTTER

Zitierte Werke von Hermann Kutter:
Das Unmittelbare, 3. Aufl. 1921 = Unmittelbare
Sie müssen! 9. Aufl. 1910 = Müssen
Die Revolution des Christentums, 3. Aufl. 1912 = Revolution
Wir Pfarrer, 5. Aufl. 1912 = Pfarrer
Gerechtigkeit, 7. Aufl. 1910 = Gerechtigkeit
Reden an die Deutsche Nation, 1. Aufl. 1916 = Reden
Das Bilderbuch Gottes für Groß und Klein, 1. Aufl. 1917 = Bilderbuch
Im Anfang war die Tat, 1. Aufl. 1924 = Anfang
Plato und wir, 1. Aufl. 1927 = Plato
Not und Gewißheit, 1927 = Not
Wo ist Gott? 1926 = Gott
Mein Volk, die Botschaft Jeremias und unsere Zeit, 1930 = Volk
Sekundärliteratur:
Hermann Kutter jun.: Hermann Kutters Lebenswerk, 1965
  = Lebenswerk

[1] 1 Sam 17, 39 - 40
[2] 1 Sam 17, 43 u. 45
[3] Gerechtigkeit, S. 119
[4] Pfarrer, S. 13
[5] Reden, S. 145
[6] Volk, S. 8
[7] Anfang, S. 128
[8] Not, S. 75

[9] Gerechtigkeit, S. 166
[10] Bilderbuch, S. 275
[11] Volk, S. 48
[12] Bilderbuch, S. 31
[13] Not, S. 114
[14] Bilderbuch, S. 78
[15] Reden, S. 132
[16] Bilderbuch, S. 303

[17] Gott, S. 16
[18] Bilderbuch, S. 293
[19] Bilderbuch, S. 413
[20] Not, S. 44
[21] Gerechtigkeit, S. 153
[22] Vgl. Milan Machovec: Hermann Kutter, in Die Wahrheit der Ketzer, 1968, S. 184
[23] Not, S. 61 und 230
[24] Not, S. 65 und 322
[25] Anfang, S. 10
[26] Not, S. 5
[27] Volk, S. 35
[28] Kutter: Ich kann mir nicht helfen, 1915, S. 7
[29] Bilderbuch, S. 319
[30] Bilderbuch, S. 263
[31] Reden, S. 5
[32] Reden, S. 29
[33] Reden, S. 39
[34] Reden, S. 21
[35] H. Federer, Nikolaus von Flüe, 1928, S. 35
[36] Lebenswerk, S. 75
[37] 2 Petr 1, 19
[38] Volk, S. 190
[39] Bilderbuch, S. 305
[40] Not, S. 266
[41] Bilderbuch, S. 25
[42] Pfarrer, S. 27
[43] Volk, S. 84
[44] Not, S. 362
[45] Not, S. 35
[46] Gerechtigkeit, S. 136
[47] Not, S. 162
[48] Pfarrer, S. 55
[49] Not, S. 122
[50] Not, S. 139
[51] Unmittelbare, S. 352
[52] Not, S. 174
[53] Pfarrer, S. 39
[54] Karl Barth, E. Thurneysen: Ein Briefwechsel, 1966, S. 187
[55] 1 Sam 17, 47
[56] Anfang, S. 11
[57] Not, S. 79
[58] Kor 9, 7
[59] Reden, S. 51
[60] Reden, S. 98
[61] Bilderbuch, S. 200
[62] Not, S. 252
[63] Reden, S. 68
[64] Bilderbuch, S. 156
[65] Not, S. 13 u. 126
[66] Bilderbuch, S. 339
[67] Lebenswerk, S. 53
[68] Reden, S. 120
[69] Pfarrer, S. 45
[70] Bilderbuch, S. 3
[71] Gott, S. 68
[72] Gerechtigkeit, S. 91
[73] Reden, S. 212
[74] 1 Sam 17, 55

EIN NARR AUF EIGENE FAUST: ALBERT SCHWEITZER

Zitierte Werke von Albert Schweitzer:
Geschichte der Leben-Jesu-Forschung, 3. Aufl. 1921 = Leben Jesu
Geschichte der Paulinischen Forschung, 1911 = Forschung

Johann Sebastian Bach, 1922 = Bach
Die Mystik des Apostels Paulus, 1930 = Mystik
Verfall und Wiederaufbau der Kultur, 1923 = Kultur
Kultur und Ethik, 1923 = Ethik
Zwischen Wasser und Urwald, 1935 = Urwald
Aus meiner Kindheit und Jugendzeit, 1924 = Kindheit
Aus meinem Leben und Denken, 1931 = Leben
Albert Schweitzer: Sein Denken und sein Weg, ed. Bähr, 1962 = Weg
Begegnung mit Albert Schweitzer, ed. Bähr und Minder, 1965
    = Begegnung
Anekdoten um Albert Schweitzer, ed. Schütz, 1966 = Anekdoten
Albert Schweitzer: Herderbücherei, 1966 = Herder Bücherei

[1] Begegnung, S. 61
[2] Begegnung, S. 31
[3] Herder Bücherei, S. 151
[4] Kindheit, S. 65
[5] Begegnung, S. 19
[6] Kindheit, S. 70
[7] Kindheit, S. 72
[8] Herder Bücherei, S. 152 u. 154
[9] Bach, S. 155
[10] Kindheit, S. 17
[11] Kultur, S. 55
[12] M. Schmitt: Schweitzer als Theologe in Studien der Erwin von Steinbach-Stiftung 1968 Bd. II, S. 204 und 208
[13] Leben Jesu, S. 5
[14] Leben Jesu, S. III und IV
[15] Leben Jesu, S. 6
[16] Leben Jesu, S. 414
[17] Leben Jesu, S. 342
[18] Leben Jesu, S. 632
[19] Leben Jesu, S. 635
[20] Leben Jesu, S. 407
[21] Leben, S. 46
[22] Leben Jesu, S. 64
[23] Schmitt, ibid., S. 200
[24] Leben Jesu, S. 642
[25] Forschung, S. 29
[26] Mystik, S. 372
[27] Mystik, S. 3
[28] Mystik, S. 24
[29] Mystik, S. 365
[30] Mystik, S. 220
[31] Mystik, S. 385
[32] Leben, S. 126
[33] Leben, S. 189
[34] Ethik, S. 157
[35] Kultur, S. 17
[36] Weg, S. 18
[37] Ethik, S. 201
[38] Ethik, S. 212
[39] Leben, S. 136
[40] Ethik, S. 239
[41] Mk 3, 4
[42] Ethik, S. 240
[43] Weg, S. 453
[44] Kindheit, S. 50
[45] Ethik, S. XIX
[46] Anekdoten, S. 34
[47] Kultur, S. 45

48 Leben, S. 70
49 Urwald, S. 1
50 Anekdoten, S. 50
51 Oskar Kraus: Albert
  Schweitzer, 1926, S. 29
52 Urwald, S. 165
53 Urwald, S. 166

54 R. Schneider: Der christliche
  Protest, 1954, S. 64
55 R. Schneider: Winter in Wien,
  1958, S. 268
56 Begegnung, S. 265
57 Begegnung, S. XIV
58 1 Kor 3, 18
59 Leben, S. 75

CHRISTEN, WENN IHR WÜSSTET: GEORGES BERNANOS

Zitierte Werke von Georges Bernanos:
Die Sonne Satans, 1927 = Satan
Tagebuch eines Landpfarrers, 1936 = Tagebuch
Der Abtrünnige, 1929 = Abtrünnige
Die großen Friedhöfe unter dem Mond, 1939 = Friedhöfe
Die begnadete Angst, o. J. = Angst
Von der Einsamkeit des modernen Menschen, 1961 = Einsamkeit
Wider die Roboter, 1949 = Roboter
Vorhut der Christenheit, 1959 = Vorhut
Das Haus der Lebenden und der Toten, 1951 = Haus
Gefährliche Wahrheiten = Wahrheiten
Das Sanfte Erbarmen, 1951 = Erbarmen
Die Geduld der Armen, 1954 = Geduld
Oswald von Nostiz: Georges Bernanos, 1951 = Nostiz
Albert Béguin: Bernanos, 1958 = Béguin
Paulus Gordan: Freundschaft mit Bernanos = Gordan
Johanna, Ketzerin und Heilige, 1934 = Johanna
Der Heilige Dominikus, 1950 = Dominikus

1 Friedhöfe, S. 13
2 Vorhut, S. 159
3 Haus, S. 191
4 Béguin, S. 18
5 Nostitz, S. 28
6 Haus, S. 187
7 Erbarmen, S. 19

8 Angst, S. 39
9 Béguin, S. 9
10 Abtrünnige, S. 463
11 Angst, S. 135
12 Geduld, S. 11
13 Béguin, S. 15
14 Tagebuch, S. 75

[15] Béguin, S. 146
[16] Béguin, S. 145
[17] Einsamkeit, S. 34
[18] Einsamkeit, S. 14
[19] Gordan, S. 34
[20] Satan, S. 159
[21] Satan, S. 161
[22] Satan, S. 168
[23] Satan, S. 169
[24] Einsamkeit, S. 42
[25] 1 Petr 5, 8
[26] Satan, S. 290
[27] Bruckberger: Die Geschichte Jesu Christi, 1967, S. 350
[28] Wahrheiten, S. 66
[29] Wahrheiten, S. 29
[30] Roboter, S. 65
[31] Roboter, S. 142
[32] Wahrheiten, S. 115
[33] Vorhut, S. 32
[34] Haus, S. 132
[35] Haus, S. 152
[36] Geduld, S. 65
[37] Friedhöfe, S. 251
[38] Friedhöfe, S. 251
[39] Friedhöfe, S. 249
[40] Friedhöfe, S. 253
[41] Vorhut, S. 38
[42] Dominikus, S. 11
[43] Dominikus, S. 13
[44] Johanna, S. 70
[45] Johanna, S. 74 u. 81
[46] Tagebuch, S. 129
[47] Gordan, S. 14
[48] Mauriac: Bild meines Ichs, 1961, S. 147
[49] Béguin, S. 68 u. 75
[50] Tagebuch, S. 237
[51] Abtrünnige, S. 290
[52] Abtrünnige, S. 291
[53] Tagebuch, S. 128
[54] Friedhöfe, S. 219
[55] Bernanos: Die tote Gemeinde, S. 194
[56] Satan, S. 253
[57] Tagebuch, S. 339
[58] Abtrünnige, S. 195
[59] Abtrünnige, S. 294
[60] Tagebuch, S. 231
[61] Angst, S. 54
[62] Abtrünnige, S. 375
[63] Tagebuch, S. 298
[64] Tagebuch, S. 243
[65] Tagebuch, S. 125
[66] Tagebuch, S. 125 - 127
[67] Tagebuch, S. 234
[68] Tagebuch, S. 236
[69] Tagebuch, S. 63
[70] Tagebuch, S. 321
[71] Satan, S. 187
[72] Tagebuch, S. 177 u. 192
[73] Tagebuch, S. 178
[74] Tagebuch, S. 194
[75] Der Abtrünnige, S. 250
[76] Tagebuch, S. 342
[77] Angst, S. 73
[78] Abtrünnige, S. 359
[79] Abtrünnige, S. 207
[80] Abtrünnige, S. 288
[81] Abtrünnige, S. 446
[82] Julien Green: Tagebücher, 1946 - 1950, S. 148
[83] Béguin, S. 84
[84] Erbarmen, S. 24
[85] Geduld, S. 95
[86] Geduld, S. 73

87 Geduld, S. 85
88 Abtrünnige, S. 456
89 Tagebuch, S. 311
90 Einsamkeit, S. 208

91 G. Marcel: Die Französische
   Literatur im zwanzigsten
   Jahrhundert, 1966, S. 67
92 Haus, S. 89

VOM MORGENSTERN BESCHIENEN: JOSÉ ORABUENA

Zitierte Werke von J. Orabuena:
Glück und Geheimnis, 1957 = Glück
Groß ist deine Treue, 1959 = Treue
Zur Geschichte meines Wilna-Romans, 1963 = Geschichte
Rauch oder Flamme, 1960 = Rauch
Ebenbild — Spiegelbild, 1962 = Ebenbild
Auch Gram verzaubert, 1962 = Gram
Im Tale Josaphat, 1964 = Tal
Das Urlicht, 1971 = Urlicht

1 Geschichte, S. 60
2 Joel, 4, 2
3 Tal, S. 89
4 Tal, S. 16
5 Tal, S. 209
6 Tal, S. 161
7 Ebenbild, S. 458 und 585
8 Geschichte, S. 12
9 Geschichte, S. 38
10 Treue, S. 216
11 Treue, S. 333
12 Geschichte, S. 39
13 Ebenbild, S. 617
14 Treue, S. 178
15 Geschichte, S. 48
16 Treue, S. 487
17 Treue, S. 319
18 Treue, S. 365
19 Treue, S. 348
20 Ebenbild, S. 609
21 Glück, S. 67

22 Glück, S. 200
23 Rauch, S. 36
24 Treue, S. 349 u. 538
25 Glück, S. 335
26 Glück, S. 342
27 Rauch, S. 127
28 Rauch, S. 300
29 Rauch, S. 18
30 Rauch, S. 73
31 Rauch, S. 83
32 Rauch, S. 43
33 Rauch, S. 165
34 Rauch, S. 273
35 Gram, S. 239
36 Gram, S. 246
37 W. Hausenstein: Licht unter
   dem Horizont 1967, S. 129
   und 141
38 Ebenbild, S. 420
39 Ebenbild, S. 35
40 Tal, S. 190

[41] Treue, S. 568
[42] Treue, S. 440
[43] Treue, S. 209
[44] Treue, S. 263
[45] Ebenbild, S. 180
[46] Treue, S. 334
[47] Ebenbild, S. 85

[48] Treue, S. 308
[49] Treue, S. 528
[50] Ebenbild, S. 333
[51] Tal, S. 11
[52] Urlicht, S. 191
[53] Urlicht, S. 11

DIE VIERFACHE ÜBERRASCHUNG: JULIEN GREEN

Zitierte Werke von Julien Green:
Adrienne Meusurat = Meusurat
Leviathan = Leviathan
Treibgut = Treibgut
Der Geisterseher = Geisterseher
Der andere Schlaf = Schlaf
Moira = Moira
Jeder Mensch in seiner Nacht = Nacht
Der Andere = Andere
Aufbruch vor Tag = Aufbruch
Fernes Land = Land
Streitschrift wider die lauen Christen 1965 = Streitschrift
Tagebücher 1928 - 1945 = Tagebücher I
Tagebücher 1946 - 1950 = Tagebücher II

[1] Fritz Bajorat
[2] Klaus Mann: Prüfungen, S. 99
[3] Tagebücher I, S. 135
[4] Streitschrift, S. 13
[5] Streitschrift, S. 13
[6] Streitschrift, S. 17
[7] Streitschrift, S. 21
[8] Tagebücher I, S. 15
[9] Tagebücher II, S. 134
[10] Bulletin du Libre, Nr. 97, April 1963
[11] Streitschrift, S. 32
[12] Meusurat, S. 247

[13] Andere, S. 61
[14] Leviathan, S. 253
[15] Schlaf, S. 96
[16] Moira, S. 122
[17] Moira, S. 166
[18] Andere, S. 136
[19] Treibgut, S. 272
[20] Klaus Mann: Der Wendepunkt, 1952, S. 247
[21] Tagebuch II, S. 22
[22] Tagebuch I, S. 11
[23] Tagebuch II, S. 209
[24] Tagebuch II, S. 133

[25] Tagebuch II, S. 256
[26] Tagebuch II, S. 106
[27] Benno Reifenberg: Lichte
Schatten, 1953, S. 329
[28] Land, S. 108
[29] Nacht, S. 79
[30] Tagebuch II, S. 77
[31] Tagebuch I, S. 208
[32] Tagebuch I, S. 179
[33] Tagebuch I, S. 178
[34] Tagebuch I, S. 207
[35] Tagebuch I, S. 114
[36] Tagebuch I, S. 330
[37] Tagebuch II, S. 37
[38] Tagebuch II, S. 193
[39] Tagebuch II, S. 19
[40] Tagebuch II, S. 91
[41] Tagebuch I, S. 350
[42] Tagebuch I, S. 237
[43] Tagebuch II, S. 245
[44] Tagebuch I, S. 158 u. 322
[45] Tagebuch I, S. 158
[46] Tagebuch I, S. 176
[47] Tagebuch I, S. 264
[48] Tagebuch I, S. 382

[49] Tagebuch II, S. 199
[50] Tagebuch II, S. 60
[51] Tagebuch II, S. 176
[52] Aufbruch, S. 41
[53] Tagebuch I, S. 47
[54] Aufbruch, S. 82
[55] Aufbruch, S. 25
[56] Aufbruch, S. 56
[57] Aufbruch, S. 189
[58] Aufbruch, S. 239
[59] Aufbruch, S. 150
[60] Land, S. 130
[61] Aufbruch, S. 14
[62] Aufbruch, S. 227
[63] Aufbruch, S. 249
[64] Aufbruch, S. 17
[65] Aufbruch, S. 67
[66] Geisterseher, S. 55
[67] Schlaf, S. 130
[68] Geisterseher, S. 247
[69] Land, S. 266
[70] Aufbruch, S. 67
[71] Klaus Mann: Prüfungen,
1968, S. 98

EIN LEBEN AN DER GRENZE: ROMANO GUARDINI

Zitierte Werke:
Unterscheidung des Christlichen, 1963 = Unterscheidung
Vom Geist der Liturgie, 1922 = Geist
Christliches Bewußtsein, 1935 = Bewußtsein
Die Bekehrung des Heiligen Augustinus, 1935 = Augustinus
Landschaft der Ewigkeit, 1958 = Landschaft
Liturgie und Liturgische Bildung, 1966 = Liturgie
Hölderlin, 1939 = Hölderlin
Das Ende der Neuzeit, 1950 = Neuzeit
Sorge um den Menschen, 1967 = Sorge
Die Macht, 1965 = Macht

Verantwortung, 1952 = Verantwortung
Romano Guardini, Ein Gedenkbuch, 1969 = Gedenkbuch
Helmut Kuhn: Romano Guardini = Kuhn
Alfred Kumpf: Romano Guardini, 1970 = Kumpf
Hans Urs von Balthasar: Romano Guardini, 1970 = Balthasar

[1] Landschaft, S. 251

[2] Balthasar, S. 108

[3] Kirche und Wirklichkeit, ed. Michel, 1923, S. 168

[4] ibid., S. 174

[5] J. Pieper: Tradition als Herausforderung, 1963, S. 321

[6] Augustinus, S. 222

[7] Geist, S. 4

[8] Liturgie, S. 39 und 65

[9] Gedenkbuch, S. 330

[10] Henri Perrin: Briefe und Dokumente, o. J., S. 153

[11] Am 5, 23

[12] Geist, S. 51

[13] ibid., S. 51

[14] ibid., S. 41

[15] Jesus Sirach, 33, 15

[16] Gedenkbuch, S. 8

[17] Kuhn, S. 83

[18] Bewußtsein, S. 299

[19] Hölderlin, S. 563

[20] Tendenzen der Theologie im 20. Jahrhundert, ed. Schultz, 1966, S. 250

[21] Heinz Robert Schlette: Aporie und Glaube, 1970, S. 265

[22] Kumpf, S. 55

[23] Neuzeit, S. 103

[24] Sorge, Bd. I, S. 36

[25] Verantwortung, S. 17

[26] ibid., S. 25

[27] ibid., S. 34

[28] Macht, S. 20

[29] Unterscheidung, S. 532

[30] Gedenkbuch, S. 51 und 58

[31] Kumpf, S. 76

[32] Die Wahrheit des Ketzers, ed. Schultz, 1968, S. 202

[33] Liturgie, S. 16

[34] Schlette, ibid., S. 264

[35] Aristoteles: Metaphysik, 12. Buch

[36] Gedenkbuch, S. 33.

DAS LIED DES HEIMKEHRERS: PETER WUST

Zitierte Werke:
Gesammelte Werke, ed. Vernekohl, 1963 und ff. = Werke
Briefe an Freunde, 1955 = Briefe
Wege einer Freundschaft, 1951 = Wege
Briefe und Aufsätze, 1958 = Aufsätze
Unterwegs zur Heimat, 1956 = Unterwegs
Im Sinnkreis des Ewigen = Sinnkreis

Karl Pfleger: Dialog mit Peter Wust, 1953 = Dialog
Ich befinde mich in absoluter Sicherheit, 1950 = Gedenkbuch
Pfleger: Kundschafter der Existenztiefe, 1959 = Kundschafter

[1] Briefe, S. 36
[2] Werke, Bd. V, S. 191
[3] Dialog, S. 80
[4] Werke, Bd. IV, S. 198
[5] W. Köhler: Ernst Troeltsch, 1941, S. 1
[6] Gertrud v. Le Fort: Kranz der Engel, 1947, S. 263
[7] Werke, Bd. V, S. 252
[8] Edith Stein: Aus dem Leben einer jüdischen Familie, 1965, S. 182
[9] Wege, S. 14
[10] ibid., S. 135
[11] Dialog, S. 84 und Gedenkbuch, S. 49, 50
[12] Werke, Bd. IX, S. 312;
[13] ibid., S. 178
[14] Werke Bd. X, S. 396
[15] Gedenkbuch, S. 83
[16] Werke, Bd. VIII, S. 204
[17] Aufsätze, S. 18 u. 21
[18] Werke, Bd. I, S. 339
[19] ibid., S. 30
[20] ibid., S. 21
[21] Werke, Bd. II, S. 133;
[22] ibid., S. 268

[23] Werke, Bd. IX, S. 145 u. 155
[24] Werke, Bd. IV, S. 60
[25] ibid., S. 315
[26] Werke, Bd. VIII, S. 75
[27] Werke, ibid., S. 161 u. 369
[28] Werke, Bd. IV, S. 33
[29] Dialog, S. 268
[30] Aufsätze, S. 115
[31] Werke, Bd. V, S. 328
[32] Sinnkreis, S. 207
[33] ibid., S. 73
[34] Werke, Bd. VI, S. 343
[35] Werke, Bd. IX, S. 194
[36] Werke, Bd. VIII, S. 112
[37] Unterwegs, S. 118
[38] Gedenkbuch, S. 82
[39] Werke, Bd. VIII, S. 113
[40] Dialog, S. 334
[41] Werke, Bd. VII, S. 340
[42] Briefe, S. 89
[43] Werke, Bd. V, S. 41
[44] Dialog, S. 303;
[45] Werke, Bd. X, S. 450
[46] Kundschafter, S. 112
[47] Briefe, S. 109
[48] Kundschafter, S. 114
[49] Unterwegs, S. 58

DIE ZEIT, FÜR DIE ICH GEBOREN BIN: REINHOLD SCHNEIDER

Zitierte Werke:
Macht und Gnade, 1940 = Macht
Las Casas vor Karl V. = Las Casas
Gedanken des Friedens, 1946 = Frieden

Das Erbe im Feuer, 1946 = Erbe
Die Stunde des Heiligen Franz von Assisi, 1946 = Franz v. Assisi
Der christliche Protest, 1954 = Protest
Rechenschaft, 1951 = Rechenschaft
Der Fünfte Kelch, 1958 = Kelch
Die Sonette von Leben und Zeit, dem Glauben und der Geschichte,
    1954 = Sonette
Verhüllter Tag, 1954 = Tag
Der Balkon, 1957 = Balkon
Winter in Wien, 1958 = Winter
Erfüllte Einsamkeit, 1963 = Einsamkeit
Gelebtes Wort, 1961 = Wort
Briefwechsel, Reinhold Schneider — Erich Przywara,
    1963 = Przywara
Briefwechsel, Werner Bergengruen — Reinhold Schneider,
    1966 = Bergengruen
Leben und Werk in Dokumenten, ed. Schmitt, 1969 = Dokumente
Jochen Klepper: Unter dem Schatten deiner Flügel, 1968 = Klepper

[1] Einsamkeit, S. 80
[2] Kelch, S. 280
[3] Vgl. H. U. v. Balthasar:
    Reinhold Schneider, 1953,
    u. J. Rast: Der Widerspruch,
    1959
[4] Bergengruen, S. 120
[5] Klepper, S. 170
[6] Las Casas, S. 92
[7] Klepper, S. 309
[8] Dokumente, S. 37
[9] Klepper, S. 267
[10] W. Grenzmann: Dichtung und
    Glaube, 1950, S. 300
[11] Sonette, S. 49
[12] Dokumente, S. 133
[13] Mt 10, 32
[14] Sonette, S. 9
[15] Erbe, S. 34 u. 122
[16] Frieden, Vorwort
[17] Frieden, S. 14
[18] Frieden, S. 126
[19] Frieden, S. 137
[20] Dokumente, S. 159
[21] Erbe, S. 81 u. 91
[22] Frieden, S. 143
[23] Protest, S. 100
[24] Las Casas, S. 181
[25] Rechenschaft, S. 33
[26] Sonette, S. 56
[27] Przywara, S. 37
[28] Wort, S. 110
[29] Macht, S. 124
[30] Winter, S. 213
[31] Frieden, S. 44 u. 46
[32] Rechenschaft, S. 87 u. 88
[33] Franz v. Assisi, S. 6
[34] Protest, S. 130
[35] Frieden, S. 40
[36] Balkon, S. 133

[37] Tag, S. 34
[38] Brief v. 1. Nov. 1954
[39] Tag, S. 183
[40] Frieden, S. 81
[41] Tag, S. 190
[42] Jer. 18, 15
[43] Rechenschaft, S. 57
[44] Las Casas, S. 71, 169, 186
[45] Mt 5, 11
[46] Dokumente, S. 258, 271

[47] Die Wahrheit des Ketzers, ed. Schultz 1968, S. 201
[48] Winter, S. 110
[49] Winter, S. 119
[50] Dokumente, S. 227
[51] Winter, S. 159
[52] Tag, S. 223
[53] Erbe, S. 63
[54] Tag, S. 207
[55] Dokumente, S. 163 u. 169
[56] Der Kelch, S. 283 u. 286

SUCHEN WIR GEMEINSAM DEN WEG: MARTIN BUBER

Zitierte Werke:
Des Baal-Schem-Tow Unterweisung im Umgang mit Gott,
    1927 = Unterweisung
Die Chassidischen Bücher, 1927 = Bücher
Die Erzählungen der Chassidim, 1949 = Erzählungen
Gog und Magog, 1949 = Gog
Hinweise, 1953 = Hinweise
Zwei Glaubensweisen, 1950 = Glaubensweisen
Gottesfinsternis, 1953 = Gottesfinsternis
Die Stunde und die Erkenntnis, 1936 = Stunde
Der Jude und sein Judentum, 1963 = Jude
Briefwechsel aus sieben Jahrzehnten, I. Bd., 1972 = Briefwechsel
Schalom Ben-Chorin: Zwiesprache mit Martin Buber,
    1966 = Zwiesprache
Gershom Scholem: Judaica, Bd. I, 1963 = Judaica

[1] Erzählungen, S. 698
[2] Spr. 3, 6
[3] Bücher, S. 135
[4] M. Susman: Vom Geheimnis der Freiheit, 1965, S. 144
[5] Gog, S. 407
[6] Gottesfinsternis, S. 57
[7] ibid., S. 95

[8] ibid., S. 158
[9] Hinweise, S. 315
[10] L. Schestow: Spekulation und Offenbarung, 1963, S. 165
[11] Judaica, S. 197
[12] Jude, S. 272
[13] Briefwechsel, S. 332

[14] Jude, S. 77
[15] Zwiesprache, S. 93
[16] Gog, S. 406
[17] Mt 23, 15
[18] Briefwechsel, S. 513
[19] Bücher XXVIII
[20] Glaubensweisen, S. 11
[21] Jude, S. 38
[22] Zwiesprache, S. 181
[23] Die Stunde, S. 167
[24] Jer 15, 16
[25] Judaica, S. 215
[26] Bücher, S. 665
[27] Briefwechsel, S. 224
[28] Bücher, S. 127 u. 130
[29] Erzählungen, S. 6
[30] Bücher, S. 23
[31] Erzählungen, S. 132
[32] ibid., S. 158
[33] Unterweisungen, S. 93
[34] Erzählungen, S. 400
[35] ibid., S. 467
[36] ibid., S. 790
[37] ibid., S. 342

[38] ibid., S. 397
[39] Unterweisungen, S. 34
[40] Erzählungen, S. 310
[41] ibid., S. 358
[42] ibid., S. 785
[43] ibid., S. 821
[44] ibid., S. 507
[45] ibid., S. 204
[46] ibid., S. 215
[47] Jes. Sirach, 30, 21 - 23
[48] Erzählungen, S. 476
[49] ibid., S. 241
[50] ibid., S. 540
[51] ibid., S. 343
[52] ibid., S. 200
[53] ibid., S. 227
[54] ibid., S. 226
[55] ibid., S. 603
[56] ibid., S. 70
[57] ibid., S. 192
[58] ibid., S. 841
[59] ibid., S. 474
[60] ibid., S. 191

ERHELLTER SCHATTENRISS: LEO SCHESTOW

Zitierte Werke:
Tolstoi und Nietzsche, 1923 = Tolstoi
Dostojewski und Nietzsche, 1924 = Dostojewski
Potestas Clavium, 1926 = Potestas
Auf Hiobs Wage, 1929 = Hiob
Athen und Jerusalem, 1938 = Athen
Kierkegaard und die Existenzphilosophie, 1949 = Kierkegaard
Spekulation und Offenbarung, 1963 = Spekulation
Maxim Gorki: Erinnerungen an Tolstoi, 1920 = Erinnerungen
Bernhard Schultze: Russische Denker, 1950 = Denker

[1] Hiob, S. 217
[2] Athen, S. 428
[3] Erinnerungen, S. 31 u. 32
[4] Denker, S. 393
[5] ibid., S. 386
[6] W. Kraft: Rebellen des Geistes, 1968, S. 84
[7] W. Koepken: Wilhelm von Ockam, o. J., S. 64
[8] Athen, S. 471
[9] F. Schiller, Werke, 9. Bd., 1819, S. 396
[10] Spekulation, S. 416
[11] Tolstoi, S. 81, 93
[12] Dostojewski, S. 80
[13] Tolstoi, S. 95
[14] ibid., S. 98
[15] ibid., S. 169
[16] Hiob, S. 150
[17] ibid., S. 167
[18] Dostojewski, S. 95
[19] ibid., S. 120
[20] ibid., S. 63
[21] Hiob, S. 50
[22] Dostojewski, S. 65
[23] ibid., S. 58 u. 122
[24] ibid., S. 32
[25] ibid., S. 212
[26] Hiob, S. 92
[27] ibid., S. 66
[28] Dostojewski, S. 4
[29] ibid., S. 162 u. 163
[30] Spekulation, S. 96
[31] Meier-Graefe: Dostojewski der Dichter, 1926, S. 141; und Theoderich Kampmann: Dostojewski in Deutschland, 1931, S. 177, 185
[32] Hiob, S. 119
[33] Hölderlin; Werke (Insel-Ausgabe), S. 372
[34] Hiob, S. 164
[35] Spekulation, S. 416
[36] Hiob, S. 374
[37] Denker, S. 388
[38] Potestas, S. 99
[39] ibid., S. 80
[40] Buber; Nachlese, 1965, S. 37
[41] Potestas, S. 442
[42] Hiob, S. 400
[43] Dostojewski, S. XXVII
[44] Potestas, S. 83
[45] Dostojewski, S. 387
[46] Potestas, S. 34
[47] Spekulation, S. 381
[48] Athen, S. 341
[49] ibid., S. 38
[50] Hiob, S. 188
[51] Athen, S. 430
[52] Hiob, S. 489
[53] Hiob, S. 121
[54] Potestas, S. 310
[55] ibid., S. 446
[56] ibid., S. 449
[57] Hiob, S. 325
[58] Potestas, S. 360
[59] Pascal: Pensées, Nr. 4
[60] Spekulation, S. 417
[61] ibid., S. 31
[62] Kierkegaard, S. 270
[63] Dostojewski, S. 187
[64] ibid., S. 258
[65] Spekulation, S. 62
[66] Hiob, S. 343
[67] ibid., S. 346

[68] Ps 22, 15
[69] Potestas, S. 7
[70] Hiob, S. 26
[71] Spekulation, S. 66
[72] Kierkegaard: Die Krankheit
zum Tode, 1954, S. 35

[73] Athen, S. 455
[74] Luther und die katholische
Kirche (Manuskript)
[75] Denker, S. 388
[76] Athen, S. 475

Vom gleichen Autor ist erschienen:

Im Walter-Verlag, Olten

Botschafter des Glaubens
Buch der Büßer
Der verborgene Glanz
Drei große Zeichen

Im Artemis-Verlag, Zürich

Große Heilige
Das Buch der Ketzer
Vom Geheimnis der Mönche
Des Pilgers Wiederkehr
Das ewige Reich
Prophetische Denker
Der christliche Narr
Glanz der Legende
Wallfahrt zur Dichtung

In der Herderbücherei, Freiburg im Breisgau

Der exemplarische Mensch
Die Heiligen kommen wieder